AF871715

Im Tun liegt alle Kraft.

Lo Padi

Wenn Fische fliegen lernen

Auf neuneinhalb Metern um die Welt

© 2020 Lo Padi
Umschlag, Illustrationen, Fotos: Lo Padi, Peter Scheiblbrandner

Verlag & Druck: Buchschmiede von Dataform Media GmbH, Wien

ISBN
Paperback 978-3-99110-396-7
Hardcover 978-3-99110-397-4

e-Book 978-3-99110-398-1

Das Werk, einschließlich seiner Teile, ist urheberrechtlich geschützt. Jede Verwertung ist ohne Zustimmung des Verlages und des Autors unzulässig. Dies gilt insbesondere für die elektronische oder sonstige Vervielfältigung, Übersetzung, Verbreitung und öffentliche Zugänglichmachung.

Inhaltsverzeichnis

VORWORT

„Zitat Bobby Schenk aus YCA – Info 3/97 Besanschot an!"

Was mich an Blauwasserfahrten wie der von Lore und Peter Scheiblbrandner beeindruckt, ist die Art, wie hier seglerische Höchstleistungen ohne großes PR-Getue und vor allem ohne Geschrei nach Sponsorengeldern fast hintergründig vollbracht werden. Alles aus eigener Kraft! Neuneinhalb Meter lange Schiffe sind nämlich auf den Weltmeeren verdammt selten. Am Ruder sitzend, spürt der Skipper hautnah, wenn haushohe Wellenungetüme von achtern wenige Zentimeter unter einem mit Gebrüll durchrollen. Glaubt einer, so eine Passatroute sei eine gemütliche Spazierfahrt übers Wasser, so täuscht er sich gewaltig. Das Kap der Guten Hoffnung, Südspitze Afrika, genauer gesagt das Kap Agulhas ist unter Seeleuten berüchtigt als das „Kap der Stürme". Prompt hat auch dort ein Jahrhundertsturm die Scheiblbrandners erwischt.

PROLOG

Unruhig wälze ich mich im Bett hin und her. Mein Mann schläft tief und fest. Vorsichtig schlage ich die Bettdecke zurück und stehe auf. Im Dunkeln taste ich mich durch das Schlafzimmer und gehe ins Bad. Nachdem ich den Lichtschalter gedrückt habe, kneife ich die Augenlider zusammen, denn es ist viel zu grell. Aus dem Spiegel schaut mir eine Frau Ende dreißig entgegen. Zerzaustes Haar und dunkle Schatten unter den Augen.

‚Ich lasse mir am besten die Haare wachsen', geht mir durch den Kopf. ‚Sicher die praktischste Lösung auf einem Schiff. Außerdem wollte ich schon immer lange Haare.' Typisch weibliches Denken?

Die Digitalanzeige des Radios zeigt vier Uhr. In zwei Stunden muss ich zur Arbeit.

Nur noch fünf Monate, dann sind wir endlich frei. Aber ist mir wohl bei diesem Gedanken?

Minuten später liege ich wieder im warmen Bett. In meinem Kopf nur noch Bilder vom Leben auf einem kleinen Segelschiff. Sie wühlen mich auf.

„Kannst du nicht schlafen?", Peter dreht sich zu mir und sucht meine Hand. Nur er kann verstehen, was mich gerade beschäftigt. Ich drücke seine Hand ein wenig zu fest und sage: „Meinst du, wir tun das Richtige?" Seine Antwort kommt schnell und ist pragmatisch wie immer:

„Das werden wir erst wissen, wenn wir es tun."

1.Teil
Emden – Holland – England
Spanien – Portugal – Gran Canaria
Karibik – Panama – Pazifik

SOMMER

Tagebuch

6. Juni; wie schnell doch die Zeit vergeht. Jetzt sind wir schon wieder 14 Tage in Papenburg an der Ems, wo wir unser schönes Schiff gefunden haben. Schön, aber betagt. Wir haben ordentlich am Boot geschuftet und vieles erneuert, aber nun ist wohl langsam das Ziel in Sicht! Immer wieder fällt einem etwas Neues ein und auf. Wir haben nicht einmal davor zurückgeschreckt, alle 4 Fenster aus- und wieder einzubauen, da schon nach dem ersten Regen das Wasser hereinsickerte. Die Dichtungen sind 20 Jahre alt. Für das erste Fenster benötigten wir sechs Stunden, die drei restlichen schafften wir schon etwas flotter. Jetzt sind sie dicht. Gott sei Dank. Nichts ist entnervender als Feuchtigkeit im Schiff! Leider hat mein lieber „Mister 500 %"-Mann auch noch das Schiebeluk ausgebaut, was sich aber als Flop erwies. Ein Teil der Verschraubung dreht nämlich durch – und wir auch bald. Denn genau bei diesen „Biesterschrauben" tröpfelt es immer noch. Aber auch dieses Problem werden wir lösen. Seit gestern prangt der neue Bootsname auf dem eleganten 9 1/2 Meter Rumpf des Van de Stadt Designs: TIBURON II. Ein bisschen groß ist die Schrift und auf einer Seite auch ein bisschen schief, aber gerade das ist für uns Individualität. So, nun koche ich noch etwas Feines und dann ab in die Koje.

So begann dieses Abenteuer. Wir hatten das Haus verkauft, unnützes Zeug verschenkt und nur das für uns Wertvolle behalten. Bis auf ein paar Gegenstände bei den Schwiegereltern blieben uns jene Dinge, welche wir an Bord gebrauchen konnten. Diese verstauten wir in einem winzigen Container, den wir per Bahn nach Deutschland schickten. Das war damals alles, was wir noch besaßen. Vom Schiff und von dem, was wir am Leibe trugen, einmal abgesehen. Das war zwar ein ungewohntes, aber dennoch gutes Gefühl; erleichternd und befreiend.

Während wir in Norddeutschland an unserem Schiff arbeiteten, waren wir nicht einmal kranken- oder unfallversichert. Peter und ich bewegten uns einfach bewusster und achtsamer. An eine Rentenversicherung dachten wir nicht. Wir würden diese Jahre rasch wieder einarbeiten. Erst vor der endgültigen Abreise ließen wir uns kranken- und unfallversichern. Dabei fanden wir heraus, dass versicherungstechnisch wir Frauen viel wertvoller sind. Soll heißen: Ich musste das Doppelte meines Mannes einzahlen. Daraufhin machte ich Peter klar, welch kostbares Gut er an Bord hatte.

Der erste Törn mit der *Tiburon* sollte nach Holland gehen. Nach Delfzijl. Ganze 26 Meilen, die – man stelle sich vor – ich ganz allein steuern durfte. Natürlich war ich aufgeregt, doch der Törn verlief ohne besondere Vorkommnisse. Langsam lernten wir unser Schiffchen kennen. Nach unserer Ankunft gab es ein nicht sehr erfreuliches Essen in einer Hafenkneipe und so gönnten wir uns als Entschädigung ein Fläschchen *Château de Mornag*, dessen Inhalt wir anschließend an Bord genossen. Alle paar Stunden regnete es leicht, und nur ab und zu ließ sich die Sonne blicken. Als wir uns über das nasskalte Wetter beschwerten, meinte ein Einheimischer:

„Ach was, ihr habt richtiges Glück! Drei Sonnentage in drei Wochen. Wir nennen das ein ziemlich schönes Wetter."

Während wir unseren Wein tranken, tropfte es über uns beständig aus einer Verschraubung im Schiebeluk. Das beunruhigte mich sehr. Von Anfang an machte mich eindringendes Wasser nervös. Was ich damals jedoch noch nicht ahnte: Noch viele Male würde es tropfen, und noch viele Male würde ich deshalb nervös sein. Es dauerte einige Monate, bis ich abgebrüht genug war, mich von undichten Stellen nicht verrückt machen zu lassen.

Auf der Fahrt nach Delfzijl schlossen wir erstmals Bekanntschaft mit Schiffsschleusen. Ich stellte mir vor, diese Anlagen seien sich öffnende Tore zu den Weltmeeren und damit zu allen von uns ersehnten Paradiesen. So verloren sie für mich etwas an Schrecken.

An einem der seltenen sonnigen Tage schleuderten wir in der Hitze des Vertäuungsgefechts die Luxusbrille eines deutschen Seglers von seiner Nase. Sie versank unwiederbringlich in den Tiefen des Schleusenwassers. Der Blick, den der Besitzer uns daraufhin zuwarf, hätte uns leicht von Bord fegen können. Der Geschädigte veranstaltete ein unglaubliches Geschrei wegen seiner kostbaren Markensonnenbrille. Das von Peter angebotene Geld ließ den aufgebrachten Mann jedoch schnell leiser werden, um schließlich – trotz des erheblichen Verlustes – zufrieden zu schweigen. Wir nahmen uns vor, bei Segelkollegen, die Statussymbole vor sich hertrugen, künftig besonders vorsichtig zu sein.

Unser 22 Jahre altes Schiff schien uns riesig. Der Schiffsname kam aus dem Spanischen und bedeutete übersetzt „Hai". Beide hatten wir auf kleinen Jollen segeln gelernt. Meine A-Schein-Prüfung legte ich in der legendären Segelschule von Karl Vettermann in Zell am See ab. Danach segelten Peter und ich mit einer kleinen Yacht vom Typ *Shark 24* an den schönen Küsten Kroatiens. Immerhin schafften wir dort bei Windstärke 7 und bei chaotischem adriatischem Seegang die Fahrt über den berüchtigten Kvarner.

Die 9 1/2 Meter der *Tiburon* war im Vergleich dazu sehr, sehr lang, und mit 3,10 Metern war sie sehr, sehr breit. Dennoch hatten wir tiefen Respekt vor noch unbekannten nautischen Herausforderungen wie Tidenhub, Strömungen, Schleusen und Brücken. Ebenso vor der Großschifffahrt und den Anlegemanövern in den Marinas. Das sollte sich aber bald ändern, denn schnell bekamen wir ausreichend Gelegenheit zum Lernen. Peter, der gut trainierte Bergsteiger, turnte locker übers Deck, führte das Schiff souverän, und ich vertraute seiner umsichtigen Seemannschaft zu hundert Prozent. Er war kein Draufgänger, sondern eher übervorsichtig, und das gab mir ein sicheres Gefühl. Erst viel später gestand er mir, wie viele Ängste auch er überwinden musste.

In Holland lernte ich zum ersten Mal das kennen, was man „im Päckchen liegen" nennt. Diese Art des seglerischen Zusammenlebens an Hafenmauern war mir schon aus den Schilderungen in Büchern suspekt. In Holland manifestierte sich dieses Vorurteil dauerhaft. Der erste Segler machte an der Kaimauer fest. Der Rest der ankommenden Boote legte sich an die Bordwand dieses armen Tropfs an. Als sich an unser zartes, schlankes Schiffchen die ersten schweren Pötte anlegten, hatten wir große Sorge, ob die *Tiburon* das aushalten würde. Zudem waren wir als innen liegende Yacht gefangen und hatten enorme Nachteile. Sämtliche außen liegende Crews trampelten über unser Schiff an Land und wieder retour. Bestenfalls leise, rücksichtsvoll und halbwegs nüchtern über den Bug – oder laut polternd und sturzbetrunken über das Heck. Dabei ließen sich neugierige Blicke ins Schiffsinnere anscheinend nur schwer vermeiden. Das war zwar gottlob selten, aber dafür umso unangenehmer.

Nach dem Wochenendausflug nach Delfzijl segelten wir mit vielen neuen Eindrücken und Erfahrungen wieder zurück nach Papenburg. Der Wind kam von achtern, und es ging zügig voran. Der breite Rumpf der *Tiburon* lag auch bei achterlicher Brise stabil im Wasser. Schöne und komfortable Aussichten für die Ozeanüberquerungen, bei denen der Wind meist aus dieser Richtung kommt.

Es war noch immer sehr kalt in Norddeutschland. Ich fror ständig. Peter indes strahlte über das ganze Gesicht, denn die erste Ausfahrt bewies: Das Schiff lief einwandfrei, war gutmütig und dennoch pfeilschnell. Wir hatten eine gute Wahl getroffen.

Wieder in Papenburg angekommen, gab es jede Menge zu tun. Bis zur endgültigen Abreise musste noch der Mast gelegt und das gesamte stehende und laufende Gut ausgetauscht werden. Wir steckten damals nach heutiger Währung insgesamt 7.000 Euro in die neue Ausstattung. Zusätzlich gab es viele Kleinigkeiten, die zu reparieren waren. Das wurde zu einem 30 Tage dauernden Full Time Job. Der gesamte Juni war verregnet, eisig kalt und das Leben an Bord ausgesprochen ungemütlich.

Zwischen Werkzeug und Material versuchte ich, aus dem Schiff ein einigermaßen gemütliches Heim zu machen. Irgendwann gewöhnten wir uns an das Chaos, die ständige Kälte und Feuchtigkeit. Da wir noch im Yachtclub Papenburg am Steg des Vorbesitzers liegen durften, konnten wir immerhin die Annehmlichkeiten wie Duschen und WC des Clubs mit nutzen. Der einzige Makel war, dass es Münzduschen waren, die nach genau einer Minute nur mehr eiskaltes Wasser in dem 12 Grad kalten Raum spendeten. Ich begann, von zu Hause zu träumen. Von endlos fließendem heißem Wasser in beheizten Bädern. Dieser Traum würde mich die kommenden drei Jahre noch öfter heimsuchen. Denn ob hier oder in der Südsee: Sauberes Wasser wurde zu einem der kostbarsten Güter dieser Reise. Noch heute, Jahre später, gehe ich mit Süßwasser achtsam um. Zur wahren Plage konnte dagegen Salzwasser werden. Vor allem, wenn es sich ins Schiffsinnere verirrte. Alles wurde und blieb durch die Salzkristalle klamm und feucht.

Inzwischen war es Juli geworden. Seit zwei Monaten lebten wir in unserem neuen Zuhause. Ich hatte es inzwischen gemütlich eingerichtet und dekoriert. Frauen brauchen das einfach. Kissen, Vorhänge und Bücher. Ein Vorrat an Lesestoff war uns besonders wichtig. Bei Peter allerdings waren es im Gegensatz zu mir ausschließlich Seehandbücher.

Die Lade des Navigationstisches war gefüllt mit über hundert original englischen Seekarten. Wie sich noch herausstellen sollte, konnte das unter

Umständen lebensrettend sein. Nur ein einziges Mal verwendeten wir während der Reise eine Kartenkopie, die uns wegen der schlechten Qualität prompt in Bedrängnis brachte.

Als es losging, war ich richtig froh. Nach all der Schufterei und Kälte endlich weg von hier. Wie geplant, besuchten uns Freunde aus Österreich, um unsere alte Klapperkiste, mit der wir nach Papenburg gefahren waren, wieder nach Hause zu bringen. Erstaunlicherweise lief der Wagen noch immer. Peters Tochter hatte gerade die Führerscheinprüfung bestanden, und nun sollte sie das Auto zum Üben bekommen. Für uns war es nur noch Ballast aus der Vergangenheit.

Vor uns lagen die Nordsee, der Atlantik, die Karibik, der Pazifik, die Südsee und der Indische Ozean. Wir freuten uns auf dieses Abenteuer. Wir waren zwar aufgeregt, hatten aber keine Angst. Dafür ängstigten sich die Zurückgebliebenen umso mehr. Wir dagegen freuten uns auf die schöne Zeit, die hoffentlich noch vor uns lag.

Es ging los. Die *Tiburon* lag abfahrbereit in einem Seitenarm der Ems in Papenburg. Hanni und ich sollten mit dem Auto nach Emden vorausfahren. Peter und Herbert waren an Bord und sollten das Schiff über die Ems zu einem vereinbarten Treffpunkt im Stadthafen von Emden bringen. Wir alle waren eingemummt in warme, wasserdichte Kleidung. Zur gleichen Zeit stöhnte man in unserer Heimat Österreich über einen Jahrhundertsommer mit unerträglicher Hitze. Wir aber zitterten vor Kälte, und es regnete in Strömen. Dennoch waren wir frohen Mutes, ohne zu ahnen, was noch auf uns zukommen würde …

Mir schien, dass der Schleusenwärter seltsam spöttisch, zynisch oder einfach nur mitleidig lächelte. Er wusste, dass wir zu einer Weltumsegelung aufbrachen. Konnte es sein, dass er unser Vorhaben einfach nur für verrückt hielt? Dieser Mann blickte tagtäglich jenseits des Ufers auf die altehrwürdige

Meyer Werft. Von hier aus starteten regelmäßig riesige Kreuzfahrtschiffe. Wegen ihres Tiefgangs wurde sogar die Ems ausgebaggert. Mit ihren enormen Ausmaßen waren sie für den Schleusenwärter ernst zu nehmender als unsere vergleichsweise winzige *Tiburon*. Doch gerade beim Anblick des zweifelnden Schleusenwärters war ich mehr denn je überzeugt davon, dass unser Schiff uns sicher und gesund um die Welt bringen würde.

Lange schauten wir unseren Männern nach. Langsam verschwanden sie aus unserem Blickfeld. Das Fahrwasser schimmerte erdig braun, und die steife Brise warf kleine Wellen auf. Vor meinem inneren Auge sah ich jedoch das herrliche Blau der karibischen See. Wir waren bereit. Lebensmittel für viele Wochen waren an Bord. Auf kleinstem Raum, ohne Überfluss und doch genug zum Leben bis zur Ankunft im Paradies. Ich war voller Zuversicht und fühlte mich frei wie selten zuvor.

Aber erst mussten die Männer die *Tiburon* auf der Ems bestenfalls segelnd oder mangels Windes unter Motor nach Emden bringen. Hanni und ich fuhren mit dem Auto vor, um im Stadthafen einen Liegeplatz zu reservieren. Zwischendurch würden wir auf den Brücken stehen, winken und fotografieren. Niemand von den anderen Zuschauern würde ahnen, wohin die Reise dieses unscheinbaren Schiffchens führen sollte.

Wir waren aufgedreht, aufgeregt und ich ein bisschen stolz. Tschüss Papenburg. Danke an den Vorbesitzer für die Hilfe und die gemütlichen Stunden mit viel Aquavit, der zugegebenermaßen einige Seemeilen voraushatte. Aber selbst dieser erfahrene Segler hielt seinen ehemaligen Besitz für nicht hochseetauglich. Für ihn war und blieb die Alpha 32 ein reiner Küstensegler.

Auch uns sollte während der Reise noch klar werden: Die perfekte Fahrtenyacht gab es nicht. Aber ein Schiff konnte sehr viel aushalten. Meistens viel mehr als die Crew. Interessant fanden wir allerdings, dass Menschen, die bereits zum zweiten oder dritten Mal mit immer größeren Schiffen um die Welt segelten, noch immer von ihrer ersten kleinen Yacht schwärmten. Größe ist nicht unbedingt ausschlaggebend. Auch ich segle heute noch lieber auf kleineren Yachten. Sie sind einfacher zu handhaben, und ich fühle mich verbundener mit dem Schiff. Letztendlich hat aber jeder seine persönlichen Vorstellungen und lobt die eigene Yacht als die Beste. *„Jedem Lapp'n g'fällt sei Kapp'n und mir auch mein Hut"*, sagen wir Österreicher.

FEUER AN BORD

Da standen wir nun auf der Jann-Berghaus-Brücke über der Ems und hielten Ausschau. Aber da kam nichts entlang, was auch nur annähernd unserer *Tiburon* ähnlich sah. Wir schauten und schauten und schauten. Manchmal kam es uns vor, als sähen wir in der Ferne ein ähnliches Schiff, aber immer bog dieses in einen Seitenkanal der Ems ab.

Wir starrten weiter auf den Fluss. Nichts. Keine *Tiburon*. Waren wir zu spät? Doch so schnell konnten selbst die Männer nicht unterwegs sein. Wir begannen, uns Sorgen zu machen. Damals gab es noch keine Mobiltelefone, und wir konnten nicht einfach schnell mal anrufen, um die heutzutage übliche erste Frage zu stellen: „Wo seid ihr?" Was sollten wir nur machen? Wir hatten keine Verbindung zu unseren Männern, aber wir mussten eine Entscheidung treffen. Wir beschlossen, weiter nach Emden zu fahren. Vielleicht hatten wir sie nur verpasst. Doch leider beschlich mich ein beunruhigendes Gefühl, was in der Regel nichts Gutes zu bedeuten hatte.

Schließlich kamen wir in Emden an. Der Regen war schwächer geworden, und wir hielten wieder Ausschau. Doch auch hier war nichts zu entdecken. Keine *Tiburon*, keine Männer.

Falsch. Es kamen doch Männer, auffallende Männer, Männer in Uniform – in Polizeiuniform, um präzise zu sein. Es war schon komisch. Wieder hatte ich dieses beunruhigende Gefühl, und das sagte mir: Die beiden haben es auf uns abgesehen. Die Uniformierten kamen tatsächlich auf uns zu. Ich blickte hinter mich, aber da waren nur Hanni und ich. Einer der Männer fragte: „Sind Sie aus Österreich?" Ich: „Ja, warum?" Gerne hätte ich gereizt geantwortet: „Na und ist es verboten, als Österreicherin in Emden herumzustehen?" Natürlich sagte ich das nicht. Anstatt Gereiztheit an den Tag zu legen, schien es mir im Moment klüger zu sein, erst einmal abzuwarten, was die deutsche

„Obrigkeit“ von uns wollte. Außerdem spürte ich, dass etwas passiert sein musste.

Plötzlich bekam ich es mit der Angst zu tun. Auch Hannis Mine wirkte besorgt. „Sie heißen Scheiblbrandner?“, fragte einer der Polizisten. Ich schluckte: „Ja, warum?“ „Ihre Männer hatten einen Brand an Bord ihrer Yacht. Sie sitzen in der Schleuse von Leer fest.“

Brand? Panik stieg in mir hoch. „Was genau ist passiert? Sind unsere Männer verletzt?“

„Soweit wir es wissen, ist das Schiff nicht mehr zu manövrieren, aber die Männer sind wohlauf.“

Das war wenigstens etwas Positives. Aber was war mit dem Schiff? ‚Ist dies das Ende unserer Reise?‘, fragte ich mich verzweifelt. Vor meinem geistigen Auge packten Peter und ich schon wieder die paar Habseligkeiten, die uns noch geblieben waren, und kehrten reumütig zu unseren Familien zurück. Ich hörte sie schon sagen: ‚Schnapsidee! Haben wir aber gleich gewusst. Die Welt umsegeln in einer Nussschale. Aber Hauptsache, euch ist nichts passiert.‘ Letzteres sagen sie alle. Immer.

Doch die Erleichterung anderer interessierte nun mal keinen, dessen Lebenstraum gerade abgebrannt war. Da gab der ostfriesische Polizisten-Döspaddel noch einen drauf: „Jo, jo, die Österreicher. Die sollten halt tu Hus in ihren Bergen bleiben, da kennen sie sich mal besser aus!“ Mehr brauchte ich nicht. Was bildete sich dieser Hammel ein? Vermutlich selbst noch keine Meile gesegelt, aber lästern. Einzig mein österreichisches Gemüt bewahrte mich vor einem gröberen Ausbruch.

„In Ordnung“, sagte ich, „können Sie uns bitte sagen, auf welcher Straße wir schnellstens nach Leer kommen?“

Ich musste sofort wissen, was genau geschehen war.

Auf der Fahrt nach Leer mit Hanni an meiner Seite, die mich immer wieder beruhigte, legte sich langsam meine Aufregung.

In Leer angekommen, fanden wir diese blöde Schleuse nicht. Während des Herumirrens fiel mir jedoch immer mehr die Trostlosigkeit dieses Ortes auf. Hier sollten wir für ungewisse Zeit bleiben, um unser Schiff wieder flottzumachen? Anstatt den Meereshorizont vor Augen, eintönige Backsteinhäuser in Reih und Glied?

Nachdem wir unsere Männer endlich gefunden hatten, bot sich uns ein trauriger Anblick: totales Chaos und ein rußgeschwärztes Schiff. Nichts ging mehr. Der Motor ließ sich nur noch über die Handkurbel starten. Das war sehr mühsam, und Peter musste höllisch aufpassen, keinen Gegenschlag von der Kurbel abzubekommen. Aber es war die einzige Möglichkeit, die Maschine nach dem Brand ohne Batterie in Gang zu bringen. Gemeinsam fuhren wir die angeschlagene *Tiburon* in den Yachthafen von Leer. Auch nicht gerade eine Idylle, aber immerhin besser als die Schleuse. Nachdem die Männer uns ihre Geschichte („Erst kam der Rauch und dann das Feuer") ausführlich mehrmals erzählt hatten, fielen wir spät nachts alle erschöpft in die Kojen. Am nächsten Tag mussten wir leider von unseren Freunden Abschied nehmen. Wir würden uns nun für lange Zeit nicht mehr sehen. Schade. Tränen flossen, aber es nutzte nichts, die beiden mussten heim.

Der Regen prasselte unablässig auf das Deck, und das Innere des Schiffes war eine Baustelle. Eine Woche lang waren tagsüber zwei Elektriker an Bord. Bei drei Quadratmetern Wohnfläche keine Freude. Sämtliche Kabel wurden ausgetauscht. Das war nicht so einfach, denn findige Bootskonstrukteure hatten sie in der Decke zwischen der doppelten Verschalung verlegt und stellenweise verklebt. Die Arbeiter konnten somit keine Neuen einziehen. Das bedeutete, dass die Kabel auf Putz verlegt werden mussten, was dem Salon fortan einen besonderen Charme verlieh.

Das Schiff war nun eine Baustelle. Zu allem Überfluss war es kalt und feucht, denn die Dieselheizung hatten wir in Papenburg ausgebaut, um mehr Stauraum zu gewinnen.

Die Menschen in der Marina waren hilfsbereit und freundlich und machten damit unseren Ausnahmezustand ein wenig erträglicher. Bei all dem Desaster hatten wir unheimliches Glück: Die *Tiburon* war noch sechs Monate lang versichert, und somit sparten wir 3.000 Euro Reparaturkosten. Wenigstens ein Trostpflaster.

Ab und zu fuhren wir ins gemütliche Zentrum von Leer, um uns ein Bierchen zu genehmigen. Als wir dabei zum ersten Mal das Beiboot an einer Leiter der Hafenmauer festmachten, übersahen wir leider ein Abflussrohr. Bei unserer Rückkehr war es bis zum Rand mit Abwasser gefüllt. Langsam fanden wir diese Pechsträhne nur noch absurd und mussten laut loslachen.

Die restlichen Tage, an denen die beiden Handwerker an Bord waren, verkrümelte ich mich ab 10 Uhr in die Stadt. Erst am frühen Abend kehrte ich wieder zurück. Vier Menschen am Schiff inmitten einer Baustelle waren einfach zu viel. Glücklicherweise hatte auch dies ein Ende. Pünktlich am Geburtstag meiner Tochter waren sage und schreibe 1.000 Meter Kabel in unserem kleinen Schiffchen fertig verlegt. Anlässlich dieses doppelten Glückes schenkte ich Christina eine Reise nach Lissabon, wo wir uns im Spätsommer treffen wollten. Wir würden drei wunderbare Wochen zusammen sein! Denn natürlich war das auch ein Geschenk an mich, denn ich freute mich sehr darauf, meine Tochter wiederzusehen.

Die Handwerker waren von Bord, und um dies gebührend zu feiern, gönnten wir uns ein echtes Wiener Schnitzel. Es war so schön, wieder allein auf der aufgeräumten *Tiburon* zu sein. Obwohl es Mitte Juni war, waren die Nächte mit nur fünf Grad ungemütlich kalt. Egal, es sollte bald in Richtung Süden gehen. Ich telefonierte vor der Abreise mit allen Lieben in der Heimat – und endlich: Am 13. Juni brachen wir erneut zu unserer großen Reise auf. Um 18 Uhr waren wir an der Schleuse Emden, und kurz darauf machten wir im Stadthafen fest. Und kaum zu glauben: Auch die Sonne schien.

Gut gelaunt schlenderten wir durch die Stadt und freuten uns auf das, was noch kommen sollte. Hoffentlich nur Gutes.

WASSEREINBRUCH

Tagebuch

13. Juni; wir sind unterwegs nach Borkum. Es ist raues Wetter. Sehr raues Wetter. Der Wind bläst mit 40 Knoten genau aus der Richtung, in die wir wollen, und Tiburon stampft wild in den Wellen. Ich habe vorbeugend ein Medikament gegen Übelkeit genommen. Ich kauere mich unter die Sprayhood, und es wird mir tatsächlich nicht schlecht. Dafür bin ich müde. Ich nicke ein, bis mich das Aufschlagen meines Kopfes an der Cockpitwand unsanft in die Realität zurückholt.

Peter steht an der Pinne und ist klatschnass von der überkommenden Gischt. Er segelt beinhart nach Termin. Nach Termin? Sollten wir uns diesen Unsinn nicht besser abgewöhnen? Gute Seemannschaft bedeutet nicht, einen Plan gegen alle Widrigkeiten durchzusetzen. Wir haben doch Zeit! Mit Gelassenheit und im Einklang mit der Natur würden sich die Probleme viel leichter meistern lassen.

Plötzlich nehme ich aus den Augenwinkeln eine Bewegung im Schiffsinneren wahr. Augenblicklich bin ich hellwach. Die Bodenbretter im Salon schwimmen auf. An den Seitenwänden strömt Wasser herab. Ich flitze den Niedergang hinunter, und schreckliche Bilder vom Sinken und Ertrinken schießen durch meinen Kopf. Wie zum Teufel kommt das viele Wasser in das Schiff? Blitzschnell räume ich das gesamte Vorschiff aus, um nach der Ursache zu suchen. Das Wasser scheint von überall gleichzeitig zu kommen. Ich inspiziere alle Stauräume.

In diesem Moment hasse ich es, hier zu sein, Angst zu haben und schon wieder zu scheitern. Außer Atem klettere ich hinaus ins Cockpit und berichte von der Katastrophe. Peter wird augenblicklich noch blasser, als er es ohnehin schon ist. Ihm ist übel wegen der rauen See. Ich übernehme das Steuern. Er geht nach unten. Ratlos kommt er wieder herauf, nimmt mir die Pinne aus der Hand und gibt Gas. Wir müssen so schnell wie möglich in den rettenden Hafen. Mein Herz klopft wild. Werden wir es schaffen oder gehen wir unter? Was sollen wir bloß machen?

Alles, was wir momentan tun können, ist, das Wasser aus dem Schiff zu pumpen. Wir arbeiten wie verrückt. Peter im Cockpit und ich im Salon. Ich suche nach einem Schuldigen und finde ihn: Es ist der Vorbesitzer! Er hat uns Schrott verkauft. Sein viel gepriesenes, großartiges und starkes Schiff ist ein undichter Joghurtbecher und sonst nichts. Ich will nur mehr herunter von diesem unseligen Kahn. Adieu. Auf Nimmerwiedersehen.

Inzwischen bläst es in den Böen mit Windstärke acht. Ständig kommt Wasser über. Die Weltuntergangsstimmung ist perfekt. Seltsamerweise werde ich immer ruhiger und gelassener. Was kann ich schon ändern? Durchdrehen, von Bord springen, den Ehemann erwürgen?

Völlig aufgelöst kommen wir in Borkum an. Zu allem Überfluss empfängt uns ein Mann am Steg, der überhaupt nicht mitzukriegen scheint, in welcher Situation wir uns befinden. Er quatscht uns voll mit seinen Weltumsegelungs-Plänen. Er hat unsere Trans-Ozean-Flagge gesehen, und somit sind wir für ihn Verbündete. Mit wem soll er auch sonst über seine geplante Weltumsegelung reden? Im gleichen Atemzug erzählt er uns seine Lebensgeschichte. Wir verziehen uns genervt ins Innere des Schiffes und lassen den Schwätzer einfach stehen. Schließlich räumt er beleidigt das Feld. Fieberhaft suchte ich mein Adressbuch. Ich brauche die Telefonnummer des Vorbesitzers. Ich werde ihn anrufen. Seinen undichten Kahn kann er wieder zurückhaben. Jawohl!

Peter versuchte, mich zu stoppen, obwohl er genau wusste, dass es sinnlos war. Aus dem Weg! Mit grimmigem Gesichtsausdruck stapfte ich über den Steg in die Hafenkneipe. „Entschuldigen Sie, kann ich hier telefonieren?“, fragte ich mit ernster Miene. „Es ist dringend!“ Der Mann an der Bar sah mich verwundert an, aber irgendetwas in meinem Blick veranlasste ihn, mir wortlos das Telefon auf die Theke zu stellen. Entschlossen wählte ich die Nummer. Dabei verwählte ich mich und geriet noch mehr in Rage. Nach dem Freizeichen meldete sich eine Frauenstimme. Die Tochter. Ich fragte nach dem Vater. Der war nicht zu Hause. Ich schilderte ihr aufgebracht unsere Situation, und das verfehlte seine Wirkung nicht. Die Tochter versicherte mir, dass alles in Ordnung gebracht werden würde und ich solle mich beruhigen. Leichter gesagt als getan. Immer noch wütend, stapfte ich wieder zurück zum Schiff. Inzwischen war es Mitternacht, aber wir fanden keine Ruhe. Peter meinte schließlich müde, er hätte ein kleines Hotel in der Nähe entdeckt und es sei das Beste, dort zu übernachten. Wir könnten die nassen Sachen waschen und trocknen. Er schlug vor dortzubleiben, bis die Ursache des Wassereinbruchs gefunden war. Eine ausgezeichnete Idee. Ich wollte ohnehin nie wieder auf dieses Schiff. Nie wieder.

Am darauffolgenden Tag nach einer warmen Dusche begannen wir nochmals fieberhaft, über die Ursache nachzudenken. Wir diskutierten sämtliche möglichen und unmöglichen Gründe, während ich die Wäsche im Waschbecken wusch und anschließend zum Trocknen aufhängte. Nun baumelten Bettwäsche, Handtücher, Hosen, Blusen, Shirts, Pareos und Socken auf den quer durch das Zimmer gespannten Leinen.

Im ersten Licht des nächsten Morgens begutachteten wir den Schaden auf der *Tiburon*. Im gesamten Schiff stand vom Bug bis zum Heck das Wasser 20 Zentimeter hoch. Segelsäcke und allerlei anderer Kram schwammen. Woher kam das Wasser? Nun war aber das Orten einer undichten Stelle eines der größten Mysterien der Seefahrt. Wasser konnte theoretisch überall eindringen und sich durch verschiedenste Durchlässe einen verschlungenen und oft nicht nachvollziehbaren Weg ins Schiffsinnere bahnen. Was gab es da nicht alles für Möglichkeiten? Jede Öffnung im Rumpf und an Deck stellte einen Schwachpunkt dar. Viele Schiffe sanken nicht durch eine Kollision mit einem Wal oder einem Container, sondern ganz simpel über die zahlreichen Borddurchlässe. Sogar über Bordtoiletten sind Yachten schon versunken. Eigentlich wollte ich nie mehr an Bord, aber die Nacht im weichen Hotel-bett glättete mein Nervenkleid und ließ mich zur Vernunft kommen. So machten wir uns erst einmal an das Auspumpen des Schiffes. Danach verbrachten wir den restlichen Tag damit, die *Tiburon* systematisch auf undichte Stellen hin zu überprüfen. Wir checkten jeden Durchlass am Oberdeck mit einem scharfen Wasserstrahl. Zum Teil färbten wir das Wasser ein, um den Verlauf nachzuvollziehen. Peter stand draußen mit Schlauch und Eimer bewaffnet, und ich wartete gespannt im Inneren. Es passierte nichts. Sooft Peter auch das Oberdeck flutete: Im Inneren blieb es trocken.

Dann fiel mir plötzlich der Ankerkasten ein. In dem stand zwar kein Wasser, aber ich hatte ihn in Papenburg frisch gestrichen und als Schutz vor der Ankerkette mit einer Plastikmatte ausgelegt. Könnte das der Auslöser gewesen sein? Wir begannen, den Ankerkasten zu befüllen. Noch geschah nichts, denn er hatte vorne am Bug zwei kleine Öffnungen, durch die eindringendes Wasser abfließen konnte. ABER: die Matte, auf der die schwere 100-Meter-Ankerkette lag, hatte sich durch die heftigen Schiffsbewegungen während der rauen Überfahrt verschoben und damit die Auslässe blockiert. Das Wasser konnte nicht mehr nach außen abfließen. Es suchte sich einen anderen Weg, und das war der offene Belüftungsschlitz vom Ankerkasten in das Vorschiff. Von dort aus ergoss sich das Meerwasser über die inneren Bordwände in das Schiff.

Bingo! Wir hatten die Schwachstelle gefunden – und ich war schuld! Die Matte war der Fehler. Nun war ich wütend auf mich selbst. Nicht auszudenken, wäre uns das auf einem der großen Ozeane passiert. Hunderte Meilen vom nächsten Land entfernt. Und was sage ich jetzt dem Vorbesitzer? Schuldgefühle, Schuldgefühle ...

Der Belüftungsschlitz in das Vorschiff sollte geschlossen werden. Aber das bedeutete, wir mussten in eine Werft. Die nächste war in Emden. Also wieder zurück auf Anfang.

ZURÜCK AUF ANFANG

Ach, dieses Leben zwischen Reparaturen, Schmutz, körperlicher Schinderei und allzeit forschenden Männern. Wie liebte ich inzwischen das Bordleben von ganzem Herzen. Mir tat jeder Muskel weh, und es war mir egal, was noch kommen mochte. Nach stundenlangen Schleifarbeiten über Kopf war ich zu müde, Energie in Aufregung zu investieren. Würde es je ein Ende geben? Die Reparaturliste war lang, und weil wir gerade dabei waren, kamen wir vom Hundertsten ins Tausendste und machten noch etliches mehr. Wir benahmen uns wie tüchtige Hausfrauen, die sich das Waschen der Vorhänge vornehmen und dann am Ende des Tages erkennen, alles erledigt zu haben, nur eines nicht: die Vorhänge.

Das Wichtigste war der Ankerkasten. Wir schlossen den Schlitz und bauten eine neue Verriegelung für den Deckel des Ankerkastens ein. Es gab viel zu tun: den Stauraumdeckel im Cockpit und alle Borddurchlässe abdichten, die Abflüsse kontrollieren und die Lüfter prüfen. Bei der Windsteueranlage alle Durchlässe mit Holzplatten unterlegen und das Buglicht reparieren. Das Schiebeluk am Niedergang und damit den Eingang zum Schiff abdichten. Die von Meersalz starrende Matratze mit Süßwasser spülen. Am Ende kam noch das vorbeugende Reinigen des gesamten Schiffes mit Essigwasser gegen Schimmel. Das hatte ich irgendwo gelesen, und es leuchtete mir ein.

Wie schon die Elektriker in Leer waren auch die Werftarbeiter allesamt freundlich und hilfsbereit. Sie ließen uns so viel wie möglich selbst arbeiten. Deshalb kamen wir immer erst spätabends in die Kojen. Wir schufteten wie besessen, um endlich wieder weiter zu können. Die Arbeiter stellten uns sogar ihr Werkzeug zur Verfügung und standen uns mit Rat und Tat zur Seite. Mein Favorit war ein Bär von einem Mann. Er hatte viel Verständnis für die Probleme von uns Anfängern und eine unendliche Geduld. Er weihte uns in viele

Geheimnisse und Tricks des Bootsbaus ein. Wir passten genau auf und erledigten brav die Arbeiten nach seinen Anweisungen. Abends gönnten wir uns dann etwas Feines beim Stammgriechen oder sonst wo in einer der vielen Kneipen in Emden. Während dieser unvermeidlichen Bootsarbeiten besuchte uns eines Tages der Vorbesitzer der *Tiburon*. Er entschuldigte sich tausendmal und hörte gar nicht auf zu beteuern, dass er das alles so nicht gewollt habe. Doch längst war uns klar geworden, dass ihn ohnehin keinerlei Schuld traf. Unser Schiff war bislang als Küstensegler unterwegs gewesen. Das „Upgrading" zur Hochseeyacht war allein unsere Idee. Außerdem hatten wir diese Auf- und Umrüstung gründlich unterschätzt.

Nach vierzehn Tagen und Nächten ungemütlichen Lebens an Bord war es wieder einmal so weit: Es ging in Richtung Meer. Und auch bei diesem Versuch goss es wie aus Kübeln. Während der ersten Fahrtstunden beobachteten wir argwöhnisch das Innere des Schiffes und schauten in jede Ritze und jede Ecke, um eventuelle Undichtheiten zu entdecken. Doch alles blieb trocken.

Halleluja! Unsere Stimmung besserte sich mit jeder Meile, und schließlich fuhren wir mit unserem trockengelegten Schiff erleichtert in den Stadthafen von Emden, wo wir noch eine Nacht blieben. Abermals riefen wir unsere Familie und die besten Freunde an, um unseren endgültigen Abreisetermin kundzutun. Ob sie noch daran glaubten? Glaubten wir selbst noch daran?

ENDLICH AUF SEE

24. Juni. Die Sonne strahlte vom Himmel. Sollte sich das Blatt nun zu unseren Gunsten wenden? Wir waren endlich auf See. Genauer gesagt auf der Nordsee. An Borkum vorbei durch das Hubertgat in Richtung Den Helder. Im Hubertgat hatten wir ganz ordentliche Kreuzseen, und es schüttelte uns heftig durch. Sich unter Deck zu bewegen, war schier unmöglich. Wir hätten Saugnäpfe gebraucht, um Halt zu finden. Den Gang zur Toilette konnten wir praktischerweise mit der Abgabe der letzten Mahlzeit verbinden. Selbst ich verspürte eine leichte Übelkeit. Meine „Seebeine“ mussten erst wieder wachsen. Bis Mitternacht hielt ich Wache. Es war eine wunderschöne Mondnacht, die ich genossen hätte, wären da nicht die vielen Fischer gewesen. Was hatte ich gelernt? Welches Licht bedeutete noch mal was? Wo war vorne, wo war hinten? Ach, du schöne Theorie. Bei Wind und Seegang mit einem flauen Gefühl im Magen sah alles GANZ anders aus. Gut, dass bald Wachwechsel war. Peter schaute gerade verschlafen aus dem Niedergang.

Glücklich über die Freiwache verrollte ich mich in meine Koje. Doch die Schiffsbewegungen waren noch ungewohnt, und ich schlief schlecht. Vier Stunden später war Wachwechsel und ich wieder an Deck. Das sollte künftig unser Wachrhythmus bleiben. Konsequent. All die Jahre auf See. Es gab auch Segelkollegen, die in dieser Angelegenheit auf „So Gott will" vertrauten. Einige haben das jedoch bitter bereut, denn dieser eine Frachter oder dieser eine Wal kommt häufiger, als die Schlafenden in der Koje es sich erträumen. Nachdem der Wind immer mehr zunahm, setzten wir das zweite Reff, und ich übernahm die Wache. Segelmanöver machten wir anfangs zu zweit und zur Sicherheit angeleint. Unsere Segel waren sämtlich manuell zu bedienen. Keine Rollreffanlagen und elektrische Winschen. Über die gesamte Reise hinweg hat sich die Entscheidung, alles so einfach wie möglich zu halten, als richtig erwiesen. An den schönsten Orten der Welt verbrachten die Eigner von Hightech-ausgerüsteten Schiffen viel Zeit mit Reparaturen. Ganz zu schweigen von der Schwierigkeit, Ersatzteile zu beschaffen. Trotz gerefftem Segel machten wir konstant 5 Knoten Fahrt. Die raue See schüttelte die *Tiburon* ordentlich durch.

Plötzlich bekamen wir Besuch. Ein erschöpfter Vogel ließ sich auf Peters Knie nieder. Nachdem er sich ausgeruht hatte, hinterließ er dankbar einen kleinen Glücksklecks und verschwand, wie er gekommen war. Seevögel landeten während der gesamten Reise immer wieder an Bord und ruhten sich aus. Sie kannten keine Scheu und vertrauten sich erschöpft uns Menschen an. Diese Szenen waren immer sehr berührend, und die müden Gesellen taten uns leid.

Um 11 Uhr warf ich mich todmüde in die Koje und schlief sofort ein. Doch schon nach einer Stunde weckte mich Peter, denn wir steuerten den nächsten Hafen an. In einem Reiseführer hatte ich gelesen, dass Den Helder die Gemeinde mit den meisten Sonnenstunden in den Niederlanden ist. Wir waren also gespannt. Und tatsächlich strahlte die Sonne über dem geschäftigen Hafen. Aber sie erhellte auch die Niedergangs-Luke. Dort, wo ich stundenlang kopfüber mit Abdichtungsarbeiten beschäftigt war, glitzerte ein Wassertropfen. Mir war zum Heulen. Der „Bär" in der Werft hatte uns eingebläut, dieses „Dreckszeug", wie er es nannte, nicht an Bord zu verwenden, da es sich nie ganz entfernen ließ. An diesen Stellen haftete auch kein anderes Dichtmittel mehr. Wir sollten noch öfter Ärger mit diesem verdammten Silikon bekommen. Die Vorbesitzer hatten damit gewütet. Kleine Undichtheiten würden uns auf der gesamten Reise begleiten. Aber von der ersten bis zur letzten sollte es mir schwerfallen, diese schicksalsergeben hinzunehmen.

Nach einer Nacht im Hafen ging es in Richtung Scheveningen. Wir reisten zügig weiter, denn wir hatten genug Zeit mit Reparaturen verplempert.

Scheveningen war ein Stadtteil Den Haags, nur 6 Kilometer vom Zentrum entfernt. Es galt als das größte Seebad der Niederlande und war touristisch überlaufen. Es war unser letzter Hafen vor dem englischen Kanal. Die berühmte Seebrücke von Den Helder mit ihren 381 Metern Länge imponierte uns sehr. In den Restaurants waren die Spatzen so frech, dass sie uns, wenn wir nicht aufpassten, Essen vom Tisch stibitzten. Sie amüsierten uns trotzdem. Das Wetter und das Seglerleben waren endlich so, wie wir es uns vorgestellt hatten: wunderbar.

Im Hafen lagen wir wieder einmal im Päckchen. Wir mochten diese Art des kollektiven Zusammenlebens nach wie vor nicht, aber da mussten wir leider durch. Eines Morgens, als ich noch friedlich schlummerte, klopfte es an der Bordwand. Wohl einer aus dem Päckchen. Ich rührte mich nicht. Wo war bitte mein Kapitän? Üblicherweise war ER für Kommunikation zuständig. Doch war er leider nicht an Bord, weil – wie immer schon frühmorgens – putzmunter unterwegs. Ich blieb vorerst stur und rührte mich nicht. Der Klopfer gab schließlich auf. Aufatmen. Unangemeldete Besucher konnte ich noch nie leiden. Schon gar nicht vor der Morgentoilette.

Nachdem die Luft rein war, rollte ich mich aus meiner Vorschiffskoje, ging duschen und putzte erst mich und anschließend das Schiff. Und schon wieder entdeckte ich eine Stelle, an der ein Tropfen hing. Ich seufzte tief. Langsam schwante mir, dass ich fortan in einer Tropfsteinhöhle leben würde. Um mich abzulenken, warf ich mich hinter den Spirituskocher und bereitete Kabeljau mit Knoblauchbutter und zarten Frühkartöffelchen zu.

Peter war inzwischen von seinen Inspektionsgängen wieder zurückgekehrt, und wir ließen es uns schmecken. Kochen an Bord war selten ein Problem für mich. Bei nahezu jedem Seegang kochte ich, solange es irgend möglich war. Bevorzugt mit frischen Zutaten, um nur ja nichts aus der Dose essen zu müssen. Brot backen wurde bald zur Routine. Ich bereitete es in einem Schnellkochtopf zu, in dem ein kleiner Campingblechtopf auf einem Metallring stand, damit nichts anbrannte. Der Schnellkochtopf fungierte somit als Backofen. Das Brot backte ich nach einem Rezept meiner Oma, und es war dementsprechend schmackhaft. Als Kochstelle diente der zweiflammige Spiritusherd. Ungefährlich, einfach und sauber. Spiritus gab es überall auf der

Welt. Gas war mir unheimlich, und Petroleum kam wegen der Brandgefahr nicht infrage.

In Scheveningen schlossen wir erstmals Freundschaft mit den Segelkameraden Barbara und Peter von der *Thule*. Sie waren Hamburger und im Besitz einer wunderschönen historischen Yacht. Sie waren erst einmal unterwegs nach Spanien und wollten danach weitersehen.

Ich kann mich noch genau erinnern, als wir die beiden zum ersten Mal sahen: Es war einer dieser Tage, an dem wir einfach nur die Zeit vertrödelten, um ein wenig spazieren zu gehen und andere Schiffe zu begutachten. Wir schlenderten die Kaimauer entlang. Plötzlich lag da diese elegante alte Stahl-Yacht mit typisch klassischen Linien. Sie war, wie sich später herausstellte, eine ehemalige Rennyacht, die in ihren besten Tagen einige Siege errungen hatte. Ihr elegantes Teakdeck hatte flache, unaufdringliche Aufbauten. Es passte optisch alles zusammen.

Auf dem Oberdeck sahen wir ein junges Paar. Der Mann saß vor dem Niedergang und bearbeitete ein Stück Holz. Sein Gesicht wurde durch die sonnengebleichte Lockenmähne halb verdeckt. Seine dunkelhaarige Freundin saß am Fuße des Mastes und las in einem Buch. Als sie uns auf der Kaimauer bemerkte, lächelte sie uns fröhlich zu und rief: „Hallo ihr beiden!"

So begann diese herzliche Freundschaft. Später, bei einem Gläschen Sherry, hatten wir die Gelegenheit, einander näher kennenzulernen. Selten haben wir uns mit Segelfreunden so gut verstanden wie mit diesen sympathischen Hamburgern.

Überhaupt waren uns Segler mit Stil und respektvollem Umgang lieber als rüpelhafte, ungepflegte Vagabunden. Für mich sprach nie etwas gegen ein luftiges Kleid oder einen hübsch gebundenen Pareo bei segelnden Frauen. Auch Männer sahen in Shorts und Shirt besser aus als in abgerissener Kleidung oder in einem „Ruderleiberl", wie wir Österreicher sagen.

Die beiden haben später nicht die ganze Welt bereist, sondern sind in Sevilla für einige Jahre heimisch geworden. Das war für Barbara als Spanisch-Übersetzerin geradezu ideal, und dort fand sie auch die Ruhe und Muße, die sie für ihre schriftstellerischen Ambitionen brauchte.

„YOU CAN DO WHATEVER YOU WANT, SIR!"

Wir verließen Scheveningen mit einem Reff im Großsegel. Dennoch brausten wir mit 6,5 Knoten Fahrt dahin. Das sind zwar nur 12 Stundenkilometer, aber für ein Schiff unserer Größe war das nicht schlecht. Die Wellen konnten sich auch diesmal nicht auf eine Richtung einigen, und so stampfte die *Tiburon* durch die konfuse See. Strömung gegen Wind ist kein Vergnügen. Wir mussten die Hauptschifffahrtsroute queren und hatten keinerlei Erfahrung mit derartig dichtem Schiffsverkehr. Wie sollten wir nur durch die wie an einer Perlenschnur lückenlos aufgefädelten Riesenpötte heil einen Weg finden? Es war zwar ungeheuer imposant, aber auch beängstigend, wenn einer dieser Frachter an uns Winzling vorbeizog. Mit einer Masthöhe von nur 12 Metern lagen wir für die Riesen bei einem gewissen Abstand unterhalb des Radarstrahls und waren deshalb so gut wie unsichtbar. Besonders Seglern auf kleinen Schiffen war das oft nicht bewusst. Nicht die Großen mussten aufpassen, sondern wir Kleinen. Wenn ein Riese einen Zwerg rammte, bekam der das oft gar nicht mit.

Mit all diesen Gedanken lag ich unruhig in der Koje und fand keinen Schlaf. Der Spirituskocher quietschte in seiner kardanischen Aufhängung und nervte zusätzlich. Ich rollte mich aus der Koje und zurrte ihn fest. Endlich Ruhe. Unser Schiff wurde während des Segelns zuverlässig von einer Monitor-Windfahnensteuerung gelenkt. Wir nannten sie *Wilfried* nach unserem seglerischen Vorbild Wilfried Erdmann. Er umrundete mehrmals in kleinen Yachten die Welt. Seine Bücher haben wir neben Moitessier, Hausner, Gebhard und Schenk verschlungen. Nun segelten wir in seinem Kielwasser.

Die Windfahnensteuerung arbeitete im Gegensatz zum batteriebetriebenen Autopiloten rein mechanisch und benötigte keinerlei elektrische

Antriebsenergie. Natürlich steuerte sie nicht ganz so exakt, aber dafür ließ sie uns auf der gesamten Reise niemals im Stich.

Zu Mittag kochte ich uns Spaghetti und abends einen deftigen Erdäpfelauflauf. Auch auf See hält gutes Essen Leib und Seele zusammen.

Tagebuch

Auf einmal sind wir mitten in der Großschifffahrtsstraße. Peter startet die Maschine und gibt der englischen Harbour Patrol über Funk unsere Position durch. Er ist aufgeregt und fragt den Beamten, wie wir uns inmitten der vorbeiziehenden Riesen verhalten sollten.

„What shall we do, Sir?“ Der Beamte antwortet höflich, aber bestimmt: „You can do whatever you want, Sir!“ Pragmatische Briten!

Mein Kapitän bleibt nervös und wachsam. Der Seegang ist heftig, und es schleudert uns von einer Ecke in die nächste. Wow, wie großartig ist das Segeln.

Endlich kommt Ramsgate in Sicht. Unser erster Zielhafen in England. Bald sind wir durch. Meine Nerven liegen ebenfalls blank. Irgendwie haben wir beide eine Krise. Ich will endlich wieder sicheren Boden unter den Füßen haben. Diese ständige Schaukelei macht mich fertig. Überall blaue Flecken. Was haben wir hier heraußen eigentlich verloren?

Die äußerst höflichen englischen Beamten, bei denen wir die Zollformalitäten erledigten, nahmen uns die Nervosität, und langsam beruhigte sich auch Peter. Erst Monate später würden sich unsere Körper an die mehr oder weniger starken Schiffsbewegungen gewöhnt haben. Das ständige Auf und Ab zwischen Salon und Deck und die vielen Bordmanöver forderten viel Kraft, hielten uns aber fit und gesund.

Langsam begannen wir, die Langfahrten zu genießen. Nach vielen Eingewöhnungsmonaten auf See und den großen Ozeanüberquerungen wollte ich später gar nicht mehr an Land. So frei, selbstbestimmt und fern von überbordenden Zivilisationserscheinungen empfand ich das Leben in diesem Mikrokosmos Schiff, Meer, Horizont und Himmel als ungeheuer beglückend. Kurze Etappen hingegen fanden wir bis zum Schluss der Reise anstrengend. Kopf und Körper benötigten zwei bis drei Tage, bis sie sich an die Bewegung des Schiffes und den Rhythmus der Wachen gewöhnt hatten.

England war eine Wohltat: Freundliche und hilfsbereite Menschen, wohin man schaute. Urige Kneipen und unglaublich viel Bootszubehör auf den zahlreichen Gebrauchtmärkten, in denen man herrlich stöbern konnte. So kam viel origineller, wenn auch sinnloser Kram an Bord. Zum Beispiel eine Handwaschmaschine, die sich jedoch als völlig ungeeignet entpuppte. Die Kühlbox, die über eine Solarzelle mit Strom versorgt wurde und kalte Getränke versprach, wurde wegen ständigen Versagens im nächsten Hafen wieder verkauft.

Nachts schlief ich im Vorschiff. Peters bevorzugter Schlafplatz war achtern in der backbordseitigen Hundekoje. Wenn wir auf See waren, schlief ich im Salon. Da wir ohnehin nie allein waren, taten uns diese Rückzugsorte gut. Außerdem passte es zwischen Peter und mir ganz einfach. Damals konnten wir uns nicht vorstellen, jemals zu denen zu gehören, über die man am Ende sagte: Als Paar weggefahren und als Kumpels oder gar getrennt heimgekehrt.

Über Ramsgate schien die Sonne, und somit war alles bestens. Wir begannen, uns mit den Gezeiten auseinanderzusetzen und den anfangs verwirrenden, aber unverzichtbaren Gezeitenatlas zu studieren. Der Tidenunterschied in dieser Gegend betrug immerhin bis zu 12 Meter. Noch lagen wir hinter einer Schleuse auf konstantem Wasserspiegel.

Es war für uns ungewohnt, wie locker die Engländer mit dem Tidenhub umgingen. Ihre Yachten lagen bei Ebbe steuer- oder backbordseitig im Schlamm herum. Für „Marina-Segler", die hauptsächlich mit dem Polieren ihrer Schiffsrümpfe beschäftigt waren, vermutlich ein Schreckensszenario.

Nach zwei Tagen verließen wir mit frischen Lebensmitteln versorgt die Schleuse in Richtung Außenhafen. Wir hatten *Baked Beans* entdeckt. Sie schmeckten uns so gut, dass wir uns für viele Seemeilen damit eindeckten.

Gemeinsam mit Speck und Würstchen zählten sie zu unseren Frühstücksfavoriten. Sie begleiteten uns fortan neben Corned Beef, Kondensmilch, Mais und Bohnen als einziges akzeptables Dosenfutter um die Welt.

Es herrschte Ebbe. Um 12 Uhr legten wir in Richtung Dover ab. Gegen die Flut anzusegeln, hätte laut Gezeitenkalender keinen Sinn gemacht. Der Wind blies aus Südsüdost, was für diesen Törn ideal war. Der morgendliche Regen hatte aufgehört, die Sonne schien warm, und wir waren guter Dinge. Doch kaum waren wir draußen auf See, drehte der Wind und blies uns voll auf die Nase. Gut, dass der Tidenstrom uns schob. Doch Wind gegen Strom verursachte schon wieder diese schrecklich ungemütlichen Wellen. Die Maschine lief Vollgas mit, um rechtzeitig anzukommen. Das Großsegel ließen wir gerefft stehen. So war das Boot etwas stabiler in dieser ruppigen See. Bei der Ansteuerung auf Dover holte uns die Harbour Patrol ab und begleitete uns in den Außenhafen. Etwas, was öfter passieren sollte, als uns lieb war. Die Harbour Patrol beschützte alle Segler vor den bedrohlich schnellen Fähren, die mit einem Affenzahn zwischen Frankreich und England hin und her pendelten. Die damaligen Luftkissenboote flogen nur so daher, und ich bekam immer eine Gänsehaut, wenn ihre Silhouetten größer und größer wurden und scheinbar direkt auf uns zurasten.

Im Außenhafen von Dover warteten wir auf das Öffnen der Schleuse, um in den Innenhafen fahren zu können.

Um 19:30 Uhr war es soweit. Erstaunlicherweise benahmen sich die Segler diesmal nicht gerade gentlemanlike. Sie drängten durch die schmale Durchfahrt in den Innenhafen, als gäbe es dort etwas im Sonderangebot. Als wir drin waren, wurde klar, was dies für ein Angebot war. Es galt, einen Liegeplatz zu ergattern. Für Höfliche wie uns blieb keiner übrig! Die Einheimischen wussten das und deshalb das Gedränge bei der Hafeneinfahrt.

Uns blieb nur der Segelklub. Dort teilte man uns erstaunt, aber durchaus freudig mit, dass wir die ersten Österreicher waren, die in diesem Klub anlegten. Für uns ein Glück, denn unsere Hamburger Freunde lagen mit ihrer *Thule* ebenfalls hier. Es gab ein großes Hallo, und fröhlich versumpften wir bis weit nach Mitternacht.

Am nächsten Tag beschlossen wir, gemeinsam von Dover nach Brighton zu segeln. Zu diesem Zeitpunkt war uns noch nicht klar, was Gezeitensegeln bedeutete. Obwohl Wind und Strom gegen uns standen, liefen wir aus und dachten: ‚Wir schaffen das!' Dachten wir ...

Auch diesmal begleiteten uns die stets freundlichen Männer der Harbour Patrol mit ihrem Schiff hinaus. Sie lächelten mild und grüßten höflich zum Abschied. Vermutlich ahnten sie, was uns die nächsten paar Stunden erwartete. Nämlich alles, was man Segel-Azubis nicht wünscht. Wir segelten also vorerst ein paar Stunden gegen die Vernunft. Soll heißen: gegen den Strom. Ich saß im Cockpit mit dem Rücken zum Land und vertiefte mich in einem Buch. Peter steuerte. Die Zeit verging. Irgendwann drehte ich mich um, blickte auf die Küste und erspähte eine Hafeneinfahrt. Ich wähnte uns bereits am Ziel. Frohlockend sagte ich zu meinem Kapitän: „Schau, dort! Ist das nicht schon Brighton?"

Der sah mich nur resigniert an: „Nein, das ist immer noch Dover." Einen Knoten über Grund bedeutet bei Gegenstrom, auf der Stelle zu segeln! Wir machten einen Schlag nach Steuerbord – und gaben nach vier Stunden auf. Die Männer der Harbour Patrol lächelten abermals mild, als sie uns in den Hafen von Dover zurückbegleiteten.

Wir beschlossen, unsere Ignoranz abzulegen und uns künftig mit dem jährlich aufgelegten, unter Kennern beliebten Standardwerk *McMillan Waterpilot* besser vorzubereiten. Damals die Gezeitenbibel in diesen Breiten. Mit dem Wissen aus diesem Buch konnte man die englische Südküste stressfrei und nervenschonend besegeln. Bis auf dieses geringe Lehrgeld hatten wir sehr viel Glück an dieser wilden, aber wunderschönen Küste. Wir erwischten einen Jahrhundertsommer mit nahezu immerwährendem Sonnenschein. Nach dem ewigen Regen in Norddeutschland atmeten wir auf.

Während des Törns nach Brighton überquerten wir den Nullmeridian inmitten der friedlichen See. Bei einer sanften Brise bestaunten wir andächtig die imposanten weißen Kreidefelsen.

Diesen Ort sehen und vergessen – das war unser persönliches Resümee. Er war uns zu touristisch, zu künstlich, zu hektisch. Der Hafen war ein Ghetto mit 2.000 Liegeplätzen. Immerhin war die *Thule* da. Das war der einzige Trost. Bereits am darauffolgenden Tag wollten wir weitersegeln, aber es ging nicht. Springtide. Das bedeutete in unserem Fall niedrigster Wasserstand. Ein Verlassen der Marina war unmöglich. Der Kiel der *Tiburon* steckte im Schlamm. Wir saßen fest. Es war genau sechs Stunden nach Hochwasser, und es erschien uns endlos lang, bis der Wasserspiegel ausreichend anstieg, um uns wieder in die Freiheit zu entlassen.

Unser nächstes Ziel war Poole. Wir segelten durch den berühmten Solent. Die Isle of Man ließen wir links liegen. Das Wetter war prachtvoll, die See sanft und das Leben schön. Wir bargen die Segel, ließen uns die Sonne auf die nackte Haut scheinen und ergaben uns ein Stündchen dem Moment.

Abends liefen wir in die pittoreske Marina von Poole ein und fühlten uns an diesem Liegeplatz sofort wohl. Nach dem Festmachen legten wir uns glücklich und zufrieden in unsere Kojen. Um 8 Uhr morgens weckte uns ein ohrenbetäubender Krach – und die Idylle war dahin. Wir spähten verschlafen durch die Luken. Große, kräftige Männer standen in Tauchanzügen bis zur Brust im Wasser. Mit den schweren Gerätschaften in ihren muskulösen Armen befreiten sie die stählernen Molenpfähle vom Muschelbewuchs. Mit ihrem verdreckten Antlitz sahen sie wie wilde Krieger aus einem Science-Fiction-Film aus. Nur ihre Augäpfel leuchteten weiß aus dem Gesicht. Die schlagbohrähnlichen Geräte wirkten wie überdimensionale Schusswaffen. Dem Lärm nach befand sich die kriegerische Auseinandersetzung auf dem Höhepunkt.

Als wir uns nach dem ersten Schreck beruhigt hatten, wurde uns bewusst, dass das Leben außerhalb unseres Segelabenteuers normal weiterlief. Auch waren wir nicht im Urlaub, sondern hatten lediglich für drei Jahre eine alternative Lebensform gewählt. Also standen wir auf, um uns eine Busverbindung in die Stadt zu organisieren.

In Poole erwartete uns etwas sehr Wichtiges: Am Postamt lag unser in Ramsgate bestellter Wassermacher. Dieser würde uns künftig nach dem Prinzip der Umkehrosmose mit frischem Trinkwasser versorgen. Für fünf Liter Süßwasser arbeitete die Pumpe, die über die Bordbatterien gespeist wurde, eine Stunde lang. Diese Investition erwies sich wie die Monitor-Windfahnensteuerung als wahrer Segen und funktionierte bei regelmäßiger Wartung ohne Probleme. Besonders an abgelegenen Ankerplätzen, an denen es keine Wasserreserven gab, hatten wir im Gegensatz zu vielen anderen Seglern immer frisches Trinkwasser an Bord. Wo immer wir sauberes Meerwasser vorfanden, produzierte unser Wassermacher frisches und geschmacksneutrales H_2O.

Als wir ein paar Tage später im Hafen von Dartmouth anlegten, feierte man dort gerade die Abfahrt von Lisa Clayton. Sie wollte nonstop allein um die Welt. Um beide südlichen Kaps. Ich war fasziniert. Diese mutigen Menschen bewunderte ich. Ganz allein auf einem Schiff fand ich faszinierend. Mein Kapitän hatte dafür wenig Verständnis. Peter konnte sich das so gar nicht vorstellen. Ich schon. Doch behielt ich meine Fantasie vorsichtshalber für mich. Ein Jahr später las ich, dass Lisa nach 286 Tagen am 29. Juni 1995 die Soloweltumsegelung erfolgreich gemeistert hatte.

Insgesamt zeigte sich das Segeln vor Südenglands Küste bis zum letzten Tag von seiner besten Seite: Herrlicher Sonnenschein verwöhnte uns, und die See zeigte sich immer freundlich und sanft. Die Küstenlandschaft zog in lieblichen Bildern an uns vorbei. In unauslöschlichen Momenten des Glücks alberten wir wie Kinder zwischen den geborgenen Segeln am Vorschiff herum und genossen das freie Leben in der sich sanft wiegenden Dünung.

An Land gefiel es uns, in den unzähligen Pubs ein Bierchen oder ein Gläschen Wein zu trinken und uns mit den freundlichen Engländern zu unterhalten. Es war die bislang schönste Etappe unserer Reise.

Zwischendurch testeten wir den Inhalt unzähliger Konserven auf Genießbarkeit. Vor der Überquerung der Biskaya wollten wir wissen, was wir künftig in den Supermarktregalen stehen lassen würden und was nicht. Es war uns sehr wichtig, gut und gesund zu essen. Unser gesamtes Wohlbefinden hing davon ab. Fettes Essen versuchten wir zu vermeiden. Gemüse, Kartoffeln, Nudeln, Reis und das gute selbst gebackene Brot in vielen Varianten sorgten für genügend Abwechslung an Bord.

Das Einzige, bei dem wir bis dahin schwächelten, war das Angeln. Es sollte sehr lange dauern, bis wir mithilfe unzähliger guter und schlechter Tipps endlich den ersten Fisch an der Schleppangel hatten. Geduldig probierte ich alles an Ködern aus: alte Küchenhandschuhe mit ausgefransten Enden, sämtliche teure Blinker und viele andere abenteuerliche Lockmittel – alles Geheimtipps von sogenannten Experten. Es half nichts, und es biss nichts. Ich hörte die Fische förmlich rund um das Schiff über meine Unfähigkeit kichern. Manche mussten richtig lachen und sprangen vor Übermut in die Luft. Nicht dass ich jemals ein so großer Fischfan war, aber der Ehrgeiz hatte mich gepackt, und plötzlich stand frischer Fisch an oberster Stelle der Speisekarte.

Falmouth war unser letzter Hafen in England. Dort überlegten wir gründlich, was uns noch fehlen könnte, und machten uns auf den Weg, die restlichen Besorgungen zu erledigen.

An deutsche Segler verkauften wir eine Seekarte, die Peter an Bord ihrer *Baltic 51* brachte. Luxus pur auf 15 1/2 Metern. Das totale Kontrastprogramm zu unserer *Tiburon*. Eine andere Welt. Es sollte sich aber noch zeigen, dass unser kleines und starkes Schiffchen uns genauso sicher, wenn auch nicht ganz so komfortabel über die Weltmeere bringen würde.

Die *Baltic* betrat ich nicht. Stattdessen ging ich shoppen, was bedeutete, dass ich für 14 Tage Lebensmittel besorgte. Natürlich viel zu viel. Aber ich dachte für alle Fälle. Man weiß nie. Auch das gehörte zu den typischen Anfängerfehlern. Wir hatten immer Angst, unterwegs zu verhungern.

Unsere Zeit im Hafen von Falmouth ging zu Ende. Wie vor jeder größeren Etappe war Peter nervös. Wir saßen ein letztes Mal mit unseren Freunden von der *Thule* zusammen. Ihre aufmunternden Worte taten uns gut.

WILDE BISKAYA – ANGST UND EIN WAL

Tagebuch

Um 8 Uhr morgens legen wir Richtung Spanien ab. Uns ist ein bisschen mulmig bei dem Gedanken, erstmals so viele Tage und vor allem Nächte auf See zu verbringen. Babs und Peter von der Thule schauen noch einmal vorbei, um uns ein Frühstückspäckchen für die Überfahrt zu überreichen. Tagsüber gibt es keine nennenswerten Probleme. Die Dünung läuft lange und regelmäßig aus Nord. Das Meer wirkt fremdartig, dunkel und ölig. Ich übernehme die erste Wache bis 22:30 Uhr. Aufs Neue versuchen wir, unseren Wach-Schlafrhythmus zu finden. Das ist schwierig am Anfang, denn der Körper vergisst und muss sich erst an die neue Situation gewöhnen. Ich bin ständig müde. Beim Wachwechsel wirkt Peter auch nicht gerade wie der Prinz der Morgenröte, aber was soll's? Ich geh' jetzt in die Koje. Kaum liege ich, gibt es Tumult. Peter startet plötzlich die Maschine, und das bedeutet selten etwas Gutes. Ich springe aus der Koje und eile an Deck. Da sehe ich die Bescherung: Wie hundert leuchtende Weihnachtsbäume umzingeln uns Fischerboote und verhalten sich uns gegenüber völlig ungerührt. Wir sind verzweifelt. Wir können ihre Fahrtrichtungen nicht einschätzen. Kommen sie, gehen sie, stehen sie? Fischer mögen Segler nicht. Es ist ihnen ein Rätsel, wie man nur zum Vergnügen herumfahren kann. Kein Wunder bei dem beinharten Job, den sie jahrein, jahraus bei jedem Wetter zu erledigen haben. Es gelingt uns schließlich, ihren Fahrwassern und Schleppnetzen zu entkommen. Schleunigst verdrücken wir uns. Plötzlich löst sich der Schäkel an der Fock, und das Tuch schlägt wie wild um sich. Wir nützen die Gelegenheit, um auf ein kleineres Segel zu wechseln, denn wir sind zu diesem Zeitpunkt übertrieben vorsichtig unterwegs. Eher unter- als überbesegelt. Während ich das Boot unter Maschine in den Wind stelle, kämpft Peter am Vorschiff mit dem wild herumschlagenden Tuch. Wenn die Nerven angespannt sind,

klingen diese Schläge wie Gewehrschüsse: „Peng! Peng! Peng!" Die Wellen werfen uns von einer Seite zur anderen. Ohne Wind in den Segeln wird das Schiff sofort instabil. Wir schwanken bedenklich. Vielleicht haben wir auch noch zu wenig Vertrauen in Tiburon und wissen gar nicht, was sie alles schaffen kann. Wir sollten nicht so schnell in Panik geraten. Da ich nur im dünnen Nachthemd an Bord stehe, ist mir kalt, und bald zittere ich unkontrolliert vor mich hin. Die Situation ist grauslich, und ich verwünsche Gott und die Welt. Endlich ist das kleinere Segel gesetzt, die Tiburon wieder auf Kurs und ich in der Koje. Ich träume von wild gewordenen Fischern, die uns mit Harpunen bedrohen. Irgendwann schrecke ich auf und schaue nach draußen.

Da liegt er, mein Kapitän, in mehrere Schichten Segelkleidung eingemummt und einem Segel zugedeckt. Er schläft tief und fest. Die Szene berührt mich auf eine Weise, dass ich heulen könnte. Sie wirkt auf mich armselig und bemitleidenswert. Allein auf der Biskaya, umzingelt von Kälte und Dunkelheit. Nur die Tiburon pflügt unbeirrt von Wilfried gesteuert durch die aufgewühlte See. Als wollte sie uns beweisen, was für ein großartiges Schiff sie ist. Das stimmt, denn bisher konnten wir uns immer auf sie verlassen. Peter sieht gar nicht gut aus, und ich koche ihm Tee und mache Frühstück. Wir segeln fast platt vor dem Wind, und unser Schiff geigt sanft hin und her. Peter bringt als Vorbeugung gegen eine unfreiwillige Halse einen Bullenstander an. Hinter uns dreht sich der Schleppgenerator an einer 30 Meter langen Leine und versorgt die Batterien über einen Generator mit Strom. Allerdings wirkt er auch wie eine Bremse, und wir holen ihn an Bord. Nach dem Mittagessen lege ich mich wieder hin und schlafe selig ein.

Zu diesem Zeitpunkt überlegten wir ernsthaft, unser Vorhaben abzubrechen. Wir waren eindeutig überfordert. Wir hielten die ungewohnte psychische und physische Belastung nicht aus. Wir hatten noch keinen Rhythmus und keine Gelassenheit den Elementen gegenüber gefunden. Seegang und Kälte verstärkten unsere Furcht. In dieser Wasserwüste wurde uns plötzlich bewusst, worauf wir uns eingelassen hatten. Am Nachmittag saßen wir beide wie verängstigte Hasen im Cockpit, hielten uns an den Händen und schwiegen desillusioniert vor uns hin. Das Schiff im nächstbesten Hafen verkaufen? Doch die sechs Tage bis La Coruña in Galizien schienen uns noch unendlich weit entfernt. Hinter uns lagen erst 36 Stunden auf See. Wir waren müde und entmutigt. Die Biskaya führte uns die körperlichen und seelischen Grenzen vor Augen. Es schien, als bestrafte sie uns für jenen Hochmut, der uns dazu veranlasst hatte, diese Reise zu wagen.

Doch zunehmend wurde ich wütend auf unsere Hilflosigkeit. Nun meldete sich mein Widerspruchsgeist. Ich machte meinen Gefühlen Luft. Peter und ich kannten uns damals seit sieben Jahren und wussten schon einiges voneinander. Ich sah ihm an, dass er mir gegenüber ein schlechtes Gewissen hatte. Im Gegensatz zu ihm war ich eher emotional, nutzte das als Antrieb und gab deshalb nicht so schnell auf. Peter ließ sich schneller entmutigen.

Also pflanzte ich mich schwankend vor ihm auf und sagte im Brustton der Überzeugung: „Wir bringen zu Ende, was wir angefangen haben, und machen weiter!“

Und wir machten weiter ...

Zwei Tage später sichteten wir zum ersten Mal in unserem Leben einen Wal. Mächtig tauchte er am Horizont auf. Er war riesig. Nicht kleiner als unser Schiff. Wir waren fasziniert und verängstigt zugleich. Als er schnurstracks Kurs auf unseren Bug nahm, hielten wir den Atem an. Gelassen und wie in Zeitlupe behielt er die Richtung bei. Was hatte er vor? Wollte er uns versenken oder war er nur neugierig? Vielleicht gefielen diesem Burschen die schönen Linien der *Tiburon*?

Die abenteuerlichsten Bilder jagten durch unsere Vorstellungen.

Glücklicherweise wollte uns dieser Nachfahre von Moby Dick nicht versenken, sondern war nur neugierig. Er blies noch einmal, bevor er unmittelbar vor unserem Bug wegtauchte. Puh, das war knapp! Mit Walen war nicht zu spaßen, aber die meisten waren friedlich. Wenn sie nicht gerade ein Junges bei sich hatten oder man sie beim Dösen an der Wasseroberfläche störte, taten sie einem nichts.

Am Ende dieser Etappe beehrte uns eine Delfinschule von 40 bis 50 Tieren mit ihrer Anwesenheit. Mit hoher Geschwindigkeit und voller Anmut zogen sie an unserer Seite durch die dunkelblaue Biskaya.

Nach vier Tagen erreichten wir La Coruña. Der letzte Segeltag wurde zum unvergesslichen Erlebnis. Wir segelten raumschots nach Westen auf einer glatten Meeresoberfläche. Die *Tiburon* schwebte über die lang gezogene Dünung wie über einen wogenden Teppich. Ein wahrer Genuss nach vier Tagen heftigen Schaukelns. Selten, viel zu selten, war Segeln so wunderbar wie damals vor La Coruña. Unsere Gedanken an einen Abbruch verblassten mit jeder Meile. Jetzt, wo wir den Rhythmus gefunden hatten, die See uns gewogen war und wir uns endlich rundherum wohlfühlten, planten wir schon die nächste Etappe.

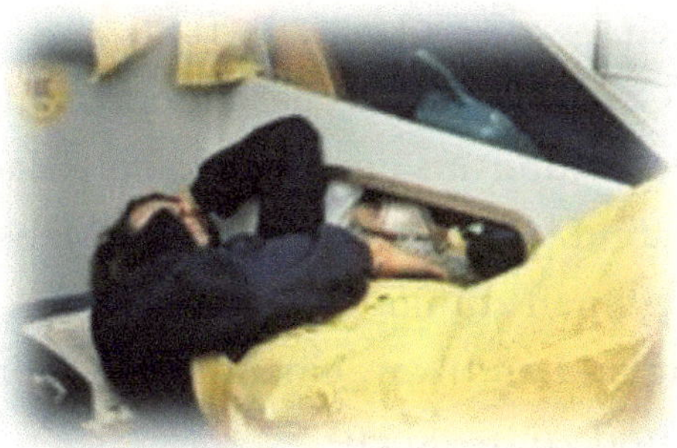

SPANIEN

Land in Sicht! Leider war die Luft noch immer schneidend kalt. Um 22 Uhr machten wir unser Schiffchen an einer Boje im Hafenbecken von La Coruña fest. Zwei Österreicher hatten Spanien auf dem Seeweg erreicht. Mit diesem befriedigenden Gedanken sanken wir erschöpft in unsere Kojen.

Am frühen Morgen des nächsten Tages riss uns ein ohrenbetäubender Böllerschuss aus dem Schlaf. Durch den entstandenen Luftdruck hob sich der Klodeckel neben meiner Schlafkoje und knallte anschließend wieder in seine Ausgangsposition zurück.

Willkommen in Spanien! Die Schüsse galten den historischen Schiffen der Cutty Sark-Flotte, die an einer Regatta über die Biskaya teilgenommen hatten und nun im Zielhafen einliefen.

Nachdem wir uns vom Schreck erholt hatten, sanken wir auf unsere salzfeuchten Kissen zurück und schliefen bis Mittag durch. In Spanien zelebrierte ich zum ersten Mal das fortan immer wiederkehrende Ritual nach der Ankunft: die klammen Betten mit frischer und trockener Wäsche beziehen und aufräumen. „Klar Schiff“ nennt man das. Obwohl wir sehr darauf achteten, dass kein Salzwasser in das Innere gelangte, fühlte sich die Bettwäsche nach spätestens zwei Tagen auf See trotzdem feucht an. Das blieb sie dann auch, bis zum nächsten Hafen.

In den nördlichen Gefilden war das besonders unangenehm. Nach jedem Wachwechsel dasselbe Gefühl: aus der feuchtkalten Wache in das feuchtkalte Bett. Und das im vierstündigen Wechsel. Aber der Mensch soll sich angeblich an alles gewöhnen. Sagt man zumindest.

Die erste Handlung an Land war, einen Waschsalon zu finden, den Wäscheberg zu waschen und zu trocknen.

Danach war es ein herrliches Gefühl, das erste Mal in frischer und trockener Bettwäsche einschlafen zu dürfen. Die zweite Handlung war, das Boot zu putzen und aufzuräumen. Anschließend wurde die Post erledigt. Alle, die uns wichtig waren, hatten von uns die Adressen und Ankunftszeiten für die gesamte Weltumsegelung erhalten, und da wir gut im Zeitplan waren, freuten wir uns schon lange vor der Ankunft auf die Nachrichten in den Postkästen rund um die Welt. Die Briefe unserer Familie und Freunde und damit die vertraute Verbindung zu unserem Leben vor der Segelreise wurden für uns fast zum Wertvollsten in dieser Zeit. Noch heute bedeutet mir ein handgeschriebener Brief mehr als jede elektronische Nachricht.

In La Coruña beschäftigte mich zum wiederholten Male ein nicht lösbar scheinendes Problem: die seit dem Wassereinbruch vor Borkum feuchte Matratze. Sie wollte nicht trocknen. Ich hatte sie bereits auf Borkum zigmal mit Süßwasser gespült, tat es hier wieder und schleppte das Ding täglich von der Vorschiffskoje hinaus in die Sonne. Es half alles nichts. Die Salzkristalle ließen sich nicht restlos auswaschen. Die Matratze würde so lange nicht trocknen, als noch ein Körnchen Salz in ihr war.

Es sollte bis in die Karibik dauern, bis ich die Matratze mithilfe eines Tipps aus einem Mondkalender trocken bekam. Entweder *la Luna* war ausschlaggebend oder die permanente Spülung mit Süßwasser. Vielleicht aber auch beides. Wer weiß.

Peter und ich hatten aber noch mit anderen Problemen zu kämpfen. Die Enge des Bordlebens führte gerade an Land zu Konflikten. Auf See kam das sehr selten vor, denn dort waren wir eine verschworene Schicksalsgemeinschaft. Doch auch dafür gab es eine Lösung: Wir setzten wieder Segel und verließen den Hafen, um an der spanisch-portugiesischen Küste entlang nach Lissabon zu segeln.

Tagebuch

Peter schläft. Der Wind auch. Die Maschine brummt. Gegen Abend reicht es mir. An den Bewegungen der Wellen am Horizont erkenne ich Wind. Ich motore einen Schlag nach Nordwest, um endlich wieder segeln zu können. Das Motoren nervt. Und wirklich, der Wind ist plötzlich da. Freudig neigt sich die Tiburon nach Steuerbord. Endlich. Ich schalte die Maschine aus und genieße die Ruhe inmitten einer sanften Dünung. Kurze Böen fallen ein. Unser Schiff läuft bis zu 6 Knoten. Wunderbar! Es wird nebelig und feucht. Der Nebel schluckt jedes Geräusch. Ein bisschen unheimlich, aber auch schön. Ich ziehe die

warme Schwerwetterjacke über und kauere mich unter das schützende Stoffdach über dem Niedergang. In Küstennähe beobachte ich mehrere Segler, die in Eile unter Maschine dem Ziel zustreben. Ich bin froh, dass sie so weit weg sind. Ich fühle mich gut und frei. Ab und zu muss ich Wilfried neu einstellen, weil die Winde drehen, aber auch das ist kein Problem. Ich halte Kurs auf Cíes, eine Inselgruppe vor der spanischen Küste westlich von Vigo. Wachwechsel. Ich wecke Peter. Koje, ich komme …

Die Küstenlandschaft um Vigo erinnerte uns an die wilde Schönheit von Kroatien. Um die Mittagszeit fiel der Anker. Ich fuhr ihn unter Motor ein. Auch ein immer wiederkehrendes Ritual, das wir schweigend und nur mit Handzeichen noch viele Male wiederholen würden: Peter vorne an der Ankerwinde, die mechanisch und mit einigem Kraftaufwand zu bedienen war, und ich am Steuer. Über das Herumgebrülle und die Hektik auf den Charterbooten im Mittelmeer haben wir uns immer gewundert. Uns imponierte ein gut eingespieltes Team, das sich schweigend und nur über Handzeichen verständigte, einfach mehr.

Wir blieben nur einen Tag und eine Nacht.

BAIONA UND EIN DÉJÀ-VU

Zwei Tage später ankerten wir in der Bucht von Baiona, wo einst Kolumbus mit seiner Pinta Wasser für die Atlantiküberquerung bunkerte. Peter und ich sehnten uns hingegen nach einer Dusche. Unsere Waschmethode – erst Salzwasser, dann einseifen und abschließend mit dem Süßwasser des Wassermachers nachspülen – funktionierte in diesen warmen Sommertagen an Bord gut. Dennoch: Wir freuten uns auf unlimitierten Wasserverbrauch.

Peter zog es aber auch deshalb an Land, weil er sich immer gerne mit anderen Seglern austauschte und tratschte. Ich war da nicht so erpicht darauf. Eine eigenbrötlerische Art machte sich im Laufe der Zeit bei mir bemerkbar. Während längerer Etappen vermisste ich das ganze menschliche Getue an Land überhaupt nicht. Komisch, denn zu Hause war ich immer kommunikativ und offen gewesen. War es das neue Leben, das mich so veränderte? Leider führte die unterschiedliche Auffassung von der Gestaltung der Zeit an Land zu Spannungen zwischen Peter und mir. Sonderbarerweise veränderten wir uns langsam in völlig entgegengesetzte Richtungen. Der sonst so reservierte Peter entwickelte sich zum selbstbewussten, gesprächigen Menschen – und ich zog mich immer mehr zurück.

Baiona war ein liebliches Städtchen mit einem kleinen Hafen. Abends zogen wir durch die engen Gassen. Dabei entdeckten wir eine besonders urige Kneipe. Von außen war kaum zu erkennen, dass es sich überhaupt um eine solche handelte. Neugierig öffneten wir die verwitterte hölzerne Tür. Vor uns tat sich ein altes Kellergewölbe auf, das sich tatsächlich als Kneipe entpuppte. Als sich unsere Augen an die Dunkelheit gewöhnt hatten, stellte sich heraus, dass wir hier ausschließlich unter Einheimischen waren. Das gefiel uns.

Im vorderen Teil des Kellers wurde ausgeschenkt und getrunken, und im hinteren Raum saßen alte Männer schweigend und mit ausdrucksloser Miene auf groben Holzbänken. Über ihren Köpfen baumelten geräucherter Speck und Würste. Im vorderen Bereich gab es eine kleine Bar mit drei Hockern. Sie war für die Stammgäste reserviert, zu denen auch wir bald zählen sollten. Wir tranken leichten, süffigen Wein aus weißen Steingutschalen. Nach ein paar Stunden begann der Lehmboden unter unseren Füßen zu schwanken. Der Alkohol zeigte seine Wirkung.

Die hübsche Wirtin war winzig und voll ungebremstem Charme. Provokant funkelte sie die vorwiegend männlichen Gäste beim Servieren mit ihren schwarzen Augen an. Auch Peter verlor sich ein wenig in ihnen. Sie war ganz sein Typ: zierlich, dunkelhaarig und quirlig. Das Gegenteil von mir. Vergebens sah ich mich nach einem männlichen Ausgleich um, konnte aber nichts Adäquates entdecken. Also trank ich ein paar Schalen mehr, um mich abzulenken. Und da war noch dieser spezielle Geruch. Er erinnerte mich an meine Kindheit am Bauernhof.

Eine Familie lebte in Untermiete im Anbau des stillgelegten Sägewerks. Dort spielte ich jeden Tag mit meiner besten Freundin und ihren Brüdern. Die Kinder lebten in ärmliche Verhältnissen, schienen aber zufrieden.

Dort roch es genauso. Das kam daher, dass vor dem Häuschen kein Gras wuchs. Es gab nur festgetretenen lehmigen Boden, der gleichzeitig unser Spielplatz war. Der Lehm beflügelte unsere Fantasie. Wir mischten ihn mit Wasser und bauten daraus kunstvolle Gebilde.

Im Wohnhaus gab es keine sanitären Anlagen und keine Heizung. An den Samstagen badete die ganze Familie. Das war eine ziemliche Prozedur, denn die Kinder mussten das Wasser vom nahen Bach in Eimern herbeischleppen. Dann wurde es in großen Kochtöpfen erhitzt. Das heiße Bachwasser wurde in die Zinkwanne geschüttet, und darin badete die gesamte Familie. Die Kinder zuerst, danach die Erwachsenen. In ein und demselben Wasser.

In Freien stand das hölzerner Plumpsklo. In einem primitiven kleinen Holzverschlag daneben lebten ein paar Hühner und ein Schwein. Im Winter heizte ein Blechofen mit Sägespänen den ersten Stock. Hier waren die Wohnküche und das Schlafzimmer. Die jüngste Tochter, eine Nachzüglerin, schlief bei den Eltern. Vor dem Ofen hatten wir Heidenrespekt, denn manchmal glühte er vor Hitze. Im Parterre, in dem die drei älteren Kinder schliefen, war es aber auch im Winter eiskalt.

Sechs Menschen teilten sich diesen winzigen Lebensraum. Deshalb bauten sich die heranwachsenden Söhne im stillgelegten Sägewerk Holzverschläge. Durch die Bretter pfiff zwar der Wind, aber das nahmen sie für ein wenig Privatsphäre in Kauf. Alte Matratzen und ein paar Stoffreste genügten ihnen, um sich in ihrem Reich wohlzufühlen. Für sie war das ganz normal und nichts Außergewöhnliches. Im Gegenteil: Es war sogar Abenteuer pur.

Die fünf Kinder wuchsen wild und unbändig auf. Im Vergleich zu diesen Menschen lebten wir auf dem Bauernhof in unglaublichem Luxus. Trotzdem war ich lieber bei meinen Freunden. Ich mochte die ganze Familie, und obwohl der ausgezehrte Vater oft sturzbetrunken war, mochte ich auch ihn.

Ich genoss meine Kindheit in dieser einfachen Welt. Wir spielten viel und waren dauernd in Bewegung. Ob wir uns auf den Bäumen herumtrieben, im eiskalten Bach badeten oder im feuchten Lehm Fantasiegebilde bauten: Es war immer schön. Wenn ich verdreckt und mit roten Wangen heimkam, schimpfte mein strenger Großvater, denn er sah es nicht gerne, dass ich mich mit diesen „Keuschlern“ abgab. Einzig meine Oma teilte meine Leidenschaft und steckte selbst den Kopf mit der Nachbarin zusammen, denn sie hatte viel Spannendes zu erzählen: über ihre Liebschaften, über ihren dummen Mann und noch viel mehr.

Es war eine besondere Welt, und nur zu gerne bin ich ein Teil von ihr gewesen. Der Geruch des feuchten Lehms – er war derselbe wie jener in der Kneipe von Baiona.

Tagebuch

Nach dem Kneipenbesuch haben wir eine hitzige Debatte. Na ja, ich fühle mich provoziert durch die vielen verliebten Blicke in Richtung zierlich und dunkelhaarig. Ich bin ein wenig eifersüchtig und außerdem nicht andere Sorgen. Der Wind heult in den Wandten und weht unseren Streit fort. Drei Tage dauert der Sturm an. Der Windgenerator wackelt gefährlich und droht, aus der Verankerung zu fliegen. An Landgang ist nicht zu denken.

Die Versöhnung und der Anker halten.

STRESS IN LISSABON

Vor unserem Törn nach Lissabon erledigte ich die Post und koordinierte unser Treffen mit meiner Tochter aus erster Ehe. Ich freute mich schon sehr, sie wiederzusehen.

Wir lagen im Hafenbecken Doca de Belém, einem Stadtteil von Lissabon. Den imposanten Tejo befuhren wir selbstverständlich unter Segel. Wir waren ja keine Anfänger mehr. Nebenbei bestaunten wir die zahlreichen historischen Bauten entlang des Ufers. Hier wurden fast täglich Regatten ausgetragen. Für uns ein ungewohnter Anblick, Yachten auf einem Fluss um die Wette segeln zu sehen. Mitte August kam meine Tochter Christina, die bei den Eltern ihres Vaters lebte. Ich war stolz auf sie, denn sie reiste mit ihren jungen Jahren ganz allein, um mich für lange Zeit ein letztes Mal zu sehen. Drei Wochen verbrachten wir zusammen in der Bucht vor Cascais. Baden, in der Sonne liegen und ausgehen waren unser Programm. Viel zu schnell hieß es wieder Abschied nehmen, und wir versprachen uns gegenseitig, viele, viele Briefe zu schreiben.

Durch unsere regelmäßigen Besuche in Lissabons Gastronomie lernten wir die wohlschmeckende portugiesische Küche und ihre zuckersüße Nachspeisen kennen.

Das **Carne De Porco à Alentejana** hatte es uns besonders angetan.

Rezept für 4 Personen:

500 g SCHWEINEFLEISCH GEWÜRFELT
1 kg MUSCHELN (VENUSMUSCHELN)
6 SPECKIGE KARTOFFELN
WEISSWEIN
FRISCHER KORIANDER
PFEFFER
PAPRIKAPULVER
SALZ
2 LORBEERBLÄTTER
2 KNOBLAUCHZEHEN
1 ZWIEBEL
OLIVENÖL

FLEISCH WÜRFELIG SCHNEIDEN. SALZ, PFEFFER UND PAPRIKA MIT DEM FLEISCH IN EINER SCHÜSSEL VERMISCHEN. 1/4 WEISSWEIN DAZU. MINDESTENS 1 STUNDE – NOCH BESSER ÜBER NACHT – MARINIEREN. KARTOFFEL SCHÄLEN UND IN SALZWASSER KOCHEN. ZWIEBELN HACKEN UND IN OLIVENÖL ANBRATEN (PFANNE AUSREICHEND HOCH – MIT DECKEL). WENN DIE ZWIEBEL GOLDGELB GEDÜNSTET IST, IN SCHEIBEN GESCHNITTENEN KNOBLAUCH UND 1–2 LORBEERBLÄTTER DAZUGEBEN. DANEBEN SCHWEINEFLEISCH IN HEISSEM ÖL KURZ ANBRATEN UND DAZUGEBEN. CA. 20 MINUTEN KÖCHELN LASSEN. GEKOCHTE KARTOFFEL HINZUFÜGEN UND KURZ MITERHITZEN. ZULETZT DIE MUSCHELN HINEIN UND ZUGEDECKT KURZ MITSCHMOREN, BIS SIE SICH GEÖFFNET HABEN. MIT FRISCHEM KORIANDER (WER IHN MAG) VERMISCHEN UND SOFORT HEISS SERVIEREN.

Nachdem Christina wieder abgereist war, segelten wir zurück ins Doca de Belém, um uns für die Überfahrt nach Madeira zu rüsten. Gas und Gangschaltung waren defekt. Schon wieder eine Reparatur!

Mit äußerst roher Gewalt demontierte ein einheimischer Mechaniker den Gashebel. Uns wurde angst und bang. Jedes Teil am Schiff war für uns kostbar. Nach zwei Tagen war der Schaden behoben, und für Peter und mich hieß es Abschied nehmen. Die *Thules*, die ebenfalls schon drei Wochen in Lissabon waren, blieben noch. Wir feierten wie schon so oft zuvor ein großes Abschiedsfest und liefen am darauffolgenden Morgen aus.

MADEIRA – EIN SCHEITERN

Tagebuch

Erst viel Wind, dann gar keiner. Scheiß Dünung. Nach drei Wochen im Hafen haben wir zu viel Fett angelegt und Muskeln abgebaut. Wir fühlen uns richtig schlapp.

Peter hat schon zweimal an Neptun geopfert. Verglichen mit dem Skipper geht's mir prächtig. Aber auch ich habe ein mulmiges Gefühl im Magen und halte mich daher so gut es geht von Peter fern. Um 15 Uhr fällt der Skipper erschöpft in die Koje. Heute gibt es nur ein Reissüppchen. Zu allem Überfluss läuft eine ruppige See aus Nordwest. Peter flitzt den Niedergang herauf ins Cockpit und schon wieder …

Hoffentlich halte ich bis 12 Uhr durch. So gut geht es mir auch wieder nicht. Hätte ich nur nicht das fette Schweinefleisch gegessen. Selbst schuld. Aber ich habe vorgesorgt und ausnahmsweise eine Tablette gegen Übelkeit genommen. Falscher Stolz hat auf See schließlich nichts verloren.

Die Wellen sind geschätzte 4 bis 6 Meter hoch. Keine Freude. Das Großsegel ist zweifach gerefft, die kleine Arbeitsfock ist gesetzt. Trotzdem laufen wir ständig zwischen 6–8 Knoten laut Logge. Der Schleppgenerator surrt wie wild und liefert brav Strom. Ab und zu rollen gewaltige Wellenberge von achtern heran, und ich ducke mich reflexartig. Als ob es etwas nutzen würde, falls eine Welle einsteigt. Unsere Tiburon macht alles richtig, hebt im letzten Augenblick ihren Achtersteven. Gegen Mitternacht steigert sich der Seegang enorm. Kreuzseen bauen sich auf, und wir sind wieder einmal am Verzweifeln. Verdammt, was tun wir hier draußen? Warum haben wir uns auf diesen Blödsinn eingelassen? Peter ist am Tiefpunkt angelangt. Er kuppelt die Windfahnensteuerung aus und reißt das Ruder herum. „Was tust du?", frage ich erstaunt, obwohl ich die Antwort schon ahne. Kein Kommentar. Stumm nimmt er

Kurs 120 Grad in Richtung Lagos an der Algarve. Zu allem Überfluss steigt genau in diesem Moment von achtern eine Welle ein und durchnässt uns völlig. Wir kommen uns vor wie begossene Pudel. Peter sitzt mit starrem Blick an der Pinne, wild entschlossen, endgültig aufzugeben.

Mit hängenden Schultern liefen wir in Lagos ein. Sofort telefonierten wir mit unseren Familien. Wir waren niedergeschlagen und fertig mit diesem Abenteuer. Nun, da wir im sicheren Hafen waren, schien wie zum Hohn die Sonne freundlich vom wolkenlosen Himmel. Fort war das miese Wetter. So schnell, wie es gekommen war, war es auch wieder weg. Und genauso schnell verschwand die Erinnerung an die vergangene Nacht. Es war schon seltsam: Kaum lief man einen Hafen an, verblasste alle Mühsal erstaunlich schnell. Ich glaube, wenn dem nicht so wäre, würden sich viel weniger Menschen freiwillig auf den Meeren herumtreiben. Beim Bergsteigen ging es uns ähnlich: Am Gipfel fiel alle Müdigkeit von uns ab, und das Glücksgefühl, das uns oben angekommen durchströmte, verdrängte die trüben Gedanken.

Plötzlich standen Barbara und Peter vor uns. Beide waren wie immer bestens gelaunt und entspannt. Kein Wunder: Sie gingen auch die Reise viel gelassener an als wir. Sie machten sich keinen Druck, hatten keine großen Ziele, und schön kann es schließlich überall auf der Welt sein. Wenn es ihnen irgendwo besonders gefiel, blieben sie eben länger. Wir hingegen fühlten uns noch immer wie in der Tretmühle zu Hause.

In Lagos lernten wir ein deutsches Seglerpaar kennen. Die Bordfrau war leider permanent seekrank. Ein Schicksal, das sie mit vielen Menschen teilte. Ich glaube, dass mich meine positive Einstellung zum Segeln vor diesem Übel bewahrte. Viel spielte sich bei der Seekrankheit im Kopf ab. Angst war wie ein Übelkeitssignal, und dieses gab den Impuls an den Magen weiter.

Peter und ich diskutierten über unsere Weiterfahrt. Zu guter Letzt sprachen uns die Freunde so viel Mut zu, dass wir beschlossen weiterzumachen. Am 27. September waren wir wieder unterwegs. Und als ob Mutter Natur nun endlich wohlwollend ihre Hand über uns halten würde, erlebten wir perfektes Segeln. Madeira hatten wir inzwischen aus unseren Plänen gestrichen. Wir setzten Kurs in Richtung Kanaren. Ziel war Las Palmas. Von dort aus wollten wir gemeinsam mit 170 Yachten als Teilnehmer der Atlantic Rally for Cruisers (ARC) den Atlantik überqueren.

Unsere *Tiburon* flog nur so dahin, und als ob das neue Ziel sie beflügeln würde, schaffte sie prompt 130 Seemeilen in 24 Stunden.

LAS PALMAS – ATLANTIC RALLY FOR CRUISERS

Im Hafen von Graciosa und Lanzarote legten wir Zwischenstopps ein. Wie konnten wir nur jemals ans Aufgeben denken? Im Moment unvorstellbar. Auf eigenem Kiel unterwegs zu sein, das war für uns gerade das Großartigste. In Las Palmas lagen unzählige Yachten. Große, kleine, Einrumpfer und Katamarane. Die meisten waren eifrig dabei, sich für die Atlantiküberquerung vorzubereiten. Überall an den Gebäuden der riesigen Marina klebten Aushänge, auf denen Mitsegler gesucht wurden. Meistens Hand gegen Koje, was bedeutete, dass man inklusive Kost und Logis gegen Mitarbeit an Bord mitsegeln durfte. Manchmal wurde auch ein Beitrag zur Bordkasse eingehoben.

Gerade für segelbegeisterte Menschen eine großartige Gelegenheit, über den Atlantik in die Karibik zu gelangen. Um den Aufenthalt und die Rückreise mussten sie sich selbst kümmern. Leider gab es unter diesen Abenteurern auch sehr undurchsichtige Gestalten, die uns nicht ganz geheuer waren. Die Geschichten, die wir später nach der Rally über diese Menschen hörten, waren zum Teil so haarsträubend, dass unser erster Eindruck gerechtfertigt war.

Im sicheren Hafen von Las Palmas fühlten wir uns sehr wohl. Hier pulsierte das Leben. Jeder hatte etwas zu tun – und wenn es nur Bierchen trinken war. Wir waren froh, ein Schiff zu führen, das mit zwei Menschen ausreichend besetzt war. Es hätte mich sehr gestört, einen Fremden an Bord haben zu müssen. Mittlerweile funktionierte unser Leben zu zweit prächtig, und wir hofften, dass das während der gesamten Reise so blieb.

Auch einige Österreicher tummelten sich zu unserer großen Freude unter den Atlantik-Novizen. Wir schlossen Freundschaft mit einem über 70 Jahre alten Chirurgen, mit dem wir viel Zeit verbrachten und der mit zwei Freunden über den Atlantik segeln wollte. Es war ihm nicht ganz wohl bei der

Sache. Er schien ein wenig Angst zu haben. Jedoch während der gemeinsamen Stunden auf seiner Yacht war er immer entspannt und ließ sich nichts anmerken.

Sein Schiff war hübsch anzusehen und, obwohl nicht sehr groß, innen ausgesprochen geräumig. Der Chirurg hatte sämtliche Stoffbezüge mit Schutzhüllen aus Plastik versehen, um sie vor Salzwasser zu schützen. Ich stellte mir vor, wie die Besatzung bei Seegang genervt darauf herumrutschen würde. Kurz vor dem Regattastart reisten seine Mitsegler an. Zwei sympathische Burschen, professionell und erfahren. Mit ihrer großen Regattaerfahrung waren sie die ideale Ergänzung.

Mit unserer kleinen *Tiburon* waren wir ein Winzling. Viele Yachten waren riesig und hatten klingende Namen wie: *Raffles, Absolutely, Red Jack, Samantha Nova, Mephisto* oder *Revolution*. Allein das war respekteinflößend, und wir fühlten uns angesichts der professionell wirkenden Crews recht unbedeutend und noch ein bisschen kleiner.

Kurz vor dem Regattastart lief die *Veldana* ein. Sie war eine 67 Fuß *Hartwig Ketch* mit eleganten Linien und einem aufgeräumten Deck ohne jegliche Aufbauten. Neben der Noblesse, die sie ausstrahlte, wirkte sie auch noch sportlich und schnell. Schon vor dem Start galt sie als Sieganwärterin.

Wir stellten fest, dass sich die Menschen durch das Leben am Schiff nicht sehr veränderten. Alle blieben charakterlich, wie sie es immer waren. An Land fiel vieles nicht so auf, weil man einander besser aus dem Weg gehen konnte. Auf See war das schwer möglich.

Es gab jede Menge Abwechslung während des Wartens auf den Start. Zwischen Skipperbriefing, Reparaturen und Ausrüstungskauf blieb genug Zeit für ausgedehnte Gespräche an Bord der unterschiedlichsten Yachten. Doch wie im richtigen Leben auch, spürten wir die Klassenunterschiede. Das sollte sich erst nach der Ankunft in der Karibik ändern. Vereint in dem gemeinsamen Erlebnis, den Atlantik überquert zu haben, empfanden sich alle als gleichwertig. Und erst dort gaben auch die Eigner der *Veldana* ihre Anonymität auf und luden uns auf ihre Yacht ein. Aber bis dahin waren es noch 2.700 Meilen.

ES GEHT LOS

Tagebuch

20. November. Wow, wir sind ganz schön aufgeregt. Wir warten, bis sich die meisten der 170 Schiffe aus dem Hafenbecken hinausbewegen, um nicht in Havarien verwickelt zu werden. Schließlich sind die wenigsten Profis und genauso nervöse Neulinge wie wir selbst. Ich mache alles gleichzeitig. Filmen, Peter zur Hand gehen und dabei die Ruhe bewahren. Das wird mit der Zeit unmöglich, weil alle Schiffe hektisch an die Startline drängen. Das kommt mir bei einer Distanz von 2.700 Seemeilen ein bisschen komisch vor, aber allen scheint es auf die eine Minute anzukommen. Im Tumult des Starts kracht es dann auch. Zwei Schiffe kollidierten unter der Führung ihrer nervösen Skipper und der unerfahrenen Crew. Wir schaffen es vorsichtig, aber ohne Blessuren an die Startlinie.

Startschuss!

Wir sind auf großer Fahrt. Die ersten drei, vier Tage haben wir noch Sicht zu anderen Schiffen. Über Kanal 16 hören wir sinnige und unsinnige Gespräche mit. Es gibt sogar welche, die nicht einmal wissen, aus welcher Richtung der Wind kommt. Irgendwann verlieren wir die Flotte aus den Augen, und auf dem Funkgerät wird es auch immer stiller.

Das Meer ist anfangs angenehm ruhig, und wir fühlen uns wie auf einem Urlaubstörn. Wir leben uns langsam ein und sind zufrieden. Tagsüber leuchtet der blaue Himmel über uns. Die See ist ruhig und von tiefem Blau. Nachts erleben wir ein leuchtendes Sternenmeer. Wir staunen glücklich. Nichts ist schwer in diesen ersten Tagen. In den Seminaren im Vorfeld der Regatta hörten wir wilde Geschichten über die gefürchteten Squalls. Ein Squall ist eine plötzlich auftauchende dunkle Wolke, in der unglaublich viel Wind stecken kann. Noch ist nichts dergleichen passiert. Aber wir sind von diesen Schilderungen mächtig beeindruckt und deshalb übervorsichtig. Bei jedem dunklen Wölkchen verkleinern wir die Segel. Doch mit jedem Reff werden wir nicht nur langsamer und die Schiffsbewegungen unangenehmer, wir vergeben auch gute Platzierungen. Peter übt eifrig Astronavigation und ist mit dem Sextanten zugange. Ich sitze im Cockpit und lese. Der Rhythmus der See bestimmt unsere Tage. Wir werden eins mit den Elementen und beginnen, die Überfahrt zu genießen.

Nach meiner letzten Wache um 7 Uhr früh bereitete ich das Frühstück zu. Die Wachen teilten wir nach persönlichen Neigungen ein. Peter war ein Tag- und ich ein Nachtmensch. Die sogenannte Hundewache von 4 bis 6 Uhr früh lag mir daher mehr. Peter ließ mich dafür am Vormittag schlafen. Das war der ideale Rhythmus für uns beide. Gegen 11 Uhr stand ich auf und kochte. Danach legte Peter sich für ein paar Stunden hin. Ich setzte mich ins Cockpit und las eines der vielen Bücher, die wir an Bord hatten. Doch genauso gerne studierte ich die Wellenbewegungen des Meeres. Im Visier behielt ich auch unsere Schleppangel, an der absolut kein Fisch anbeißen wollte. Egal, mit welchem Köder wir es versuchten. Gut, dass wir in Gran Canaria reichlich Nahrungsmittel gebunkert hatten. Damit würden wir auch ohne frischen Fisch nicht verhungern. Im Inneren des Schiffes hatte ich alles wohnlich, aber dennoch so praktisch wie möglich eingerichtet. Unser Salon bot einen gemütlichen und bunten Anblick. In weißen Netzen schaukelte das frische Gemüse und leuchtete fröhlich in rot, gelb und grün. Die unreif gekauften Tomaten wurden leider alle gleichzeitig reif, was zu einer zwangsweisen Überproduktion an Tomatengerichten führte. Lediglich das Weißkraut blieb sehr lang haltbar. Noch heute ist es für mich eines der geeignetsten Gemüse auf

Langfahrt. Ich versuchte, so abwechslungsreich wie möglich zu kochen, denn essen hielt auch auf See Leib und Seele zusammen.

Der Schnellkochtopf wurde zu einem Backofen umfunktioniert. Darin befand sich ein Campingtopf, in dem der Teig schön knusprig wurde. Es wurde zu unserem Standard-Topf-im-Topf-Brot. Jede Woche backte ich zwei Laibe nach dem Rezept meiner Großmutter. Das frische Brot schmeckte herrlich mit dem selbst gemachten Speck von zu Hause.

Die letzte Lieferung Geräuchertes hatten unseren Eltern nach Las Palmas geschickt. Dort kauften wir uns auch noch ein kleines Fässchen Rotwein. Jeden Abend pünktlich um 18 Uhr saßen wir beide an Deck und genossen unseren Sundowner. Die Idee dazu hatten wir von einem Wiener Segelfreund. Wolfgang von der *Coco* hatte allerdings ein echtes Holzfass an seinem Steuerstand festgemacht. Unseres hingegen war nur aus Kunststoff, aber dafür doppelwandig. Dadurch blieb der Wein kühl. Zusätzlich legten wir ein in Salzwasser getränktes Handtuch darüber. Das verstärkte den Kühleffekt.

Jeden Morgen warfen wir tote Fische von Bord. Es waren fliegende Fische, die nachts versehentlich auf unserem Deck landeten. Am nächsten Morgen lagen sie übel riechend in der Sonne. Während der Wachen konnten sie einen mit ihrem Gezappel ganz schön erschrecken. Manche aßen sie. Uns ekelte es vor ihnen. Aber vielleicht als Schiffbrüchiger, wenn man hungrig genug war?

Eines Tages bekam ich starke Kopfschmerzen, die nicht aufhören wollten. Ich stellte das Rotweintrinken ein, nahm Tabletten, aber es half nichts. Was war los mit mir? Ich wurde schlapp wie bei einer Grippe, und in meinem Kopf brummte es, als hätte ich das ganze Weinfässchen auf einmal gelehrt. Meine Augen schwollen zu, und ich fühlte mich immer elender.

Eines Nachmittags während der Freiwache fiel mein Blick auf die rhythmisch dahin schaukelnden Zwiebeln im Gemüsenetz. Plötzlich erinnerte ich mich an die Worte einer Seglerin: „Zwiebel in geschlossenen Räumen verursachen bei mir Kopfschmerzen.“ Vielleicht war das die Ursache?

Raus an die Luft mit dem Gemüse! Sofort! Warum war mir der stickige Geruch im Salon nicht schon früher aufgefallen? Ich riss alle Luken auf, um frische Seeluft hereinzulassen. Und siehe da: Bald waren die Kopfschmerzen wie weggeblasen.

Tagebuch

21. November. Es ist sechs Uhr früh. An Backbord kommt ein Tanker auf. Ich registriere ihn zwar, beobachte ihn aber nicht weiter, da er nach meiner Einschätzung in ausreichender Entfernung vor unserem Bug vorbeiziehen wird. Normalerweise schalten wir nachts bei Schiffsbegegnungen außer dem Topplicht die beiden Positionslichter dazu, damit wir nicht ganz unsichtbar sind. Diesmal leider nicht. Meine Wache – mein Fehler. Als ich nach 15 Minuten wieder aufstehe, um über die Sprayhood zu spähen, trifft mich augenblicklich fast der Schlag. Zumindest setzt mein Herz für ein paar Takte aus. Da steht er plötzlich: Ein ausgewachsener Tanker quer vor unserem Bug. Kaum 100 Meter von uns entfernt. Ich kann die Schiffsmaschinen hören. Meine Nerven liegen blank. Meine Güte! Himmel hilf! Keine Ahnung! Ich rufe Peter. Der springt aus der Koje und begutachtet die Lage. Inzwischen habe ich die Windfahnensteuerung ausgehängt, den Motor gestartet und das Ruder herumgerissen. Die Segel flattern wild. Mein Herz ebenfalls. Mir ist übel vor Angst. Peter ist noch ganz verschlafen und kriegt das Ganze gar nicht so richtig mit. Ich könnte mich ohrfeigen. Vor Aufregung starre ich nur mehr auf den Tanker und vergesse zu steuern. Peter übernimmt die Pinne. Ganz langsam entfernt sich das Ungetüm, und mein Puls normalisiert sich. Erleichtert nehmen wir den alten Kurs wieder auf und segeln aus der Morgendämmerung. Am Heck das Licht der aufgehenden Sonne. Wir glauben nicht, dass uns der Tanker überhaupt bemerkt hat. Oder vielleicht doch? Wir werden es nie wissen. Es gibt genug

Vorfälle, bei denen Segelyachten von der Großschifffahrt versenkt werden, ohne dass die Giganten es bemerken. Die Dimensionen sind einfach zu verschieden. Ein Segelschiffchen wie das unsere ist wie Treibgut, das unbemerkt an einer Wand aus Stahl schrammt.

Dieser Vorfall war mir eine Lehre. Ab sofort war ich noch vorsichtiger und erhob mich im Zehn-Minuten-Takt, um einen Rundumblick zu machen. Weitere Vorfälle dieser Art gab es glücklicherweise selten.

Eines schönen Nachmittags saßen wir entspannt in unserem geräumigen Cockpit. Da schlug plötzlich mit einem dumpfen Krachen etwas am Vorschiff auf. Wir waren so überrascht, dass es uns erst einmal die Sprache verschlug. Vorsichtig spähten wir über die Sprayhood in Richtung Bug. Plötzlich segelte ein dunkler Gegenstand über unsere Köpfe hinweg. Und ob man es nun glaubt oder nicht: Dieses Etwas landete direkt in unserem mit Meerwasser gefüllten Eimer, der am achterlichen Ende des Cockpits stand. Es war ein 40 cm langer Thun mit blutender Schwanzflosse. Wir staunten nicht schlecht über dieses Geschenk des Meeres. Wir sahen uns um, doch da war nichts Außergewöhnliches. Auch kein Fischerboot in der Nähe, das uns dieses Geschenk hätte an Bord werfen können. So reimten wir uns zusammen, dass der Thun auf der Flucht vor einem größeren Raubfisch aus dem Wasser gesprungen war. In dieser endlosen Weite und Leere landete er ausgerechnet in einem Eimer auf unserem Schiff. Das war unser allererster, wenn auch nicht selbst gefangener Fisch.

Eines wurde uns damals klar: Fangfrischer Fisch, selbst zubereitet, war überhaupt nicht mit den Fischen zu vergleichen, die man in Restaurants vorgesetzt bekam. Ich habe das nicht vergessen und meide heute noch jeglichen Fisch, den ich nicht selbst gefangen und zubereitet habe.

Ein kulinarischer Höhepunkt war das
POISSON CRU À LA TAHITIENNE (E'ia Ota) aus der Südsee:

Hier das Rezept für 2 Personen:

300 g FANGFRISCHER GELBFLOSSENTHUN
100 ml KOKOSMILCH
1–2 LIMETTEN
ZWIEBEL
KNOBLAUCH
TOMATEN
INGWER)
ETWAS SALZ, PFEFFER

DEN THUNFISCH IN 1–2 cm GROSSE WÜRFEL SCHNEIDEN. DAS GEMÜSE SEHR FEIN WÜRFELN. MIT ETWAS SALZ UND LIMETTENSAFT MARINIEREN. VOR DEM SERVIEREN KOKOSMILCH HINZUFÜGEN. FALLS KEINE KOKOSMILCH ZUR VERFÜGUNG STEHT, UNBEDINGT SELBST MACHEN: KOKOSWASSER UND KLEIN GERASPELTES KOKOSFLEISCH IM MIXER PÜRIEREN. WASSER NACH BEDARF HINZUFÜGEN. DIE FLÜSSIGKEIT ANSCHLIESSEND DURCH EIN TUCH PRESSEN.

Das Gericht passte sehr gut zu Meeresfrüchten oder Huhn. Später, als wir viel größere Exemplare fingen, legten wir das Fischfleisch in Öl ein oder ich trocknete es an einer Leine zwischen den Wandten.

Während der Nachtwachen schlich ich des Öfteren auf das Vorschiff und pflückte die köstlichen Häppchen. Was für ein Genuss. Peter durfte von meiner völlig ungesicherten nächtlichen Turnerei nichts wissen, denn das hätte ihm bestimmt nicht gefallen. Nach so langer Zeit auf See entwickelte sich jedoch ein feiner Gleichgewichtssinn, und ich bewegte mich an Bord sicher und behände wie ein Äffchen. Trotzdem entsprach es keiner guten Seemannschaft, mich nicht zu sichern.

Tagebuch

29. November. Neunter Tag auf See. Scheiß Welle, aber wenigstens Wind. Die Nacht ist sehr unruhig, und wir fahren mit gerefftem Großsegel und der Arbeitsfock. Unser Log am Schiffsrumpf ist vermutlich zugewachsen. Auf der Anzeige tut sich nichts mehr. Laut GPS fahren wir 6 Knoten durchs Wasser. Ich schalte den Weltempfänger ein, um Trudys Wetterbericht zu lauschen. Sie plaudert aber anstatt vom Wetter nur über Privates mit anderen Funkern. Peter ermahnt mich aus der Koje, ich solle Batterien sparen. Typisch Mann. Nur weil ich gerade sozial neugierig bin. Zwischen uns gibt es einige Meinungsverschiedenheiten in letzter Zeit. Wir diskutieren wegen belangloser Dinge, und das endet in Grundsatzplädoyers der jeweiligen Partei. Peter behandelt mich nicht wie einen vollwertigen Segelpartner, sondern schont mich immer, als wäre ich eine zarte, schwache Frau. Er lässt mich länger schlafen und weckt mich zu spät zum Wachwechsel. Ok, gut gemeint. Dadurch kommt mein ganzer Schlaf- und Wachrhythmus aus dem Gleichgewicht, und ich bin unausgeglichen, müde und leider auch reizbar.

Wir warten auf Trudys Wetterbericht. Endlich hören wir sie am Weltempfänger. Na ja, sieht ganz gut aus mit dem Wind. Im Norden geht die Post ab. 9 Windstärken! Da sind wir froh, es hier gemütlicher zu haben.

Aber schon in der darauffolgenden Nacht ging eine Böe nach der anderen durch, und wir hatten große Mühe, das Schiff sicher durch die heftige See zu manövrieren. Unzählige fliegende Fische klatschten nachts an Bord. Sie erschreckten mich jedes Mal zu Tode. Im Salon sickerte zu allem Überfluss schon wieder irgendwo Wasser herein. Auch das noch. Wir waren inzwischen müde und zerschlagen von dem vielen Reffen und Ausreffen. Vorbei war es mit den ruhigen und gelassenen Segeltagen, und schon kamen wieder Zweifel an unserem Vorhaben auf.

Ich hing in meinem Ledergurt in der Pantry und kochte unter abenteuerlichen Verrenkungen eine Nudelsuppe. Das Schiff bockte wie verrückt. Noch so eine Nacht, und ich würde über Bord springen.

Leider hatte ich zu viele Dosen und zu wenig Frisches gebunkert. Wir dachten, die frischen Sachen würden länger halten. Der Dosenfraß schmeckte grauslich. Wenigstens die Margarine hielt sich auch ungekühlt erstaunlich lang. Gefriergetrocknete Nahrungsmittel ließen sich ebenfalls gut lagern, und wir aßen sie lieber als die Inhalte aus den Dosen. An Brotbacken war unter diesen Umständen nicht mehr zu denken. Nun musste Dosenbrot reichen. Jeden Tag lernten wir dazu. Immer öfter jagten die Squalls über uns hinweg. Diese dunklen Biester gab es also doch, und sie brachten uns an unsere körperlichen Grenzen. Unser größter Wunsch zu dieser Zeit: Bitte nur einmal durchschlafen.

Wir sehnten uns nach dem nächsten Hafen. Da wir, um Reparaturen zu vermeiden, alles per Hand machten und somit auch keine Rollreff oder Umlenkvorrichtungen hatten, erledigten wir alle nennenswerten Segelmanöver stets zu zweit. Während Peter am Oberdeck arbeitete, half ich im Cockpit.

Die Atlantiküberquerung war unsere erste Hochseeerfahrung. Mittlerweile hatten wir schon einige Höhen und Tiefen überstanden.

Die Adventsamstage feierten wir mit Weihnachtsmusik und Delikatessen von zu Hause und waren glücklich. An anderen Tagen wiederum waren wir verkrampft und unglücklich und träumten von ausreichend Schlaf in weichen Betten. Es war ein ewiges Wechselbad der Situationen und der Gefühle. So servierte ich einmal opulente Menüs, die wir genüsslich verspeisten; ein anderes Mal warf ich irgendwelche Zutaten in einen Topf, schmiss den Spirituskocher an und sprang schnell wieder hinaus an die frische Seeluft, bevor mir mulmig werden konnte. Ein ständiges Auf und Ab.

24 Stunden. 23 Tage lang. Schließlich erreichten wir unbeschadet am 13. Dezember unser Ziel in St. Lucia.

FEIERLAUNE

Tagebuch

13. Dezember. Wir sind angekommen! Rodney Bay. Landungssteg. Niemand da. Was für eine Enttäuschung.

Plötzlich springen alle unsere österreichischen Freunde inklusive Jimmy Cornell, der Organisator der ARC, hinter den Yachten hervor und singen unter Gitarrenbegleitung ein eigens für uns komponiertes Ständchen. Uns kommen die Tränen vor Freude und Stolz. Ein wunderschöner Empfang für uns allein. Ich rund und wohlgenährt, weil immer seetüchtig – Peter dünn und abgekämpft, weil oft nicht seetüchtig. Natürlich machen alle Witze darüber.

Aber letztendlich zählt einzig und allein unsere Ankunft. Ab dann feiern wir viel und ausdauernd. Ich hole die ersehnte Post, schreibe allen zurück und verfasse einen Artikel für eine Segelzeitschrift. Dazwischen treffen wir uns mit Segelkameraden, trinken Sundowner, tanzen zu heißen karibischen Rhythmen und genießen das kreolische Essen in einer der vielen Bars und Restaurants. Ich braue den besten Planters–Punsch, und manchmal sind so viele Leute bei uns, dass wir nur mehr 20 cm Freibord haben. Wir sollten einmal testen, wie viele Menschen Platz hätten, bevor wir alle singend und lachend mit Mann und Maus untergehen.

JA AUF DER SEE, DA IST ES SCHÖN,
DA HAMMA VIELE SEGLER G'SEHN.
DIE TIBURON IN ST. LUCIA
HAT SICH VERDIENT EINEN RIESEN TUSCHA!

Die deutsche Segelyacht *Veldana* schaffte die Atlantiküberquerung mit weiteren vier Konkurrenten unter 15 Tagen. 14 Tage, 16 Stunden, 23 Minuten und 56 Sekunden war 1994 die schnellste Zeit und bedeutete den Sieg. Wir landeten mit 23 Tagen an 96. Stelle von 170 Yachten. Das langsamste Schiff kam 48 Stunden nach uns an.

Allerdings war die Überfahrt der *Veldana* nicht problemlos verlaufen. Die beiden Mitsegler – ihre besten Freunde – erwiesen sich auf See als völliger Fehlgriff. Die Yacht hatte keine Selbststeueranlage, denn die Eigner hatten geplant, sich zu viert beim Steuern abzuwechseln. Auf See jedoch weigerten sich die „Freunde", ihren Anteil an Arbeit beizutragen und rührten keinen Finger. Sie steuerten nicht, sie kochten nicht, sie saßen nur herum und ließen sich bedienen. In St. Lucia war die Reise für die beiden allerdings zu Ende. Die Eigner komplimentierten sie umgehend von Bord.

Seit den Kanaren kannten wir ein schickes österreichisches Pärchen. Sie waren eindeutig das am besten aussehende Paar der Flotte. Ihr Schiff war ein imposanter französischer Katamaran, der wie eine Wohnung mit mehreren Gästekojen, einem riesigen Salon und einer richtigen Küche ausgestattet war. Letzteres entlockte mir einen Seufzer, denn wenn ich da an meine winzige Kochnische dachte … Die Bordfrau sah nicht nur blendend aus, sondern war eine fantastische Gastgeberin und Köchin. Sie besaß sogar die B-Lizenz und erwarb später die Lizenz für weltweite Fahrt. Der Mann an Bord war das südländisch anmutende männliche Pendant. Ein charmanter Entertainer und Gitarrenspieler.

Zum Brüllen komisch war ihr Langhaar-Bordkater, der sich alles gefallen ließ. Man konnte ihn schütteln, knuddeln, schleifen und werfen – es schien ihm egal. Manchmal schwamm er eine Runde, und es sah furchtbar komisch aus, wenn er aus dem Wasser kam und seine lange Mähne klatschnass an ihm klebte. Er ließ alles mit sich machen. Er war ein außergewöhnliches Tier und passte perfekt zu Frauchen und Herrchen.

Eines Tages wurden wir auf die siegreiche *Veldana* eingeladen, denn plötzlich waren wir alle gleich. Alle hatten es unbeschadet über den Atlantik geschafft! Sogar eine kleine deutsche Yacht, deren Rumpf sich während des Törns langsam auflöste. Unser Kärntner Freund und Chirurg landete auf Platz 126. Er war von der Atlantiküberquerung dermaßen fertig, dass er uns sein Schiff schenken wollte. Das war zwar hübsch und viel geräumiger als unseres, aber wir hätten seine emotionale Schieflage niemals ausgenutzt.

Neben den tagelangen Feierlichkeiten gab es aber leider auch böse Überraschungen: Während eines Landausflugs überfielen Einheimische eine Reisegruppe und raubten sie aus. Zwei Tage später stahlen Unbekannte vor einem Restaurant unser Beiboot. Ausgerechnet das kleinste Dinghi der ganzen Flotte. Zusätzlich wurde auf unserem Schiff eingebrochen. Wahrscheinlich hatte jemand die Diebe gestört, denn viel fehlte glücklicherweise nicht. Leider war mein Adressbuch weg. Sie hatten meinen Filofax vermutlich für eine Geldbörse gehalten. Der Verlust aller Adressen und Telefonnummern war eine Katastrophe. Das Bargeld hatten wir so gut versteckt, dass sie es nicht entdecken. Das größte Schaden war die zerstörte Eingangsluke. Trotzdem kamen wir noch glimpflich davon.

Konrad Ringler von der deutschen Segelyacht *Tai Tai* organisierte daraufhin eine Spendenaktion, um einen Beitrag für unser neues Beiboot zu leisten. Wir waren verblüfft, denn wir kannten diesen hilfsbereiten Mann kaum. Wir fanden das einfach großartig. Als Träger des großen deutschen Verdienstkreuzes lag ihm Helfen scheinbar im Blut. Danke, lieber Konrad.

Weitaus Schlimmeres passierte einem befreundeten Schweizer: Er motorte nach einem Restaurantaufenthalt mit seinem Beiboot durch einen Kanal. Plötzlich fiel der Motor aus, und die Strömung trieb ihn an das Ufer des

Dorfes Gros Islet. Dort hielt ihm ein Einheimischer die Hand entgegen. Der wollte ihm aber nicht helfen, sondern ausrauben. Da sich Peter heftig wehrte, verletzte ihn der Angreifer mit tiefen Schnitten in die Hand. Nach kurzem Kampf ließ Peter den Räuber laufen. Ohnehin hatte er keine Chance gegen diese Typen, denn die kannten keine Skrupel, und die Hemmschwelle zur Gewalt war hier weitaus geringer, als wir es von zu Hause gewohnt waren.

Der Schweizer musste daraufhin in das Hospital von St. Lucia und wurde so gut es die dortigen Verhältnisse erlaubten, behandelt. Das Krankenhaus lag zwar wildromantisch zwischen Palmen, war aber eher primitiv ausgestattet. Peter war zäh, und die Wunden verheilten schnell, und er ging bald wieder nach Gros Islet, um dort mit den Einheimischen zu tanzen.

Die polizeilichen Ermittlungen in dieser verliefen – wie in anderen kriminellen Angelegenheiten – alle im karibischen Sand. Die Einheimischen hielten zusammen.

An der Bar machten viele unglaubliche Gerüchte die Runde. Beispielsweise wurde eine französische Gruppe verdächtigt, organisiert Bootszubehör stehlen zu lassen, um die begehrten Segelutensilien in Frankreich billig zu verkaufen. Die angeheuerten Diebe arbeiteten für die Franzosen gegen Provision. Bevor die Teile nach Frankreich geliefert wurden, gab man den Eigentümern vor Ort die Gelegenheit, ihre eigenen Sachen wieder teuer zurückzukaufen. Das klang uns etwas zu spektakulär. Zumindest uns wurde das Dinghi nicht mehr angeboten. Dennoch waren wir sauer. Wir hatten unser Dinghi exakt nach der Größe des Schiffes gekauft, und es hatte deshalb die perfekten Staumaße. Nun mussten wir uns mangels Angebots ein weitaus größeres Beiboot inklusive stärkerem Motor anschaffen, was uns überhaupt nicht passte und ein Loch in die Bordkasse riss.

Hinter vorgehaltener Hand munkelte man, dass die Einheimischen jedes Jahr sehnsüchtig auf die Yachten der ARC warteten, um auf Raubzug gehen zu können. Diese Vorfälle und Gerüchte nahmen uns viel von der Freude an der Karibik. Ab nun waren wir misstrauisch und machten auf den Törns nach Süden um die verrufenen Inseln einen großen Bogen.

Die Charterflotten trugen viel zu den Missständen zwischen Einheimischen und Fahrtenseglern bei. Während eines Segelurlaubes saß das Geld locker. Das wiederum erweckte bei den Insulanern den Eindruck, alle Segler seien reich. Dadurch war für sie jeder Raub eine Art Robin-Hood-Aktion: Den Reichen nehmen wir es, und uns Armen geben wir es. Uns fiel auch auf, dass die von den Briten ausgebeuteten Oversea-Departments, nachdem sie mangels Wirtschaftlichkeit an die Einheimischen zurückgegeben worden waren, weitaus mehr Kriminalität aufwiesen als die französisch verwalteten Inseln. Diese wurden vom französischen Mutterland monetär und strukturell unterstützt. Das sorgte für ein Mindestmaß an sozialem Ausgleich und damit für mehr Ruhe und Zufriedenheit unter den farbigen Einwohnern.

Wer in der Karibik allerdings nach echten Einheimischen suchte, wurde nicht fündig. Die Afrikaner hatten die Ureinwohner durch Vermischung aufgesogen, und es gab nur noch 3.500 Kariben auf der Insel Dominica, wo die Briten 1903 ein Reservat eingerichtet hatten. Ihre Sprache war bereits seit den 1920er-Jahren verschwunden. Diese Menschen galten einst als kriegerische Kannibalen. Damit ähnelte ihr Verhalten dem der Südsee-Insulaner. Kolumbus soll alle männlichen Kariben, die sogenannten Caribales, umgebracht haben. Die weibliche Urbevölkerung ließ er am Leben. Sie wurden mit seinen „friedvollen" Männern verheiratet. Ob Syphilis und anderes besser waren als die Kultur der Ureinwohner, scheint mir fraglich. Aber bald wird es ohnehin keine Caribales mehr geben.

Nach St. Lucia liefen wir die Tobago Keys und die Insel Mustique an. Dort begegnete ich beim Schnorcheln zum ersten Mal einer leuchtend gelben

Seeschlange. Leider habe ich eine waschechte Phobie vor Schlangen und flosselte daher so schnell es nur ging davon.

Union Island war die letzte Insel, welche wir anliefen, bevor wir nach Martinique segelten. Dieses Eiland hatten wir als Ausgangspunkt für den 1.300 Seemeilen langen Törn über die karibische See gewählt. Auch wegen einiger Reparaturarbeiten, die vorher noch durchgeführt werden mussten.

Mithilfe eines alten gebrechlichen Kranes hoben einheimische Arbeiter die *Tiburon* aus dem Wasser, um sie auf einen wenig vertrauenserweckenden Lagerbock zu hieven. Vom Zusehen allein wurde uns schon schlecht, aber wie so oft bei improvisierten Gerätschaften funktionierte es. Es musste sein, denn seit einiger Zeit drang wieder Wasser ins Schiff, und das machte uns große Sorgen.

Tagebuch

Ziemlicher Bewuchs wuchert am Unterwasserschiff. Wir sind beim Herausheben des Schiffes immer sehr angespannt, weil wir Angst um unsere kleine Tiburon haben. Wir haben einen speziellen Unterwasseranstrich gekauft, der auch für Fischerboote verwendet wird, und er schützt angeblich bis zu drei Jahre vor Bewuchs. Sogar dann, wenn das Boot nicht bewegt wird. Wir streichen und werken vier Tage lang. Es ist unglaublich heiß auf dem Beton, aber dafür ist die Marina ganz okay. Jeden Morgen gehe ich zu meiner neuen karibischen Freundin, die jeden Tag frische Krapfen bäckt und dazu gebratene Sardinen serviert. Das herrlichste Frühstück, das ich mir vorstellen kann. Peter findet die Kombination nicht so großartig. Dafür schmeckt es mir umso mehr.

Im Laufe der Reise habe ich diese Krapfen noch viele Male selbst mit allen nur erdenklichen Füllungen und Beilagen an Bord gebacken. Dadurch wurde ich eine begehrte Party-Snack-Lieferantin. Alle Krapfen waren in null Komma nix verputzt, und amerikanische Nudelsalate verloren zunehmend an Bedeutung.

Unser Schiff lag wieder vor Anker. Leider merkten wir bald, dass immer noch Wasser eindrang und somit der Schaden wohl nicht behoben war. Was soll's? Wir würden deshalb nicht gleich untergehen. Die neuen Batterien mussten noch angeschlossen, die Verriegelung der Eingangsluke montiert, die Püttingschrauben nachgezogen, das Oberdeck gereinigt, poliert und die Wäsche gewaschen werden. Aber das waren inzwischen Kleinigkeiten. Am nächsten Morgen segelten wir in die Marigot Bay, denn wir bekamen hohen Besuch von zu Hause: Fritz Breitenstein, DER Segel-Experte, unser B- Schein-Lehrer und -Prüfer samt Freunden besuchte uns. Er war ein Vorbild, und wir hatten viel von ihm gelernt. Nun bewunderte er uns für unsere Leistung und den Mut. Das Treffen war ein Riesenhallo und eine große Freude. Es gab bei einigem Rotwein sehr viel zu erzählen.

Trotz der netten Begegnungen freuten wir uns aber schon wieder auf die Weite des Meeres und die Tage ohne Menschen. Diesen Mikrokosmos auf See genoss ich immer mehr. Vor allem die langen einsamen Nachtwachen, in denen ich mit Schiff und Meer eins wurde, vermisste ich.

Der Törn in die Marigot Bay war rau. In der Bucht empfingen uns Segelfreunde von der ARC, und Peter versuchte mit Jörg von der *Catalouf,* die Ursache unserer ewig feuchten Backskiste zu ergründen. Vergebens. Wasser im Schiff gehörte leider zu den nervigsten und am schwersten zu lösenden Problemen während der gesamten Reise.

„TIBURON II, THIS IS US WARSHIP …"

Tagebuch

20. März. Wir sind seit gestern wieder auf See. Haben vor einer Stunde beschlossen, jenen Teil der Karibik, auf den ich mich schon die ganze Reise gefreut habe, nicht anzulaufen. Gegen den Wind nach Kuba zu segeln, dauert zu lang und bringt unseren Zeitplan durcheinander. Diesen Stress wollen wir uns bei aller Liebe zu diesem Land nicht antun. Wir beschließen schweren Herzens, direkt nach Panama zu segeln. Ich kenne diese Insel von einer früheren Reise und tröste mich mit dem Gedanken, dass ein Besuch nach so vielen Jahren vielleicht enttäuschend sein könnte. Trotzdem bin ich sehr traurig. Es sind geschätzte 192 Stunden bis nach Panama. Wir werden kurz in Christobal Halt machen, um dann zu schauen, dass wir schnell in den Pazifik kommen. Dort werden wir hoffentlich die Zeit und die Muse haben, nach der wir uns seit Papenburg so sehr sehnen. Vielleicht geht sich noch ein Abstecher zu den berühmten San Blas Inseln aus. Das wäre wunderbar und ein Trostpflaster für Kuba.

Es sollte leider anders kommen: Ab dem 3. Tag auf See wurde es ungemütlich. Der Wind drehte ständig. Laut Funkwetterfrosch Hugo, der Mann mit der „most sexiest voice in the world" auf Galapagos, brachte eine Kaltfront den Seegang etwas durcheinander. Selbst Peter fluchte und hasste das Segeln in diesem Augenblick von Herzen. Wir bewegten uns an Bord in Zeitlupe, um blaue Flecken möglichst zu vermeiden. Ich hatte am Vorabend in einer Vorahnung zum Glück einen großen Linseneintopf mit Kartoffeln gekocht. Der passte perfekt zum kabbeligen

Seegang. Trotz Kochgurts und zwei freier Hände schaffte ich es bei den heftigen Schiffsbewegungen nicht, etwas Aufwendigeres zuzubereiten. Zur Aufheiterung lasen wir uns gegenseitig Geschichten aus den Barawitzka-Büchern Karl Vettermanns vor. Ich habe bei seinem Neffen in Zell am See meinen A-Schein gemacht. Durch die witzigen Texte waren wir abgelenkt und hatten trotz des Seegangs ein paar vergnügliche Momente.

Tagebuch

16. März. Seit 3 Tagen Starkwind. Bis zu 85 Knoten Wind in den Böen. Wellen geschätzte 6 bis 8 Meter. Sie kommen völlig konfus aus südöstlicher Richtung. Unsere Tiburon bekommt arge Schläge ab, und ständig schwappt Wasser ins Cockpit. Wir verschließen den Niedergang. Der Wind spielt schaurige Melodien im Rigg. Das Krachen der aufschlagenden Wellen am Rumpf geht uns durch Mark und Bein.

Gestern Vormittag hatten wir in diesem Inferno auch noch Besuch von der amerikanischen Kriegsmarine. In 50 Metern Abstand mit 7 Knoten Fahrt blieben sie an unserer Steuerbord-Seite. Sie fragten Peter über Funk nach allen Regeln der militärischen Kunst aus: woher und wohin wir wollten, warum und weshalb. Während der gesamten Zeit setzten sie unser GPS außer Betrieb. Trotzdem waren wir froh, dass sie nicht auch noch an Bord kamen. Es kursieren schlimme Geschichten über die brutalen Durchsuchungen seitens der Marine auf verdächtigen Schiffen. Wir verzichten gerne auf diese Erfahrung. Selbstverständlich hatten wir volles Verständnis für den Kampf gegen das Rauschgift. Nicht wenige Segler ließen sich als Drogenkuriere missbrauchen. Das schnelle Geld lockte. Die meisten bereuten es bitter, denn die Amerikaner kannten kein Pardon. War nach unserem Gefühl okay. Obwohl man auch auf See leider nur die kleinen Fische erwischte.

Wir hofften, einen harmlosen Eindruck auf das Militär zu machen. Angesichts der Nähe zur kolumbianischen Küste und der noch brutaleren Drogenmafia war uns die Begleitung der Army lieber.

Die Crew des Kriegsschiffes filmte uns mit großem Eifer. Vermutlich sahen wir inmitten der Wellenberge mit der kleinen *Tiburon* spektakulär aus. Selbst für die abgebrühten Soldaten anscheinend ein spannendes Motiv.

Kochen ging gar nicht mehr. Sogar ich hielt es unter Deck nicht lang aus. Trotzdem gelang es mir, etwas Warmes zuzubereiten. Peter sah elend aus und war richtig unglücklich mit der Situation, in die wir uns gebracht hatten. Eines Tages erzählte er mir, dass er von einem reichen Amerikaner geträumt hat, der ihm in Panama 70.000 Dollar für die *Tiburon* auf den Tisch geknallt hat. „Wäre der Traum Wirklichkeit, würde ich das Schiff sofort verkaufen", versicherte Peter mit grimmigem Unterton.

Zu diesem Zeitpunkt war mein Kapitän wieder einmal fertig mit dem Segeln. Mich hingegen faszinierte das tägliche Naturschauspiel auf See. Die *Tiburon* war stark und flog dahin wie ein stolzer Albatros im stürmischen Südpazifik. Ich vertraute Peter als Skipper, und ich glaubte fest daran, dass alles gut ausgehen würde. Erst später wurde mir bewusst, wie schwer die Verantwortung auf ihm lastete.

Eines Tages entdeckten wir Salzwasser in der vorderen Bilge. Leider fanden wir nicht heraus, woher es kam. Vielleicht aus dem WC, aus dem bei heftigen Schiffsbewegungen ab und zu das Seewasser schwappte. Wir beschlossen, das Spülwasser ab sofort ganz abzupumpen. Scheinbar war das tatsächlich der Grund, denn von da an blieb die Bilge trocken.

Manchmal surften wir die Wellenberge mit bis zu 12 Knoten Geschwindigkeit hinab. Das war unheimlich und viel zu schnell für unser Schiffchen, aber nicht einmal Peter wagte es, auf das Vorschiff zu turnen, um auf eine kleinere Fock zu wechseln. Wir ließen die *Tiburon* einfach weiterfliegen. Weiter immer weiter – dem Ziel entgegen. Unsere Etmale waren sensationell. Keines unter 130 Seemeilen: 142; 135; 138; 145; 143; 149 – und das unter dreifach gerefftem Großsegel und der winzigen Sturmfock.

Wenigstens kamen wir voran. Wenn die Höllenfahrt so weiterginge, würden wir in zwei Tagen am Ziel sein. Peter kostete dieser wilde Ritt all seine Energie, und er fiel nach seinen Wachen augenblicklich in tiefen Schlaf. Für ihn eine Erholung und für mich willkommenes Alleinsein. Nach einigen Tagen verließ auch Peter die Anspannung. Selbst extreme Umstände wurden mit der Zeit und der wachsenden Erfahrung zur Routine.

Tagebuch

18. und 19. Februar. Was für ein Tag! Ansteuerung San Blas. Hurra, ich freue mich. Kitzelige Riffnavigation. Bald muss das geübte Auge die Tiefe abschätzen. Wir haben 1.200 Seemeilen in 8 Tagen geschafft. Das sind 150 Meilen im täglichen Durchschnitt. Nicht schlecht für ein 9 1/2 Meter Schiff. San Blas ist wunderschön, aber wir haben für diesen Teil der Karibik keine Detailkarte und müssen uns nach dem Küstenhandbuch für die Großschifffahrt richten. Das bedeutet ein großes Risiko, denn ohne genaue Seekarten in ein solch navigatorisch anspruchsvolles Gebiet zu segeln, ist purer Leichtsinn. Als wir den Einklarierungshafen Porvenir anlaufen, stehen Wind und Wellen noch immer von achtern durch. Der Einfahrtskanal ist nur zwei Meter breit. Wir sind noch immer unentschlossen, ob wir dieses Wagnis überhaupt eingehen sollen. Schließlich tasten wir uns vorsichtig heran. Die Maschine läuft zur Sicherheit mit, und das Großsegel lassen wir stehen. Ich bin am Vorschiff und starre durch meine Polaroids angestrengt in die wechselnden Farben des Küstengewässers vor dem Bug. Puh, ich bekomme große Bedenken, denn das Meer ist hier nicht tief. Ich kann stellenweise den Sandgrund durchschimmern sehen.

Plötzlich geht ein Ruck durch das Schiff, und die Tiburon wird immer schneller. Erst denke ich, Peter muss verrückt geworden sein. Warum gibt er während dieser schwierigen Ansteuerung so viel Gas? Während ich konzentriert in die Tiefe vor dem Bug starre, gebe ich Zeichen, langsamer zu werden. Aber wir werden immer schneller. Das Vorsegel haben wir geborgen, das Großsegel steht noch. Aber es ist nicht Peter, der Gas gibt. Eine riesige Brandungswelle schiebt uns voran. Wir surfen auf ihr manövrierunfähig in Richtung Ufer! Die Welle hat die Tiburon auf seinen Kamm gehoben. Gischt zischt links und rechts am Bug vorbei. Schäumend, wie aus dem Maul eines wütenden Tieres. Während ich mich am Vorstag festhalte, habe ich zum ersten Mal Todesangst. Ungesichert stehe ich am Bug. Grässliche Bilder jagen durch meinen Kopf. Ich sehe das schreckliche Ende dieses Abenteuers auf uns zukommen. Vor mir zeichnet sich in rasender Fahrt der Sandgrund immer deutlicher ab. Die dunklen Schatten der Korallenköpfe tauchen auf und verschwinden wieder. Ich warte, bis wir am nächsten Korallenblock auflaufen. Dann wird es uns überschlagen. Dann ist es endgültig aus und vorbei. Die Angst lähmt mich. Dann aber werde ich wütend und denke: ‚Reg dich ab. Vielleicht überleben wir den Wahnsinn doch.' Was für ein Abschluss. Was wird unsere Familie sagen? Was, was, was? Ich fange an zu beten: „Bitte, bitte, es muss aufhören, lass uns langsamer werden!" Aber was sollte uns bremsen? Das Schiff lässt sich scheinbar nicht mehr manövrieren. Ich schaue zurück. Peter steuert zwar, aber das Ruder reagiert nicht. Es steht frei über dem Wellental!

Und dann passiert das Wunder. Urplötzlich dreht die Tiburon ab und schießt in den Wind! Das Wunder ist die Luvgierigkeit des Schiffes. Kurz stehen wir gefährlich quer zu den Wellen. Aber die Tiburon dreht sich weiter und galoppiert wie ein wild gewordenes Pferd über die nächsten heranrollenden Brecher. Sie erklimmt ihre Gipfel und kracht auf der Rückseite in das Wellental. Das ganze Schiff vibriert bis in die Mastspitze. Ob es das aushalten wird? Egal, wir müssen hier weg, um jeden Preis

Schließlich steuert uns Peter unter Maschine aus der Gefahrenzone heraus. Die wilden Sprünge wiederholen sich noch einige Male. Dann sind wir in Sicherheit. Ich klammere mich noch immer am Bugkorb fest. Peter brüllt, ich solle endlich nach hinten ins sichere Cockpit kommen. Nichts lieber als das. Mit schnellen Griffen hantiere ich mich zurück und setze mich zu ihm. Ich zittere.

Stumm schauen wir zurück auf die immer kleiner werdende Silhouette der traumhaft anmutenden Inseln, die beinahe zu unserem Verhängnis geworden wären.

KEINE LUST MEHR ...

Ich ging unter Deck und stellte Teewasser auf. Seitdem wir Kurs auf Panama aufgenommen hatten, war kein Wort gefallen. Wir standen beide unter Schock. Um beide Hände frei zu haben, sicherte ich mich mit dem Ledergurt an der Pantry und füllte Wasser in den Teekessel. Entspannt legte ich mein ganzes Körpergewicht in den Gurt. Der Tee würde uns guttun. Eigentlich hätte ich jetzt einen Schnaps vertragen, aber es war keiner an Bord.

Plötzlich ging ein Ruck durch das Boot, und nur einen Augenblick später flog ich durch den Salon. Am Ende des kurzen Fluges knallte ich mit dem Rücken gegen die Trennwand zum Vorschiff. Benommen saß ich da. Was war geschehen? Der alte Ledergurt, der mir so viele gute Dienste geleistet hatte, war gerissen. Er hatte auch genug. So wie ich. Nun überkam mich das heulende Elend. Ich konnte nicht mehr. Tränen stiegen hoch, und ich ließ ihnen freien Lauf. Peter sah neugierig durch die Luke und fragte, was denn passiert sei. Ich konnte nicht sprechen, ich konnte nur noch heulen.

Dieses Erlebnis hatte ein Nachspiel. Als wir in dieser Nacht hundemüde in Colón/Panama ankamen, wollte Peter nur noch eines: Das Schiff so schnell wie möglich verkaufen. Danach einen Luxusurlaub für uns beide buchen und sonst gar nichts mehr. Das stürzte mich wiederum in Verzweiflung. Natürlich war ich vom vergangenen Ereignis nervlich angeschlagen. Wer wäre das nicht gewesen? Aber deshalb gleich die *Tiburon* verkaufen? Eine heftige Diskussion begann. Wir hatten immerhin schon über 6.000 Seemeilen hinter uns, aber auch noch 26.000 vor uns. Händeringend versuchte ich, Peter von seinem Vorhaben abzubringen. Aber er blieb stur, entzog sich weiteren Diskussionen und verschwand in seiner Koje.

So machte er es immer. Er zog sich zurück. Er hasste Diskussionen. Ich war ratlos und grübelte vor mich hin. Irgendwann überkam mich die Müdigkeit so sehr, dass ich in meine Koje kroch und auf der Stelle einschlief. Am nächsten Morgen erwachte ich mit denselben Gedanken, mit denen ich schlafen gegangen war. Aufgabe, Trauer, Resignation.

Peter war bereits wach und werkte an Bord herum. Er begrüßte mich fröhlich und auf meine Frage hin, was wir denn nun machen würden, meinte er lapidar: „Wir segeln weiter." Er sagte das so selbstverständlich, als hätte es die Nacht vorher nie gegeben. Ich war sprachlos. Wofür hatte ich mich derartig aufgeregt? „Was ist bloß mit euch Männern los?", rief ich verärgert.

Dabei ahnte ich, was los war. Viele Skipper suchte im Hafen eine heimtückische Krankheit heim. Mit jeder Stunde an Land wurde sie akuter. Sie nannte sich „Ankunftsdemenz". Alle unangenehmen Erlebnisse verschwanden bereits wenige Stunden nach dem Anlegemanöver aus den Köpfen der Männer. Für immer. Verzweiflung auf See, Vergessen an Land. Irgendwann fand ich mich mit dieser heimtückischen Krankheit ab. Wer regt sich schon gerne umsonst auf? Neuer Tag, neues Glück. Wir lagen im Yachtclub von Colón zwischen supergepflegten amerikanischen Yachten und heruntergekommenen verlassenen Schiffswracks. Deren Eigner waren vor langer Zeit von Bord gegangen und kehrten nie mehr zurück.

Uns stand das Schleusen durch den Panamakanal – damals noch in amerikanischer Hand – bevor. Wir mussten drei Linehander organisieren, aber vorher hatte Peter die Einklarierungsformalitäten zu erledigen.

Die Prozedur dauerte einen vollen Tag. Währenddessen nähte ich mit der Handnähmaschine ein paar Polsterbezüge aus alten Handtüchern.

Am Ende des Tages tauchte Peter mit einem gewaltigen Bierkrug in der Hand wieder auf. Den wunderbar kühlen Inhalt ließen wir uns schmecken.

Eine meiner ersten Aktivitäten nach großen Überfahrten war stets eine Besichtigungstour zu den umliegenden Schiffen. Dabei fiel mir ein Mann auf, der mit einem Hochdruckreiniger am Oberdeck seiner Yacht stand. Bei der

Reinigung des Rumpfes beugte er sich soweit über die Reling, dass er schließlich Hals über Kopf in das trübe Hafenwasser stürzte. Als er wieder auftauchte, lachte er fröhlich, stieg an Bord und machte weiter. Sein schönes Schiff segelte unter italienische Flagge. ‚Typisch südländische Frohnatur', dachte ich und musste schmunzeln. Ich wurde nie müde, neue Yachtkonstruktionen zu entdecken, sie zu vergleichen und zu beurteilen und mir im Kopf die ideale Fahrtenyacht vorzustellen.

Die meisten aus der Weltumseglerflotte trieben sich noch in den karibischen Gewässern in den ABC-Inseln Aruba, Bonaire oder Curaçao herum. Einige lagen vor Trinidad. Mit ihrer Ankunft in Colón war nicht vor Mitte März zu rechnen. Wir waren ungewollt früh dran. Wir vertrieben uns die Zeit mit Ausflügen nach Panama City. Die Stadt war quirlig und bunt. Nur die allgegenwärtige bewaffnete Security gefiel uns nicht. Vor jedem Laden stand mindestens ein Bewacher. Einmal folgte mir einer bis zur Toilette und platzierte sich samt Gewehr vor der Tür, bis ich fertig war. Das nannte man hier vermutlich „Hochsicherheitspinkeln".

Nachts schlief ich schlecht, da am Nachbarboot die Hunde ständig einen Grund zum Bellen fanden. Am verrotteten Schiff daneben schlugen andauernd die Fallen an den Mast. In diesen Momenten sehnte ich mich nach Ruhe, Stille und Erholung. Aber auch bei mir verblassten diese Sehnsüchte mit dem ersten Augenaufschlag des nächsten Tages. Ich begann darüber nachzudenken, wie wir wohl die drei Linehander an Bord unterbringen sollten. Und das auch noch über Nacht. Für das Schleusen wurden zwei Tage anberaumt. Zunächst bereitete ich gebratenes Hühnchen mit Kartoffelsalat vor. Das schmeckte auch kalt, und jeder konnte nach Lust und Laune essen.

Am 27. Februar war es so weit: Ein Mann der Kanalbehörde kam an Bord. Wir waren nun mit zwei Freunden, die uns mit den Leinen halfen, zu fünft.

Insgesamt drei Schleusen warteten auf uns.

35 bis 45 Schiffe, hauptsächlich Frachter, fuhren täglich durch den Kanal. Wir Segler wirkten wie Winzlinge zwischen den Riesenpötten, und beim Manövrieren sorgte so manche Schraubenbewegung der Riesen für abgerissene Klampen oder andere kleinere Schäden auf den Segelschiffen. Die Containerschiffe zahlten 1995 für ein 1.000 Fuß Schiff ca. 80.000 Dollar für die Fahrt durch den Panamakanal. Alles nur, um Zeit zu gewinnen und nicht den weiten Weg um das stürmische Kap Hoorn nehmen zu müssen.

In den Schleusen zogen kleine Lokomotiven die großen Handelsschiffe. Die Riesen passten gerade einmal hinein. Oft war Millimeterarbeit gefragt. Uns Kleine dagegen zogen die Kanalarbeiter hoch über unseren Mastspitzen mit langen Leinen vorwärts. Die Aufgabe unserer Linehander war es, die Hilfsleinen, die von oben herab geworfen wurden, an den Bootsleinen festzumachen. Danach zogen die Kanalarbeiter die Leinen wieder hoch und machten sie fest.

Die Landschaft um den Gatún-See, in dem der Panamakanal verlief, war unberührter Urwald und wunderschön. Das morgendliche Bad nahmen wir im Süßwasser des Stausees. Wenn man nur zu zweit segelte, helfen einem in der Regel andere Segler, da man bei den Kanalmanövern zu viert sein musste. Und auch wir revanchierten uns bei den Linehandern, indem wir mit ihnen per Bus nach Colón zurückfuhren und auf ihrem Schiff nochmals durch den Kanal schleusten.

Schließlich lagen wir vor dem berühmten Balboa Yachtclub vor Anker. Wir relaxten und genossen die heißen südamerikanischen Rhythmen, zu denen wir im Klub ausgelassen tanzten. Gerade wurde der Hit *Macarena* geboren, und die Melodie schallte bis in die frühen Morgenstunden bis zu unserem Ankerplatz. Also wieder nichts mit der ersehnten Ruhe. Aber bei guter Musik war das nicht ganz so schlimm.

Nach einer Woche machten wir uns auf den Weg zu den Las Perlas. Wir hatten wenig bis keinen Wind und verbrachten eine schöne und ruhige Zeit in dieser abgelegenen Inselwelt. Sie war zwar nicht so traumhaft wie San Blas, aber dafür waren wir in allen Buchten allein, und das war herrlich. Taboguilla, Saboga, Isla Chapera, Isla Gibraleón, Pedro González und schließlich San José nannten sich die einsamen Eilande. Wir liefen sie alle an, und wir feierten Peters 42. Geburtstag. Bald sollte es weitergehen. Eifrig bereiteten wir das Schiff soweit vor, dass wir ohne Zwischenstopp bis zu den Marquesas in Französisch-Polynesien hätten durchsegeln können. Wir wollten aber vorher nach Galápagos.

Am Nachmittag lieferte ein Indio mit seinem Einbaum statt der bestellten ein Kilo Zwiebel nur drei Stück inklusive einem Säckchen Knoblauch. Dafür knöpft er uns zwei US-Dollar ab. Ich hatte nur mehr fünf Dollar, die ich ihm vertrauensvoll aushändigte, denn er hatte kein Wechselgeld dabei. Er strahlte mich an und versprach, schnell mit dem Rückgeld wiederzukommen. Irgendwann am späteren Abend nannte ich mich einen Trottel und schrieb die fünf Dollar ab. Hätte ich doch etwas von seinem Kunsthandwerk als Bürgschaft einbehalten. Ich schrieb es als Entwicklungshilfe ab.

Statt des Indios tauchte eine Horde Militär auf. Möglicherweise hatten sie uns in Verdacht, Drogen bei den Einheimischen gekauft zu haben. Sie taten enorm wichtig und trampelten mit ihren Militärstiefeln auf unserem Schiff herum. Mir tat jeder Schritt im Herzen weh, doch Gott sei Dank zogen sie bald wieder ab. Um 20 Uhr klopfte es an der Bordwand. Im fahlen Licht der Petroleumlampe blitzten die weißen Zähne des Indios, als er mir strahlend die drei Dollar überreichte. Ich staunte und bedankte mich.

DER SÜDSEE ENTGEGEN

Gleich zu Beginn erfreute uns eine herrlich ruhige See. Wir waren fasziniert von der öligen, trägen Oberfläche und der wunderbaren Stille. Wir lauschten dem rhythmischen Blasen der Wale, die hier zu Dutzenden ihre Bahnen zogen. Diese Tage gehörten zu den vollkommenen.

Eines Nachts beobachtete ich fasziniert ein in diesem Seegebiet oft auftretendes Phänomen: Die Heckwelle hinterließ in der schwarzen Nacht eine funkelnde Spur. Phosphoreszierende Algen verwandelten das dunkle Meerwasser in etwas Märchenhaftes, Überirdisches.

Peter musste das auch sehen. Ich weckte ihn. Staunend beobachteten wir das Naturschauspiel. Die *Tiburon* segelte wie auf einem leuchtenden Sternenteppich. Wir verschmolzen in diesem Leuchten und in dieser Stille ganz und gar mit dem friedlichen Ozean. Wo sonst auf dieser großen Welt als im Hier und Jetzt? Und wieder lösten sich alle Zweifel an dieser Reise in diesem Moment in nichts auf.

Am 13. April überquerten wir den Äquator. Ein feierlicher Moment. Wir waren nun in den südlichen Breiten. Der Corioliseffekt sorgte dafür, dass ab sofort das Wasser im Uhrzeigersinn ablief. Die Äquatortaufe ließen wir sausen. Dafür spendeten wir Neptun einen großen Schluck Cognac, den wir in Panama für besondere Ereignisse gebunkert hatten. Bis zum Einklarieren in Französisch-Polynesien mussten wir ohnehin die Flasche leeren, denn die Einfuhr von Spirituosen war streng verboten. Dazu gab es zur Feier des Tages ein Stück selbst gebackenen Marmorkuchen.

Unser Schiff schaffte an diesem Tag bei leichten Winden 101 Meilen. Was wollten wir mehr? Tagsüber begleiteten uns unzählige Delfinschulen, und dann – wir konnten es kaum fassen – fingen wir unseren ersten Fisch mit der selbst gebastelten Schleppangel. Hurra!

Ein erfahrener Angler hatte uns wertvolle Ratschläge gegeben: Die Leine der Schleppangel musste mindestens 50 Meter lang sein. Zwischen Haken und Leine knüpften wir ein 50 cm langes Vorfach aus Draht, das der Fisch nicht durchbeißen konnte. Ein Wirbel verhinderte das Eindrehen der Angelschnur. Daran knüpften wir einen riesigen Haken, an dem ein kleiner pinkfarbener Tintenfisch aus Plastik baumelte. Fortan konnten wir unseren Proviant mit frischem Fisch auffüllen. Manchmal hatten wir Angst, dass ein Hai oder dergleichen anbeißt, denn darauf waren wir nicht besonders scharf. Schon allein wegen ebensolcher Zähne.

Die Fahrt nach Galápagos dauerte länger als geplant, denn es war die meiste Zeit windstill. Eines Nachts, während meiner Wache, begleitete uns ein Wal. Ich wagte es kaum, mich zu bewegen, geschweige denn Peter zu wecken. Der dunkle glänzende Körper schwamm direkt neben der Bordwand und war nur ein wenig kürzer als die *Tiburon*. Es war schaurig und faszinierend zugleich. Irgendwann tauchte er ab, und ich war, um ehrlich zu sein, ganz schön froh darüber.

Am 13. Tag erschien endlich die Inselwelt des Galápagos-Archipels am Horizont. Gleichzeitig tauchten Delfine auf. Sie begleiteten uns eine Zeit lang in ihrer unnachahmlich anmutigen Art und Weise. Peter sang ihnen am Vorschiff ein Liedchen vor, und prompt begann eine vermutliche Delfindame, ihn anzuflirten. Sie drehte sich auf die Seite und schmachtete ihn an. Ich schwöre es. Ich habe es mit eigenen Augen gesehen. Delfine pflegen laut wissenschaftlicher Erkenntnisse ein ausgeprägtes Sexualleben. Aber auch mit meinem Kapitän? Bis zum Ankerplatz vor dem Einklarierungshafen von San Cristóbal blieben sie an unserer Seite. Was für ein schönes Empfangskomitee.

ISLA SAN CHRISTÓBAL – GALÁPAGOS

Sobald wir vor Anker lagen und das Schiff aufgeklart hatten, tranken wir erst einmal eine Flasche chilenischen Rotwein. Danach ruderten wir mit dem Dinghi an Land. Besonders freute ich mich über die Post, die für uns schon angekommen war. Ich beantwortete jeden einzelnen Brief. Peter hatte Zahnschmerzen und suchte nach einem Zahnarzt. Er fand eine Ärztin, die eindeutig besser aussah als ihre Praxis. Peter nahm auf einem alten klapprigen Holzstuhl Platz. Eine Bürolampe diente als Beleuchtung. Auch die Instrumente sahen nicht aus, als wären sie auf dem neuesten medizinischen Stand. Die Geräte wurden von einem Dieselkompressor betrieben, und der war so laut, dass er mit Garantie die Schreie der Patienten übertönen konnte. Frau Doktor leistete jedoch mit diesem einfachen Equipment ausgezeichnete Arbeit. Peter war bald wieder schmerzfrei, und die Plombe hielt bis Australien. Dort ließ er sie rein sicherheitshalber durch eine neue ersetzen, denn Zahnschmerzen auf See wollte er in jedem Fall vermeiden. Jeden Tag, an dem wir an der Zahnarztpraxis vorbeiflanierten, winkte uns Frau Doktor von ihrem Balkon aus lachend zu.

Am 19. April verabschiedeten wir uns von den Inseln, um weiter in Richtung Südsee aufzubrechen. Wir waren aufgeregt und von Spannung erfüllt. Was würde uns der Pazifik bieten? Angenehmes Segeln in lauen Mondnächten oder raue See, Regen oder sogar Sturm? Wir wussten es nicht. Wir freuten uns auf *El Pacifico*, den Friedlichen, wie sein Name besagt. Er sollte ihm (fast) alle Ehre machen.

Tagebuch

Tag 1

Um 11 Uhr abgelegt. Aufenthalt auf Galápagos kostet uns 55 US-Dollar Liegegebühr. Sehr unüblich. Der ultracoole Hafenkapitän will unbedingt Peters Plombe sehen, bevor wir abreisen. Peter lässt es über sich ergehen, denn der Zahnarztbesuch hat uns die Aufenthaltsgenehmigung erleichtert. Für die anderen Inseln erhalten wir keine Erlaubnis. Wir müssen den Archipel so schnell wie möglich verlassen.

Anfangs etwas Wind, später fröhliche Delfinbegleitung. Ruhiger Tag, ruhige See, aber kein Weiterkommen. Bastle ein Schiffsgästebuch. Großes englisches Frühstück, bestehend aus Eiern, Baked Beans und Speck. Mittags: Suppe, Tomatensalat und eine Grapefruit als Dessert.

Tag 2

Tagsüber nichts los. Peter spielt mit dem Spinnaker. Ich nehme meine erste Französischstunde via Superlearning-Kassettenkurs. Am Anfang ist eine Entspannungsübung damit verbunden, und ich schlafe gleich ein. Abends haben wir auf Kanal 16 Kontakt mit der schwedischen Yacht Cantana. Wir plaudern ein bisschen.

Später hören wir über den Weltempfänger, dass die österreichische Yacht Que sera Probleme mit der Ölkühlung hat. Bieten über die Cantana Hilfe an. Wir würden umdrehen, wenn nötig. Gerhard, der Skipper, lehnt das aber dankend ab. Er glaubt, den Schaden mit Bordmitteln beheben zu können. Wir segeln einstweilen etwas südwestlicher, um den Abstand zur Que sera zu verkürzen. Wir möchten sie, unabhängig vom Schaden, gerne treffen.

Am folgenden Morgen nehmen wir über die Schweden wieder Kontakt zur Que sera auf. Michi und Gerhard leben hauptsächlich von Nahrungsmitteln aus dem

Eisschrank, und der Motorausfall trifft sie daher schwer. Ohne Strom keine Kühlung. Die Bordbatterien allein schaffen das auf Dauer nicht.

Morgens amerikanisches Frühstück: Pancakes mit Ahornsirup. Mittags: Bohneneintopf mit Tomatensalat. Nachspeise: Grapefruit mit Keksen. Abends gibt es Nudelsuppe mit Fleischklößen aus der Tüte mit selbstgebackenem Schwarzbrot. POSITION: 21 Grad Süd und 92 Grad West. Kein Wind; wir motoren.

Tag 3

Morgens am Funk von der Que sera nichts mehr gehört. Wind aus NO 2-3. See ruhig. Feudales Mittagessen mit Gulasch und Krapfen. Die Krapfen mache ich aus einer Variante des Brotteiges. Schmecken gut. Danach gibt es Kaffee. Kein Kontakt mehr zur Cantana. Abends hören wir am Funk, dass es der Que sera gut geht und die Kühlung provisorisch repariert ist. Soweit alles okay. Wir sind 100 Seemeilen nordöstlich von ihnen und hören sie am Weltempfänger sehr gut. Leider können wir nicht sprechen, da wir kein SSB-Funkgerät an Bord haben. Die Cantana ist als Relais auch schon zu weit entfernt.

Tag 4

Wir sind nur mehr 60 Meilen von der Que sera entfernt. Haben jetzt direkten Funkkontakt, und sie bedanken sich für unser Hilfsangebot. Heute Wind aus Süd-Südwest. Kurze steile See. Die Schonzeit ist vorbei. Die hohe See hat uns wieder. Koche Chili con Carne mit Reis und Salat und backe frisches Brot. Und das bei dem Seegang! Über Funk höre ich, dass es auf der Que sera Bohnensuppe von gestern und gebratene Bananen mit Honig gibt. Abends bringen wir den Schleppgenerator aus. Kurskorrektur nach Westen. Nachts kommt viel Wind auf, und es wird ungemütlich. Seen kommen querab.

Tag 5

Es ist Sonntag. Bis 8 Uhr geschlafen. Wieder englisches Frühstück. Mittags Eintopf mit der Tagessrückschau von gestern. Grapefruit als Nachspeise. Am Nachmittag gibt es Kaffee und Kuchen, und dann ist Französisch angesagt. Gegen Mittag Windstärke 6. Wir machen gute Fahrt. Ständig 6–7 Knoten. Wetter: wolkenlos. Duschen mit Süßwasser. Herrlich! Wir kommen der Que sera immer näher. Die Position hören wir täglich über den Weltempfänger. Gut, dass wir die Funkfrequenzen kennen.

Wir hören zum ersten Mal von einer deutschen Frau, die allein unterwegs ist. Sie heißt Susanne, das Schiff Glory. Sie segelt langsam. Sie geht auf Nummer sicher.

Tag 6

Der Wind und die See haben sich wieder beruhigt. Können nun idealen Kurs 230 Grad anliegen. Hoffentlich bleibt der Wind über Nacht konstant. Mittags gibt es Ravioli, Bohnensalat und anschließend Kaffee und Kuchen. Wir setzen größere Segel und reinigen die Entsalzungsanlage. Wir müssen den stinkenden Filter auswechseln. Vielleicht war das der Grund für den leichten Durchfall, der uns heimgesucht hat. Aber ein bisschen Dreck ab und zu soll ja gut für das Immunsystem sein.

Tag 7

Die ganze Nacht leichten Südkurs gefahren. Sehr unruhige und kabbelige See. Die Wellen sind nicht hoch, aber kurz und steil. Heute gibt es faschierte Laibchen mit Kartoffelpüree und rote Rüben. Mein Bauch rebelliert. Gehe mich jetzt waschen. Die Nachtwachen sind angenehm. Es ist warm und mild.

Tag 8

Nach meiner Nachtwache gehe ich um 8 Uhr ins Bett und schlafe bis 12 Uhr durch. Mittagessen: Nudelsalat und Kompott. Am späten Nachmittag segeln wir platt vor dem Wind. So machen wir bis zu 8 Knoten Fahrt. Die guten Segeleigenschaften unserer Tiburon freuen uns immer mehr. Wir werden schneller und schneller, und so sind wir gezwungen, auf ein kleineres Vorsegel zu wechseln. Selbst unter Fock segeln wir noch immer 7 Knoten. Zusätzlich schiebt uns ein Knoten Strom tüchtig an.

Backe Brot mit französischer Trockenhefe. Fazit: Der Teig geht nicht auf. Das Brot ist schwer wie ein Stein. Seit Galápagos schon 1.000 Seemeilen geschafft. Mein Bauch ist wieder okay. Wir hören am Funk Henry mit unseren Landsleuten plaudern. Wir notieren die Position und verfolgen die Freunde weiter.

Tag 9

Nachts vier Stunden unter Maschine gefahren. Wir erfahren über Funk die Position einer Schweizer Yacht, die in unserer Nähe ist. Wir versuchen, sie über Kanal 16 anzufunken, damit sie uns eventuell ein Relais mit der Que sera herstellen können. Wir sind schon sehr nahe dran, aber für direkten Funkkontakt nicht nahe genug.

Die Sonne scheint. Englisches Frühstück. Wassermachen. Probiere es nochmals mit der französischen Hefe. Ich übersetze, dass man die Hefe vorher in warmer Milch auflösen muss. Lesen hilft! Das ergibt herrliche Krapfen mit Dosenwürstel und Sauerkraut. Ich lese gerade von Herman Hesse „Narziss und Goldmund“. Ein interessanter Roman. Mir fällt jedoch während der Lektüre auf, dass ich mich heute am neunten Tag nicht mehr so sauber fühle. Mit Meerwasser vorduschen und mit 1,5 Liter Süßwasser nachspülen erzeugt leider nicht den gewohnten Reinigungseffekt. Meine Haut ist klebrig, und ich bilde mir ein, dass wir beide schon ein bisschen nach Fisch riechen. Über Henry erfahren wir wieder die Position der Que sera. Es brist stark auf. Wir müssen reffen und auf die kleinere Fock wechseln. Wir schaffen 160 Seemeilen in 24 Stunden. Unser bisheriger Rekord.

Tag 10

Heute 155 Meilen gesegelt. Ich habe zum zweiten Mal die Hundewache verschlafen. Peter hat mich nicht geweckt. Grrr! Verpasse dadurch den Funk, was mich ärgert, weil das Zuhören inzwischen zur schönsten Abwechslung im Bordalltag geworden ist. Heute gibt es zum Frühstück Krapfen von gestern. Mittags Pasta Carbonara.

Wir segeln platt vorm Laken: „Butterfly". Die beiden Vorsegel ziehen recht ordentlich, aber unser Schiffchen geigt ziemlich herum. Außerdem kommen die Wellen quer. Backe am Nachmittag einen Geburtstagskuchen für mich. Keine idealen Voraussetzungen zum Kuchenbacken. Ich bin in denkbar schlechter Stimmung. Um 15 Uhr lege ich mich frustriert aufs Ohr. Wir haben Windstärke 4–5. Bisher ist der Pazifik seglerisch eine Enttäuschung. Nur konfuse See. Wo bleiben die vielbeschriebenen langen Wellen? Es kriselt auch im Beziehungsgebälk. Ich habe drei faule Eier entdeckt. Es stinkt bestialisch. Werfe sie über Bord und putze. So habe ich mir das Leben immer vorgestellt: Schwankendes Schiff, stinkende Eier und putzen! Über Funk hören wir, dass sich ein österreichisches Schiff ganz ungeniert zwischen den Galápagos-Inseln bewegt. Die haben einfach den Hafenmeister bestochen und schwimmen nun fröhlich zwischen den zahmen Robben. Frechheit siegt. Henry gratuliert mir zum Geburtstag. Susanne, die Einhandseglerin, ist unterwegs auf ein Floß gestoßen, dessen Besatzung sich ohne Segel und Motor von Ecuador nach Hawaii treiben lässt. Sie sind mit 1,5 Knoten Geschwindigkeit unterwegs. Vier Menschen sind auf dem Floß, darunter auch ein Österreicher. Unglaublich. Gottes Tiergarten ist groß!

Tag 11

Neumond. Wir segeln keinen Tag weniger als 150 Meilen. Wenigstens kommen wir voran. Höre heute zum ersten Mal Honolulu Wetter am Weltempfänger. Es ist noch stockfinster, und ich werde daher die Uhr um eine Stunde zurückstellen, damit es gegen 6 Uhr wieder hell wird. Irgendwie witzig, wenn man sich die Zeit nach Belieben stellen kann. Für uns wird es einfach um 6 Uhr hell und um 18 Uhr finster. Basta. Für die Frequenzen zum Zuhören am Weltempfänger nehmen wir die Weltzeit. Peter schläft tief und fest. Er kriegt nicht einmal mit, dass ich das Radio hinter seinem

Kopf hervorkrame. Ab einer gewissen Zeit schläft man in den 4 Stunden Freiwache so tief, dass einen fast nichts mehr wecken kann.

Ach ja, heute vor 37 Jahren kam ich auf die Welt. Momentan fühle ich mich allerdings wie eine Greisin. Jeden Morgen falle ich wie gerädert in die Koje. Sehe ich mich im Spiegel, schaue ich gleich wieder weg. Der Wind scheint heute durchzustehen. Sofort ist das Leben an Bord angenehmer. Nach Süden kommen wir so zwar nicht, aber es wird schon irgendwann Flaute sein, und dann motoren wir eben ein Stück in den Süden. Am Funk ist nicht viel los heute Morgen. Die Wellen werden wieder unangenehmer.

Tag 12

Endlich wird es ruhiger. Wir können das Reff wieder ausschütten. Prompt machen wir nur mehr 4 Knoten Fahrt, was uns nach tagelangem Dahinfliegen wie Schleichen vorkommt. Die Que sera gibt heute ihre Position nicht bekannt. Mittags gibt's Bohnen und Kartoffeln. Nachmittags Kuchen und Kaffee. Ja, wir lassen es uns, was das Essen betrifft, gut gehen. Leider kommen nun ständig starke Böen auf, und das bedeutet ständiges Segel Wechseln und Justieren. Stress auf See. Wir machen einfach keine Meilen nach Süden. Es ist wie verhext. Es nieselt. Regen haben wir sehr selten. Ist aber gut, da das Schiff ein bisschen vom Salz befreit wird. Ich sitze die ganze Zeit an der Regulierleine der Selbststeueranlage und justiere nach. Wenn ich mir vorstelle, dass es früher Segler gab, die wie die Kochs Tag und Nacht selbst gesteuert haben, dann halte ich das für eine ungeheuer große Leistung. Koche abends Nudel-Kartoffelauflauf mit Ei und Linsensalat.

Die breitseits anlaufenden Wellen legen die Tiburon oft auf die Backe. Wir laufen wieder ab. Weg vom Idealkurs. Es ist zum aus der Haut Fahren. Die letzten 2 1/2 Stunden viel geflucht und Neptun einen blöden Hund genannt. Peter muss dauernd aus seiner Freiwache, da ständig Segelwechseln angesagt ist. Dabei braucht er seinen

Schlaf genau so dringend wie ich. Wie anstrengend die Freiheit auf den Ozeanen doch sein kann.

Tag 13

06:30 Uhr. Höre wieder nichts am Weltempfänger. Bringe die Schleppangel aus. Vielleicht gibt es heute einen richtigen Sonntagsbraten. Wind und Welle haben endlich nachgelassen. Wieder ein Segelmanöver. Endlich können wir den Kurs nach Süden absetzen. Leider nicht lange, denn am Nachmittag dreht der Wind, und wir müssen abermals den Kurs ändern. Sehen ein weißes Motorboot. Japanische Fischer? Fülle den Haupttank mit Süßwasser auf. Lerne Französisch. Von der Que sera hören wir, dass sie in einem Gewitter stecken. Susanne, die Einhandseglerin, lebt auch noch. Ich finde es witzig, dass Menschen, die allein ein Schiff führen, als Einhandsegler bezeichnet werden. Wir haben nämlich einen Schweden und einen Deutschen kennengelernt, die nur einen Arm hatten. Sind das dann „Kein-Handsegler"? Was einem alles durch den Kopf geht ...

Tag 14

Die Nacht war ruhig. Bis auf ein paar Stunden rund um Mitternacht. Um diese Zeit bläst es schon seit Tagen stark und konstant. Natürlich aus der falschen Richtung. Gegen Morgen wird es wieder ruhig, und am Vormittag bläst es wieder. Es wird zögerlich hell. Ich stelle die Uhr nach und hole die Schleppangel ein. Fisch will auch keiner anbeißen. Am Radio rührt sich nicht viel. Wenigstens die Position der Freunde kriege ich mit. Sie sind in einen kleinen Sturm geraten. Nicht weit von uns entfernt. Auch bei uns briest es auf. 7 Windstärken. Ganz schön heftig.

Zum Frühstück gibt's Würstchen, Brot und Kaffee. Mittags Fleischbällchen, Püree und Obst aus der Dose. Abends mache ich Kartoffelkroketten. Ganz schöne Patzerei, aber mir war einfach danach. Nachmittags lasse ich Peter einmal richtig ausschlafen. Lerne Französisch. Das geht gut mit den Kassetten. Es regnet. Der Wind lässt nach. Segelwechsel. Armer Peter. Nur noch 1.400 Seemeilen! Wir verlieren immer noch in Richtung Süden. Die ersten Segler, die wir in Panama kennengelernt haben, kommen gerade in Französisch-Polynesien an. Über den Funk erzählen sie von den Einklarierungsmodalitäten und was es sonst noch Neues gibt. Schön klingen die Inselnamen: Fatu Hiva, Omoa, Hanavave Bucht. Ich träume schon von weißem Strand und grünen Palmen. Aktuell blicke ich müde auf eine dunkelgraue See, die aussieht wie altes Zinn. Ich bin schon gespannt, ob wir die Que sera noch einholen und zielgenau den Treffpunkt schaffen. Sollte mit GPS nicht so ein Problem sein. Abendessen: panierte Kartoffellaibchen mit Maissalat.

Tag 15

Gerhard von der Que sera erzählt am Weltempfänger, dass er dauernd Fische fängt. Aha, bin nur ich zu dämlich dafür? Sie sind so groß, dass sie gar nicht mehr so gut schmecken. Wenn wir doch schon über Kanal 16 reden könnten, wie und wann und mit welchem Köder. Aber wir sind noch zu weit voneinander entfernt. Der normale Seefunk reicht selten über 16 Meilen hinaus. Die Nacht war unspektakulär und ruhig. Die Böen waren sanft. Es ist 6 Uhr, und Peter schläft tief und fest. Hoffentlich können wir heute ENDLICH einen Schlag nach Süden machen. Himmel und Horizont sind klar, nur die Wellen und der Wind treiben ein seltsam verwirrendes Spielchen mit uns. Dann ist es plötzlich so weit: Die österreichischen Freunde von der Que sera melden sich auf Kanal 16. Seit zwei Tagen sind wir Standby. Es sieht so aus, als hätten wir sie bald eingeholt. Zur Feier des Tages gibt es Spaghetti Pomodoro. Wind und Seegang lassen plötzlich nach, als ob das Meer sich für das Treffen extra glätten möchte. Sehr zuvorkommend.

Das Treffen mitten am Pazifik fand am 15. Tag unserer Pazifiküberquerung statt. Lange Zeit sahen wir nur die Spitze der Segel über die Wellenkämme blitzen und wieder verschwinden. Langsam wurden die Konturen klarer, die Details erkennbar. Und dann war sie an unserer Backbordseite. Die schiffige, starke *Que sera*. Ein Stahlschiff der Reinke-Klasse. Ein Knickspanter. Bauchig und bequem. Ein sicheres und schön eingerichtetes Segelheim mit einer gemütlichen „Kuchenbude“, in der wir noch oft zusammensitzen würden. Michaela, die Bordfrau, hatte aufgekocht. Mit ihrem Equipment hatte sie mir viel voraus: Gasherd, Gefrierkühltruhe und Kühlschrank sowieso. Ihr Mann behauptet, das Hauptgewicht der Yacht käme von Michaelas Geschirr und den Haushaltsgeräten. Egal, denn sie kochte hervorragend. An diesem denkwürdigen Tag auf dem Pazifischen Ozean gab es bei ihnen Schweinsstelze, Knödel und als Cocktail einen Sangria. Die beiden dachten tatsächlich, wir würden bei dem Seegang andocken und mit ihnen essen. Das mag für manchen Sonntagssegler nachvollziehbar sein, aber in der Realität bei hoher Dünung am Pazifik ließen wir das lieber bleiben. Bis auf einen halben Meter näherten wir uns an die *Que sera* heran. Es gelang uns wenigstens, den Sangria in einem Plastiksack mithilfe eines langen Hakens zu übernehmen. Mir war dabei alles andere als wohl, aber es funktionierte. Wir bedankten uns überschwänglich. Wie gerne hätten wir gemeinsam mit ihnen gegessen, getrunken und geplaudert. So mussten wir vorbeiziehen und leider weitersegeln.

Wir schauten zurück. Imposant sah sie aus, die Reinke unter Vollzeug. Wir filmten und fotografierten uns gegenseitig, um diesen Augenblick für immer festzuhalten.

Tagebuch

Tag 16

Der Himmel bedeckt sich gegen 22 Uhr. Es beginnt zu regnen, und der Wind flaut ab. Wecke Peter zum Segelwechseln. Der schmollt. Es ist aber schon höchste Zeit. Prompt fällt die erste Böe ein. Habe ich hellseherische Fähigkeiten oder ist es schon die Erfahrung? Augenblicklich geht die Post ab. Und wie! Der Wind bläst stürmisch aus Ost. Wir fliegen plötzlich mit bis zu 9 Knoten Fahrt dahin. Da der Seegang moderat ist, können wir uns erlauben, höher an den Wind zu gehen. Das verschafft uns mehr Geschwindigkeit.

Plötzlich taucht die Que sera wie aus dem Nichts unmittelbar vor uns auf. Was für ein Schreck! Platzmangel auf hoher See? Es ist wie der Baum in der Wüste, aber glücklicherweise haben wir uns noch rechtzeitig gesehen. Michi funkt mich gleich auf Kanal 16 an. Sie berichtet, dass diese stürmische Böe ihren Spinnakerbaum um 90 Grad verbogen hat. Sie ist sauer, denn jede Havarie kostet Geld, Zeit und Nerven. Michi schimpft ordentlich. Auch auf ihren Mann. Die beiden führen eine lebhafte Ehe im Diskurs, und trotzdem – oder genau deshalb – sind sie seit Jahren ein unzertrennliches Paar. Wir wechseln auf Kanal 55. Der Empfang ist besser als auf 16. Eine Zeit lang hören wir uns noch.

Die See geht immer höher. Ungemütlich, aber auszuhalten. Über das Radio hören wir leider nichts mehr. Es ist immer sehr kurzweilig am Weltempfänger. Weil wir nur zuhören, kriegen wir viel mehr mit und erzählen den verblüfften Freunden im Hafen ihre eigenen Geschichten. Sie können sich an ihre Berichterstattungen oft gar nicht erinnern. Wahrscheinlich auch „Ankunftsdemenz".

Wir sind richtig enttäuscht, wenn wir nichts hören oder wenn die Empfangsfrequenz gestört ist. Die Segler, die eine offizielle SSB-Funklizenz haben und mit behördlich genehmigtem Rufzeichen funken, sind eindeutig im Vorteil. Man kann diese Lizenzen zwar übergehen und sich ein Callsign erkaufen, aber das hat die professionelle Funkerrunde nicht so gerne. Das verstößt eindeutig gegen die Funker-ehre.

Wir überholen die Que sera zum letzten Mal. Unsere Tiburon fliegt weiter, immer weiter unermüdlich der Südsee entgegen.

Tag 17

Schlafe lang in der letzten Nachtwache. Wildes Geschaukel. Ich höre Radio. Wind aus Nord-Nordost. Meine Stimmung ist im Keller. Meine Nerven vibrieren. Auch in Richtung Peter. Sein ständiges Hinterfragen bei Entscheidungsprozessen macht mich ungeduldig. Ich zweifle an seiner Logik bei der Segelstellung. Es kann doch nicht sein, dass man beim Trimmen unterschiedlicher Meinung ist.

Endlich fällt eine Entscheidung. Wir schiften. Haben nun das Groß an Backbord und laufen 210 Grad. An Backbord fahren wir die Starkwindfock und an Steuerbord die Arbeitsfock. Beide Segel ziehen recht ordentlich. Peter und ich sind uns nun endlich einig, wie wir für diesen unsteten Wind optimal besegelt sind. Susanne, die Einhandseglerin, ist inzwischen als abgängig gemeldet. Sie hat schon tagelang nichts mehr von sich hören lassen. Die Seglergemeinde macht sich Sorgen.

Tag 18

Nachts schläft der Wind ein. Wir motoren ab 22 Uhr. Die Batterien benötigen ohnehin eine vollständige Aufladung. Heute wieder einmal pünktlich auf den Beinen und auch schon am Radio. Wie so oft lauschen wir gespannt den unterschiedlichen Geschichten unserer Freunde. Die Que sera müsste uns wieder nähergekommen sein. Das passt zu den Erzählungen Joseph Conrads, der geschrieben hat, dass Flauten die Schiffe zusammenbringen. In einem seiner Bücher habe ich auch gelesen: „Kommt der Wind vor dem Regen, kannst du dich ruhig schlafenlegen, kommt der Regen vor dem Wind, gei (Heranziehen des Segels an die Rah) die Segel auf geschwind."

Achtern ziehen schwarze Wolken durch. Wir setzen den Spinnaker. Das Manöver endet in einem Desaster, das uns fast das Unterwandt kostet. Das regt mich ungeheuer auf, denn das Steuern mit dem riesigen Spinnaker ist bei drehenden Winden immer ein Krampf.

Nach dem Frühstück lege ich mich schlafen. Ich will von all dem nichts mehr wissen. Aus – Pause – vergessen. Nach dem Schläfchen koche ich ein aufwändiges Mittagessen. Endlich bergen wir den Spinnacker und setzen wieder die guten alten Passatsegel. Unter zwei Vorsegel zu fahren, ist für mich die bessere Alternative. Schließlich sind wir auf keiner Regatta!

Unsere Anspannung lässt wieder nach, und als Belohnung für uns beide bereite ich für das Frühstück einen Krapfenteig vor.

Tag 19

Versäume am Morgen die Funkrunde. Schade. Die warmen Krapfen mit Marmelade zum Kaffee schmecken. Mittags koche ich einen Sojaeintopf mit Rahmsauce, Reis und Salat. Die gefriergetrockneten Sojawürfel halten offensichtlich ewig. Zum Abendessen gibt es gebratenen Thunfisch. Heute frisch gefangen! Mit Reis und Salat. Ja, es beißen endlich Fische, und wir lassen es uns zur Abwechslung wieder einmal richtig gut gehen.

Flaute. Wir bergen alle Segel außer dem Groß. Ohne Wind, bei kabbeligem Seegang, schlagen sie nur, und das ist kein Vergnügen. Drei Stunden später setzen wir wieder Segel und machen 3 bis 4 Knoten Fahrt. Schnell ist das zwar nicht, aber gemütlich. Ob wir heute wohl unter 600 Seemeilen bis zum Ziel kommen? Am Radio meldet sich der selbsternannte Leithirsch eines national gemischten Segelverbandes. Der Mann, preußisch-deutsch, brüstete sich gerne damit, eine Pumpgun an Bord zu haben und diese gegebenenfalls auch einzusetzen. Sorry, das ist nun gar nicht so meines. Er gebärdet sich wie Rambo auf See. Selbstverständlich weiß er alles besser und ist der Allergrößte. Seine Yacht läuft am schnellsten von allen, und es gibt natürlich auf den gesamten Weltmeeren kein besseres Schiff. Der Segelverband steht kurz vor Papeete, der Hauptstadt Tahitis, in Französisch-Polynesien. Es bläst ihnen gerade mit

50 Knoten entgegen. Die Gruppe ist deshalb ein wenig aufgeregt. Aber Rambo hat die Situation fest im Griff. Peter und ich lauschen gebannt dem akustischen Hörspiel und amüsieren uns köstlich. Danach gehe ich in die Koje.

Nachts um 11 Uhr sehe ich nach meinem wachhabenden Kapitän und entdecke ihn schlafend auf der Cockpitbank. Das ist nun wieder keine Beruhigungspille für mich. Warum lässt er mich denn schlafen, wenn er zu müde für die Wache ist? Ich werde mir künftig den Wecker stellen, um selbst aufzuwachen, dann schlafe ich besser. Ich brauche keine Schonung bei den Nachtwachen. Mir geht es um Sicherheit.

Während meiner Wache lässt der Wind wieder völlig nach. 3 Knoten Fahrt und das unter vollen Segeln. In 15 Minuten ist meine Wache zu Ende. Gott sei Dank. Ich habe meiner Oma einen zwanzig (!) Seiten langen Brief geschrieben. Sie wird sich bestimmt freuen. Der Mond verzieht sich. Ich mich auch.

Tag 20

4 Uhr; Fischtrawler querab. Die Japaner fischen wieder einmal die Meere leer. Schon allein deshalb kann ich sie nicht leiden. Um 5 Uhr sehe ich ein Schiff achteraus. Gerhard von der Que sera meldet sich um 5 Uhr am Radio. Er klagt einem Segelfreund seinen Entenmuschelbewuchs am Schiffsboden. 5–6 cm lang sind sie. Sie bremsen das Schiff enorm. Regen wechselt mit Flaute. Nicht so großartig.

Das Meer wird immer ruhiger. Wir laufen nur mehr 2,5 Knoten durchs Wasser. Ich werde jetzt beim Weltempfänger auf eine andere Frequenz wechseln um zu hören, wo Rudelführer Rambo mit seiner Flotte steckt. Doch es gibt nichts Neues.

15 Uhr; Spinnaker-Manöver. Kurz darauf wieder auf Passatbesegelung gewechselt. Am Funk höre ich, dass Vreni und Toni von der Pura Vida als Erste in Fatu Hiva angekommen sind. Sie melden hohen Schwell in der Ankerbucht.

Na super, da freut man sich auf einen ruhigen Ankerplatz, und dann ist es dort unangenehmer als auf offener See. Vreni und Toni berichten, dass man vor dem Ort Rangiroa nahe eines Hotels sehr ruhig liegt. Sie erzählen auch, dass eine Yacht namens Fairyball eine Kollision mit einem Wal hatte. Man schleppte sie von der Marina in den Hafen, und die Crew der Fairyball bezahlte dafür 8.000 US-Dollar! Damit waren lediglich die Kosten für den Diesel abgedeckt.

Ebenso angeblich ist Weltumsegeln super. Angeblich. Jemand gibt über Funk eine Bauernregel zum Besten: „Fällt der Bauer tot vom Traktor, brennt angeblich ein Reaktor." Haha, Funkgespräche. Wir schalten ab und gehen in die Kojen.

Tag 21

Unser Schiff fliegt wieder. Auf die Dauer ist schnelles Segeln aber belastend. Wir sind immer auf der Hut, und die Anspannung ist groß. Wie alles andere auch nach 21 Tagen auf See. Um 5 Uhr schalte ich den Weltempfänger ein. Wie üblich wenig bis nichts los, aber ich höre gespannt zu, wie es rauscht. Die Venus geht auf. Sie ist meine Sonne der Nacht. Ein beruhigender Stern. So groß und so hell wie kein anderer. Ich mag sie. Wenn sie untergeht, erscheint bald darauf die Sonne am Horizont, und ich darf in die Koje! Unser Schiff rauscht trotz drittem Reff mit 7 Knoten in das Morgenlicht. Unsere Tiburon ist einfach großartig. Der konfuse Seegang dagegen nicht.

Ich verschütte meinen Kaffee. Wasser schwappt ins Cockpit. Ich stecke vorsichtshalber das Steckschot in den Niedergang, bevor noch der Skipper in seiner Koje eine Salzwasserdusche abbekommt. Neptun muss heute mit seinen Seejungfrauen eine großartige Party feiern. Er spürt wohl den nahenden Vollmond. Dieser bringt meist unruhiges Wetter mit sich. Ich werde jetzt Peter wecken, denn es ist Zeit, die Segel zu wechseln.

Tag 22

Scheußliche Nacht. Böen ohne Ende, Regen und riesige Wellenberge. Die Kreuzseen rauben uns den letzten Nerv. Die Tiburon läuft ständig aus dem Ruder. Nicht einmal die Windfahnensteuerung hält mehr dem Ruderdruck stand. Die Seen tosen schwarz und unheimlich heran, dass mir angst und bange wird. Nachts, wenn man nichts sieht, ist die tobende See furchteinflößend. Im Salon ächzt und stöhnt es beängstigend. Das ganze Schiff arbeitet und windet sich unter den Naturgewalten. Puh, jeder Wellenschlag geht mir durch Mark und Bein. Gegen 4 Uhr beginnen mir die Augen zuzufallen. Die Anspannung ist einfach zu groß. In zwei Tagen ist hoffentlich alles vorbei. Ich träume vom Landfall.

Fatu Hiva; Palmen wiegen sich sanft im Wind, schöne Südseeinsulaner tanzen, türkisfarbenes Wasser in den Buchten und weiße Korallenstrände. Wie im Kino. Bilder der „Meuterei auf der Bounty" und unzählige Fotos aus vielen Büchern gehen mir durch den Kopf. Bald werden auch wir im Paradies sein ...

Der Horizont schimmert in zarten Pastellfarben. Von Rosa über Hellblau bis Hellgelb. Wunderschön. Ich stelle die Uhren wieder um zwei Stunden zurück. Südseezeit. Schalte den Wassermacher ein, um 30 Liter Wasser zu produzieren. Das dauert 6 Stunden. So können wir unsere Kanister wieder mit glasklarem Wasser füllen. Die Entsalzungsanlage funktioniert tadellos und ist neben Wilfried, der Windfahnensteuerung, noch immer unsere beste Investition.

Der Seegang ist enorm, aber nicht mehr so furchteinflößend. Ich bin gespannt, wo die Que Sera geblieben ist. Heute nur Störungen auf dem Weltempfänger. Zwei Aufrufe – keine Antwort. Wir machen zurzeit 2 bis 4 Knoten Fahrt. Ich habe permanent Kopfschmerzen. Vermutlich das Schlafdefizit. Nur noch 180 Seemeilen zum Ziel. In allerspätestens zwei Tagen sind wir im Paradies. Hurra!

Tag 23

Heute Morgen geht es mir wieder besser. Backe Pancakes zum Frühstück. Sie sind flaumig und schmecken gut. Wir träufeln genüsslich den Ahornsirup darüber und genießen unser opulentes Frühstück. Diese kleinen Freuden machen das Leben auf See erträglich. Die Sonne brennt vom Himmel. Von achtern zieht eine schmale Wolkenbank auf, die sich aber wieder nach Nordosten verzieht. Gegen 10 Uhr setzt Peter den Spinnaker. Das übliche Theater inbegriffen. Irgendwann verstecke ich diesen blöden Fetzen. Ich schwöre es! Natürlich steht der Spinnaker nicht. Der Wind dreht ständig, und das Tuch schlabbert sinnlos durch die Gegend. Das Gemurkse hat bald ein Ende, und sogar Peter sieht es ein. Wir setzen die bewährten Passatsegel. Unsere Spinnaker-Auseinandersetzungen stellen unsere Beziehung ordentlich auf die Probe. Manchmal würde ich gerne ein wenig spazieren gehen oder mit Freundinnen plaudern. Das ist auf See aber leider nicht möglich. Vielleicht fühlt Peter genauso? Wir hören, dass vor Galápagos eine Motoryacht gesunken ist. Es gibt also bei weitem Schlimmeres.

Tag 24

Heute die Hundewache um 4 Uhr verschlafen. Ich bin verspannt und kann mich im Schulterbereich kaum noch bewegen. Alles tut weh vom ständigen Verkeilen in der Koje. Ich habe eine eigene Schlafstellung entwickelt und eintrainiert, bei der ich stabil liege. Sieht komisch aus, funktioniert zwar, erzeugt aber Verspannungen.

Ich bin übel gelaunt, weil ich mir heute viel vorgenommen habe, aber nichts tun kann, weil der Nacken bei jeder Bewegung schmerzt. Wie immer, wenn wir am nächsten Tag einlaufen, beginne ich schon Stunden zuvor mit den Aufräumungsarbeiten. In einer neuen Situation ist es für mich beruhigend, wenn um mich herum Ordnung herrscht.

Unnötigerweise frischt der Wind vor dem Landfall auf. Wir haben nur noch 20 Seemeilen, und das bedeutet, dass wir mit der frischen Brise wieder einmal nachts einlaufen werden. Im Dunkeln in eine unbekannte Bucht einzulaufen, ist selbst mit den besten englischen Seekarten ein Risiko. Wir kürzen die Segel und werden langsamer. Das ist wiederum ungemütlich, weil wir dem Seegang ausgeliefert sind. Es bläst immer stärker. Mit allen Tricks verlängern wir den Weg zum Ziel. Es ist absurd! Dann plötzlich tauchen im Morgengrauen an Steuerbord die Umrisse Fatu Hivas auf. Wir sind aufgeregt. Mächtig ragt die steile Flanke der Insel vor uns auf. Dunkel und geheimnisvoll wie eine schwarze riesige Wand. Der Wind kommt nun vom Land, was gut ist. Hoffentlich funktioniert alles bei der Ansteuerung. Es ist ausgerechnet Freitag, der 13. Mai. Nach den „Pacific Pilots", dem Standardwerk für Segler in diesem Gebiet, hat sich der Kurs zum Ziel in unser Hirn eingebrannt, und mit dem ersten Tageslicht steuern wir es an.

FATU HIVA

Der Landfall war ein großartiges Erlebnis. Mächtig wuchs aus dem Morgengrauen eine gebirgige, mit sattem Grün überwucherte Insel vor uns aus dem Meer. Zu ihren Füßen dampfte der Morgennebel, und wir hatten das Gefühl, in eine verzauberte Welt hineinzusegeln. Unwirklich und geheimnisvoll, wie eine Märchenlandschaft lag die Bucht vor uns. Omoa – was für ein wunderbarer weich klingender Name.

Wenig später lief die *Que sera* ein. Michi und Gerhard kamen, nachdem ihr Anker gefallen war, auf ein Plauderstündchen zu uns an Bord. Wir waren alle zu aufgekratzt, um uns wie üblich zuerst in die Kojen zu werfen und all unser Schlafdefizit nachzuholen. Zur Begrüßung gab es stattdessen Snacks aus meiner Bordküche. Dazu tranken wir Rum-Orange und anschließend noch eine Flasche Weißwein. Den Landfall nach 24 Tagen auf dem Pazifik feierten wir gebührend.

Nach ausgiebigem Austausch unserer Erfahrungen mit El Pacifico schwangen Gerhard und Peter sich trotz des nicht unerheblichen Alkoholspiegels ins Beiboot, denn sie wollten umgehend den behördlichen Kram erledigen. Leider rächte sich das prompt. Auf der Rückfahrt kenterte das Beiboot. Gerhard verlor dabei einen Schuh. Triefend nass stiegen sie an Bord und erzählten feucht-fröhlich von ihren ersten Erfahrungen an Land.

Nachdem sie auch nach eifrigem Suchen keine Behörden gefunden hatten, schickte man die beiden in die Bäckerei zur Frau des Bürgermeisters. Diese erledigte prompt die Einreiseformalitäten.

Durch das Kentern waren sämtliche Papiere nass geworden. Aber was soll's? Die heiße Sonne der Südsee würde alles wieder trocknen. Gegen 20 Uhr verrollten wir uns in die Kojen und schliefen 14 Stunden durch.

Unsere müden Körper konnten sich nach wochenlangem Wachegehen endlich ausruhen.

Am nächsten Morgen lief die *Que sera* schon wieder aus. Die Bucht von Omoa war ihnen zu „rollig“ und bei auflandigem Wind auch zu gefährlich. Das stimmte, denn der Ankerplatz war zum bewegten Pazifik hin offen. Auch wir zogen in die nächstgelegene ruhige und sichere Bucht von Hanavave weiter. Hier war es so schön, dass wir nur noch mit offenem Mund staunten. Die vielen unterschiedlichen Nuancen von Grün, das Spiel von Licht und Schatten, wenn der Wind die Wolken vor sich hertrieb, und diese wunderbare Pflanzenwelt waren magisch. Wir fühlten uns schön, denn auch die Haut wirkte im sanften Schein der Tropen glatt und prall. Abends statteten wir der *Que sera* einen Gegenbesuch ab. Dort saßen wir plaudernd und lachend bis 1 Uhr früh. Am nächsten Morgen rächte sich das Feiern mit ziemlichen Kopfschmerzen. Das letzte Glas Rum war wohl zu viel gewesen. Da es ohnehin warm und weich regnete, schlief ich ohne schlechtes Gewissen bis Mittag in meiner frisch bezogenen, herrlich trockenen Koje weiter. An diesem Tag beschloss ich, gar nichts zu tun und nur zu genießen. Höchstens vielleicht Süßwasser für die Wäsche auffangen. Wer mich jedoch kannte, wie mein Mann zum Beispiel, wusste, dass ich niemals zur Ruhe kam, es sei denn, ich wäre tot.

An diesem Tag jedoch schaffte ich es tatsächlich, einfach nur im Cockpit herum zu faulenzen und mich zu freuen, während sich Regen und Sonnenschein abwechselten. Die Landschaft verzauberte uns. An diesen Tagen wussten wir wieder, warum wir uns auf dieses Abenteuer eingelassen haben. Am liebsten wären wir gleich in die Berge losgezogen, aber das dichte, urwaldartige Unterholz hielt uns davon ab. Dennoch rief auch hier im Paradies die Pflicht, und da wir Süßwasser zum Wäschewaschen benötigten, wechselten wir zum nächsten Ankerplatz. Über Funk erfuhren wir, dass es am Strand hinter der Bucht von Atuona einen Süßwasserbrunnen gab. Dort wollten wir Bordfrauen hin. Und da waren wir nun: Ayfer, eine Türkin von der schwedischen Yacht *Cantana*, und ich. Das Schicksal zweier Wäsche waschenden Seglerfrauen vereinte uns am Brunnen von Atuona. Wir wuschen faserschonend von Hand. Ayfer war, gelinde gesagt, ein bisschen sauer darüber. Sie hasste das Bordleben ohnehin von ganzem Herzen. Mit sarkastischem Unterton rief sie mir schon von weitem ein „Welcome to paradise" entgegen. Ich nahm diese Pflicht etwas gelassener.

Ayfer und ich weichten die Wäsche ein, und während sich Schweiß, Salz und Schmutz selbstständig aus den Fasern lösten, nutzten wir die Zeit für ein Schwätzchen. Ayfer war eine hochgewachsene, attraktive Frau aus einer wohlhabenden Familie in Istanbul. Sie schien mir ein wenig verwöhnt, und wie so viele Bordfrauen segelte sie nur ihrem Partner zuliebe. Das Bordleben war ihr zu kleinbürgerlich und zu eng. Sie war „big business" und große Auftritte gewohnt. Das Leben auf See langweilte sie. Ich mochte sie, denn sie war umwerfend direkt und eine Frohnatur. Wir lachten viel, während wir uns in gebrochenem Englisch und mit Händen und Füßen unterhielten. Dabei behielten wir unsere Schiffe im Auge, denn in der schlauchartigen Bucht von Atuona lagen wir wegen des Platzmangels vor Bug und Heckanker in einer enormen Dünung. Die ganze Zeit ging es ein Stockwerk rauf und wieder runter und das im Fünf-Sekunden-Takt. Peter war seit dem frühen Morgen im Dorf unterwegs, um Bargeld zu besorgen. Lebensmittel-Einkäufe standen wieder an, und unternehmen wollten wir auch so viel wie möglich. Leider war die einzige Bank der Insel vorübergehend geschlossen. Die äußerst unberechenbaren Öffnungszeiten musste Peter wohl oder übel aussitzen. Ohne Geld ging auch in der Südsee nichts. Im Gegenteil: Alles war um ein Vielfaches teurer als in der Karibik. Am späten Nachmittag wanderten wir zu einem empfohlenen typisch französischen Restaurant. All die Seemeilen hatten wir uns nach der französischen Küche gesehnt. Nach langem Fußmarsch endlich angekommen, gab es leider nichts mehr zu essen. Das Restaurant war zwar offen, aber die Küche hatte schon geschlossen. Wir waren enttäuscht, müde und sehr hungrig. Nun hieß es wieder selbst kochen. Nachdem ich uns an Bord versorgt hatte, brach Peter auf, um Gerhard auf der *Que sera* zu besuchen. Männertreffen. Und ich? Allein an Bord zu sein, war ich einfach nicht mehr gewohnt. Obwohl – hatte ich mich nicht auf See danach gesehnt? Allerdings blieb ich nicht lange einsam. Michaela tauchte plötzlich an der Bordwand auf. Mit verweinten Augen. Es waren auch bei ihr die Nerven. Das Segelleben forderte seinen Tribut. So verbrachten wir den ganzen Abend in tiefstem Selbstmitleid, verteufelten unsere Männer und degradierten uns selbst zu Sexproviant, Köchinnen, Putzfrauen und Hilfsmatrosen. Es musste alles mal raus. Nach ein paar entspannenden Drinks konnten wir aber endlich wieder lachen und uns sogar auf den zweiten Teil der Reise freuen. Ja, so waren sie, die ersten Tage, Wochen und Monate auf See. Erfüllend und frustrierend, wunderbar und entsetzlich. Aber immer spannend und herausfordernd. Jeden Tag.

2. Teil

Südsee – Australien – Cocos Keeling

Rodriguez – Mauritius – Réunion

„NONOS“ oder DIE FREUDEN DER SÜDSEE

Hana-moe-noa-Bucht – Französisch-Polynesien: Wie oft hatten wir davon geträumt? Dicke Bände an Segelliteratur und unzähliges Videomaterial hatten wir verschlungen, um unsere Sehnsucht nach diesem türkis schillernden Ozean, den sich wiegenden Palmen und den bunt leuchtenden Korallenriffen der Südsee zu stillen. Bei aller Schönheit, die uns hier umgab, konnten wir aber jetzt auch zurückblicken. Auf all die Anstrengungen, auf alle Gefahren und alle Mühsal. Hätten wir das alles gewusst, wären wir losgesegelt? Wer weiß. „Wer viel fragt, geht lange irr“, lautet ein Spruch aus meiner Heimat. Wir hielten uns daran. Zu viel Wissen schadet dem Unternehmergeist.

Die Bucht bot einen traumhaften Anblick. Unter der glasklaren Oberfläche des Meeres glitten elegante Stachelrochen am Schiff entlang. Am menschenleeren Strand standen ein paar Palmen vor einem bewaldeten Hügel und ein einziger Baum. Seine Früchte strahlten gelb zu uns herüber. Wie unsere Schiffsnachbaren uns aufklärten, war es ein Zitronenbaum.

„Die Früchte schmecken köstlich, aber zieht euch lange Hosen und ein langärmeliges Shirt an, bevor ihr rüberrudert.“ Die restlichen Worte verwehte der Wind. Langärmelig klang seltsam für mich. Bei 30 Grad im Schatten und strahlendem Sonnenschein? Entgegen dem guten Rat zog ich meinen ärmellosen Surfanzug an und ruderte mit dem Beiboot an den Strand. Als ich die Hälfte der Strecke zurückgelegt hatte, begann ich zu schwitzen. Das Neopren heizte sich in der Sonne mächtig auf. Ich streifte das Oberteil ab und ruderte weiter. Am Ufer angelangt, zog ich das Beiboot an den Strand und ärgerte mich, dass ich kein Baumwollshirt angezogen hatte. Die Sonne brannte auf meiner Haut. Nur die steife Brise brachte etwas Abkühlung. Der Zitronenbaum lockte mit seinen Früchten. Ein Jahresvorrat lag unter ihm, und ich hätte mehrere Säcke füllen können. Stattdessen hatte ich nur den Eimer, und das war gut so. Wir hatten keinen Kühlschrank an Bord, und zu viel des Guten würde ohnehin verderben. Nach der Ernte stapfte ich durch den heißen Sand zurück zum Beiboot. Einen Moment lang hüllte mich eine graue Wolke ein. Mücken?

Bevor ich zum Schiff ruderte, nahm ich ein Bad im kühlen Ozean. Zurück an Bord presste ich ein paar Früchte aus, um uns Zitronenlimonade zu machen. Der Saft schmeckte herrlich erfrischend und säuerlich süß. Den Rest verstaute ich im Netz unter Deck.

Der Abend kam. In den Tropen fällt die Sonne förmlich ins Meer. Es gibt keine Dämmerung. Nach einem kurzen farbenfrohen Schauspiel wird es sofort stockdunkel. Zeit für das Abendessen.

Gerade als ich den Spirituskocher in Gang setzen wollte, fing es an. Zu Beginn war es nur ein leichter Juckreiz, und ich dachte mir nichts dabei. Minuten später juckte es am ganzen Körper. Ich begann, mich zu kratzen. Keine gute Idee, wie sich herausstellte, denn dadurch wurde es noch schlimmer. Im schwachen Licht der Petroleumlampe sah ich unzählige Bläschen an Armen, Beinen und Oberkörper. Wenn ich sie aufkratzte, quoll eine milchige Flüssigkeit hervor. Wo keine Bläschen waren, war die Haut feuerrot. Es wurde unerträglich.

Irgendwann hielt ich es nicht mehr aus, und ich sprang über Bord – in der Hoffnung, nicht zwischen den Zähnen eines Hais oder auf dem Rücken eines Rochens zu landen. Aber auch das war mir in diesem Augenblick egal. Wenn es nur aufhören würde! Als ich wieder an die Oberfläche kam, stand Peter neugierig an der Reling um nachzusehen, was in mich gefahren war. Er meinte lakonisch: „Nachts würde ich da nicht reinspringen!“ Danke für den Rat, aber den konnte nur jemand geben, den es gerade nicht juckt!

Am nächsten Tag erfuhr ich den Grund dieser Tortur: Ich war am Strand einer Nono-Attacke zum Opfer gefallen. Nonos sind Sandmücken, die nur in

Regionen überleben, in denen die Temperatur niemals unter zehn Grad plus sinkt. In den Tropen ist das der Fall. Bei gewissen Wettersituationen sind sie besonders aggressiv und nur tagsüber aktiv. Sie sind so winzig, dass man den Stich nicht spürt. Ich war ein willkommenes Opfer. Das war es, was uns die Nachbarn noch sagen wollten.

Tagebuch

18. Mai. Gestern mit Vreni und Toni von der Pura Vida zu Abend gegessen. Suppe und Lamm. Hat sehr gut geschmeckt. Ich habe als Nachspeise ein paar Krapfen mit Marillenmarmelade gebacken. Schien ihnen zu schmecken. Bis nach Mitternacht zusammengesessen.

Heute beim Schnorcheln eine rote Helmmuschel gefunden. 16 cm groß, wunderschön und zum Glück ohne Bewohner. Später am Riff Peter die Haare geschnitten. Wilde Austern gefunden und gleich vor Ort geöffnet und verspeist. Danach am gegenüberliegenden Riff geschnorchelt. Sehr schöne Fische gesehen. Heute gibt's was Einfaches. Spaghetti. Zurzeit koche ich nicht oft an Bord. Wir leben von Luft und Sonne. Mehr brauchen wir nicht. Vor zwei Tagen, zu Neumond, hat der Wind gedreht. Er ruft: „Segelt weiter, segelt weiter!"

Unsere österreichischen Freunde hatten schon gestern die Segel gesetzt. Wir wollten noch ein wenig bleiben. Es war gerade so schön. Wir verloren das Zeitgefühl, die Tage flogen dahin. Es gab immer was zu tun. Das Schiff verlangte nach Pflege; Peter entsorgte den Müll, erntete Kokosnüsse und übte mit dem Sextanten. Ich schrieb für das *Trans-Ocean*-Magazin und backte einen Bananenkuchen. Abends gab es Kartoffelsuppe.

Wir hatten eine Grille an Bord! Die zirpte die ganze liebe Nacht. Meine Nono-Stiche heilten langsam. Irgendwas Anstrengendes war immer.

Eines Tages klopften zwei Männer vom Zoll an die Bordwand. Sie suchten Spirituosen, aber wir hatten seit Galápagos keine mehr an Bord. Die Einfuhr von Alkohol war in Polynesien streng verboten. Bei Zuwiderhandeln gab es empfindliche Strafen. Glücklicherweise blieben die Beamten nur kurz an Bord, denn bei uns, am kleinen Schiff, wurde es ihnen bald zu eng.

Ich las gerade ein Buch über die Entdeckung der Südsee. Teilweise rann es mir kalt über den Rücken, denn die Ur-Polynesier waren ganz schön grausam. Kriegszüge und Gewalttaten gehörten zum Alltag.

Die vom Philosophen Jean-Jacques Rousseau im 18. Jahrhundert publizierten Berichte von den „edlen Wilden“ waren eher romantisches Wunschdenken als Realität. Heute ist davon nichts mehr übrig. Die Insulaner waren uns gegenüber freundlich und für so manches Tauschgeschäft zu haben. Mit der schwarzäugigen Margarita tauschte ich riesige Grapefruits und eine Bananenstaude gegen Modeschmuck. Obwohl ich wusste, dass alle Bananen zur selben Zeit reif werden würden, schleppte ich die Staude an Bord. Dabei musste ich verdammt aufpassen, nicht mit der Schnittstelle in Berührung zu kommen, denn das „Bananenblut“ macht Flecken, die man nie mehr aus der Kleidung entfernen kann.

Ganze zwei Wochen lagen wir in dieser fantastisch ruhigen Ankerbucht und bereiteten uns in Ruhe auf die Überfahrt zu den Tuamotus vor. Die Inselgruppe bestand aus circa 80 Inseln und Atollen. Sie galten als ein anspruchsvolles Segelrevier, weil sie sehr flach waren und daher schwer auszumachen. Es war keinesfalls ratsam, die Inseln nachts anzusteuern.

Die Atolle bestanden aus ringförmigen Korallenriffen, die fast vollständig geschlossen waren. Mit der Segelyacht gelangte man mehr oder weniger sicher durch oft sehr enge und strömungsintensive Einfahrten. Genaues Navigieren und Vorsicht waren geboten, aber es zahlte sich aus, denn das Innere der Atolle war ein in sich geschlossenes Paradies. Die Menschen lebten hauptsächlich von Kopra und der Perlenzucht. Die umliegenden Gewässer waren äußerst fischreich. Über 400 verschiedene Arten tummelten sich darin.

1966 und 1996 erlangten die Tuamotus traurige Berühmtheit durch die Atomversuche der Franzosen auf Mururoa und dem Schwesternatoll Fangataufa. Aber schon die Amerikaner hatten in den 1950ern die Südsee als Atombomben-Testgebiet missbraucht. Wir wurden später auf Tahiti noch auf eindringliche Weise an diese Versuche erinnert.

Während der Überfahrt navigierte Peter ausschließlich klassisch mit dem Sextanten. Er war jetzt schon erfahren, und die Positionen wurden von Seemeile zu Seemeile genauer. Ich durfte die Kontrolle via GPS durchführen und Schulnoten von eins bis fünf verteilen. Meistens war es eine Zwei.

Leider war die fünftägige Überfahrt alles andere als gemütlich. Unterwegs erfuhren wir über das Radio, das um den 144. Breitengrad ein Sturm mit Windgeschwindigkeiten bis zu 8 Beaufort herrschte. Am Funk wurde wieder einmal mächtig übertrieben, denn jemand behauptete, Monsterwellen gesichtet zu haben. Dieser jemand war der segelnde Rambo mit seiner Superyacht. Er gierte permanent nach Aufmerksamkeit, und einige seiner Schilderungen waren „leicht" übertrieben. Seine dramatischen Erzählungen entlockten uns höchstens noch ein müdes Lächeln.

Eines Nachts gelang es mir endlich, jene Grille zu erwischen, die viele Nächte für unruhigen Schlaf gesorgt hatte. Ich schickte sie gnadenlos über Bord. Unsere österreichischen Freunde von der *Que sera* meldeten einen Lagerschaden am Motor. Sie mussten deshalb die Tuamotus an Backbord liegen lassen. Bei uns lief gerade alles bestens. Wir segelten mit 6 Knoten Speed, und unsere Windfahnensteuerung hielt einigermaßen Kurs. Sie steuerte zwar nicht sehr exakt, aber das Leben an Bord war gemütlicher, wenn wir es damit nicht so genau nahmen. Wir konnten das später korrigieren oder der Wind drehte ohnehin wieder zu unseren Gunsten. Übermorgen war Vollmond, das Wetter würde sich deshalb erfahrungsgemäß ändern.

Und so kam es dann auch: Dauerregen und böiger Wind aus der falschen Richtung zwangen uns, den Kurs neu anzulegen. Zwischen fünf und sechs Uhr morgens erwischte uns eine mächtige Böe. Die *Tiburon* schüttelte sie souverän ab. Was für ein großartiges Schiffchen sie doch war. Wir unterstützten unser „Mädchen", indem wir die Segel kürzten. Damit glitt sie leichter durch die aufgewühlte See, und für uns war es ebenfalls angenehmer. Leider kamen wir so weit vom Kurs ab, dass wir Angst hatten, das Ziel zu verfehlen. Ich kochte erst einmal einen riesigen Eintopf, der uns zur Not zwei Tage mit Nahrung versorgen würde. Das Kochen war unter diesen Umständen ein schwieriger Balanceakt, und es war ein Glück, dass ich nach wie vor nicht seekrank wurde.

Nachts jedoch saß ich, wie schon öfter zuvor, wie ein ängstliches Kaninchen unter der schützenden Persenning und zuckte jedes Mal zusammen, wenn eine Welle tosend hinter dem Heck brach. Die Meilen von Paradies zu Paradies kosteten mich einige Nerven. Beim Wachwechsel machte uns der Blick auf die Karte klar, dass wir das Wunschatoll Takaroa vergessen konnten.

Wir hatten zu viel an Höhe verloren. Doris und Wolfgang von der *Suzy Q* meldeten am Funk Wellenhöhen bis zu 3/4 ihres Mastes. Ihre Yacht war aus Stahl und ungefähr so groß wie unsere. Wenn sie das sagten, durften wir es glauben. Wir disponierten um und steuerten ein neues Ziel an an.

Ahe war ein fast völlig geschlossenes Atoll mit einer äußerst engen und strömungsintensiven Einfahrt. Wir waren dementsprechend nervös.

Und dann passierte es: Knapp vor der Einfahrt riss das Gasseil. Ohne Motor war das Schiff in dieser engen Passage mehr oder weniger manövrierunfähig. Nur unter Segel wagten wir das Manöver nicht. Peter stürzte den Niedergang hinunter, öffnete den Deckel des Motorraums und tauschte das Seil gegen ein Provisorium aus. In diesen Momenten fragte ich mich, wie es jenen Skippern geht, die über kein handwerkliches Geschick verfügen. Unter gerefftem Großsegel und mit „Handgas" schafften wir es schließlich durch den Pass. Zu unserer Überraschung war richtig viel los im Atoll. Wir fanden kaum einen Platz. Der Anker fiel neben einer amerikanischen Yacht, und schlagartig kehrte Ruhe ein. Das war stets einer der schönsten Momente im Seglerleben: Schiff vor Anker, Motor aus, Segel geborgen, durchatmen.

Neben uns auf der anderen Seite lag unübersehbar „Rambo"? Egal, ich hatte nur eines im Sinn: schlafen. Aber erst hieß es aufräumen und kochen. Ich wechselte meinen Schlafplatz in das Vorschiff. Hier gab es eine Tür und dadurch ein wenig Privatsphäre.

Ich bereitete Spaghetti zu, und während ich kochte, arbeitete der Wassermacher. Vor dem Essen musste ich aber noch einmal dringend ins Meer. Nach einer längeren Etappe definitiv nicht nur einer der schönsten, sondern auch einer der saubersten Momente. Nach einem Salzwasserbad und einer Süßwasserspülung fühlte ich mich wie neugeboren. Erst danach nahm ich alle Schiffe im Atoll wahr. Unsere schwedischen Freunde von der *Cantana* waren auch da. Wie schön, die beiden mochte ich sehr. Joran, der geistvolle Schwede, und Ayfer, meine quirlige Freundin.

Als sie uns sahen, luden sie uns spontan ein, und wir brachten eine der riesigen Grapefruits mit, die ich gegen Schmuck eingetauscht hatte. Wir hatten jede Menge Spaß und beschlossen, anderntags eine Perlenfarm auf Ahe zu besuchen.

Wie wir über den Weltempfänger von der *Que Sera*, die schon in Tahiti war, erfuhren, wartete Post auf uns: 40 bis 50 Briefe! Skipper Gerhard werkelte schon intensiv am Motor, aber er hatte leider die falschen Ersatzteile dabei. Michaela war darüber „not amused".

Einen Tag später begann es zu regnen. Peter reparierte das Gasseil. Wir starteten die Maschine und bemerkten dabei nicht, dass wir seit der Demontage des Gashebels immer noch den Vorwärtsgang eingelegt hatten. Die *Tiburon* preschte los und drehte ein paar Kreise um den Anker. Glücklicherweise war der Abstand zu den anderen Booten immer groß genug, denn in der Aufregung fanden wir den Gashebel nicht, und unser Schiff tanzte lustig weiter. Endlich war das Teil gefunden und am richtigen Platz. Leerlauf hinein und aufatmen. Richtig langweilig wurde es nie. Am Abend beehrte uns Rambo. Obwohl wir es gar nicht hören wollten, erzählte er uns all seine Heldentaten, die er in der Karibik vollbracht hatte: von seinen Kämpfen für Recht und Ordnung und gegen das Verbrechen in den karibischen Gassen, von seiner Kriegsbemalung und der Pumpgun. Während der schaurigen Erzählungen blitzte ab und zu seine güldene Panzerkette auf. Wir waren beeindruckt. Wir fühlten uns bedeutungslos. Leider kannten wir ihn noch nicht, als wir in der Karibik ausgeraubt wurden. Er hätte uns bestimmt gerächt. Zum Abschied schenkte er uns ein Gasseil. Das wiederum fanden wir richtig nett.

Es waren schöne Tag auf Ahe. Der Ankerplatz leerte sich, und am Ende lagen nur noch die *Cantana* und wir vor Anker. Wir wurden gute Freunde und unternahmen viel gemeinsam. Zum Beispiel einen Kirchgang am Sonntag.

Wir hatten uns fein gemacht. Unsere Männer trugen lange Hosen, wir Frauen unser bestes Kleid. Wir wurden unmittelbar nach dem Betreten der Kirche herzlich in der Glaubensfamilie aufgenommen. Als wir merkten, dass die Messe etwas länger dauern würde, wäre es unhöflich gewesen, das Gebäude wieder zu verlassen. Es war auch nicht so schlimm, denn die Atmosphäre war entspannt und leger. Polynesisch eben. Wir verbrachten den gesamten Vormittag mit der Dorfgemeinschaft und versuchten, ein wenig von den unzähligen französischen Ansprachen mitzubekommen. Die feierlichen, mehrstimmigen Gesänge versüßten uns die Wartezeit. Mittags schritten wir dann erleichtert aus dem Gotteshaus. Wir flanierten durch den beschaulichen Ort. Er bestand nur aus ein paar Häusern, der Kirche und einem kleinen Laden. Da es sonst nicht viel zu sehen gab, beschlossen wir, wieder zu den Schiffen zurückzukehren und ein wenig zu schnorcheln. Was konnte schöner sein, als am Riff eines Atolls die Unterwasserwelt zu beobachten? Unzählige Fischarten tummelten sich hier, und wir hatten unsere erste Begegnung mit einem Hai. Klein war er. Dennoch strahlte er jenes Selbstbewusstsein aus, das allen Raubfischen der Meere zu eigen ist. Wir verzogen uns an das Riff und suchten Rückendeckung. Nur für den Fall, dass ein zweiter Kamerad unterwegs war. Später gewöhnten wir uns an die Haie, und in Australien waren wir schon recht gelassen, wenn wir ihnen begegneten. Vom großen Weißen einmal abgesehen. Die Südsee bot den Tieren noch genügend Nahrung. Hier mussten sie keinen Menschen anknabbern. Aber das tun sie ohnehin nur aus Versehen.

Ein Highlight dieses Aufenthaltes war der Besuch auf einer Perlenfarm. Einheimische hatten uns davon erzählt, und wir wollten uns das ansehen. Also nahmen wir das Dinghi und brausten zur Farm. Da stand sie, auf

Holzpfeilern am südlichen Rand des Atolls im türkis schimmernden glasklaren Wasser. Eine einfache hölzerne Hütte mit einem Palmendach und einem Steg rundherum. Umgeben von den Pfählen der Muschelzucht. Neun junge, stattliche Franzosen züchteten hier die berühmten Perlen der Südsee. Nachdem wir gefragt hatten, ob sie uns ihre Farm zeigen würden, luden sie uns spontan zum Essen ein. Wir genossen die Gastfreundschaft. Es gab köstlichen Napoleonfisch. Anschließend schnorchelten wir zwischen den Austernpfählen.

Später nannten sie uns „Glücksbringer", denn sie ernteten an diesem Tag eine Perle im Wert von 10.000 US-Dollar! Sie führten ein herrliches, freies Leben. Die Winter verbrachten sie als Schilehrer in den französischen Alpen, und im Sommer lebten sie auf Ahe. Die Farm gehörte dem Vater von einem der jungen Männer. Er hieß Joshua. Nachdem wir ihnen ein wenig bei der Arbeit zugesehen hatten, verabschiedeten wir uns kurz vor Sonnenuntergang schweren Herzens von diesen sympathischen Franzosen. Jeder von uns hatte eine wunderschöne Perle erworben, und ich trage mit ihr heute noch die Erinnerungen an diese unvergesslichen Stunden auf Ahe.

Zurück am Ankerplatz trafen wir zu unserer Überraschung auf weitere Österreicher. Diesmal Karl und Ulla von der *Phönix*. Diese Yacht erschien uns wie Luxus pur: ein riesiges überdachtes Deckshaus mit einem großen Tisch für sechs Personen. Unter Deck echte Teppiche, ein Kühlschrank, eine Mikrowelle und sogar eine Waschmaschine. Die Kojen waren geräumig, und überhaupt hatte man das Gefühl, in einer gemütlichen Wohnung zu sein. Seltsamerweise berührte mich das kaum. Ich bestaunte es, aber ich hätte trotzdem nicht tauschen wollen. Zu verwachsen war ich bereits mit unserer kleinen tapferen *Tiburon*. Ullas Kochkunst war phänomenal. Sie servierte Rinderbraten mit Spätzle und Salat. Dazu reichte Karl köstlichen französischen Wein und das nicht zu knapp. Wir lachten viel und genossen gemeinsam die herrliche

Nacht im Atoll. Um vier Uhr früh verließen wir leicht besäuselt den Gourmettempel. Ulla schenkte uns zum Abschied einen Leguan aus Leder. Ich habe ihn noch heute.

Die kommenden Tage wehte es konstant aus Süd, und da wir genau in diese Richtung wollten, war das der beste Grund zu bleiben. Dann kam der Regen, und ich verbrachte meine Zeit mit Lesen und Tagebuch schreiben. Peter traf sich mit anderen Männern und tauschte sich aus. Zwischendurch machte ich klar Schiff und backte Brot, das im feuchtwarmen Klima wunderbar gelang. In der Kajüte hatte es 29 Grad, und das erschien mir schon ein wenig kühl. Wie schnell ich mich doch an die tropischen Temperaturen gewöhnt hatte.

Am nächsten Tag liefen wir aus. Ziel Tahiti. Ich freute mich schon auf die viele Post von zu Hause. Zum Abschluss gab es leider Troubles mit einer neuseeländischen Yacht, deren Ankerkette sich mit der unseren vertörnt hatte. Beide Skipper meisterten die Situation jedoch souverän, und am Ende war alles wieder gut. Wir verabschiedeten uns von der Crew der *Cantana* und der *Phönix*. Weiter ging es durch den engen Pass, zurück auf das offene Meer. Diesmal mit intaktem Gasseil.

ANKER AUF NACH TAHITI

Entgegen unseren schlechten Erfahrungen bestand Peter darauf, bei Neumond abzulegen. Warum nur? Es gab prompt eine Diskussion. Wie ich schon befürchtete, wurde es dann auch richtig ungemütlich. Hart am Wind segelten wir in heftigen Böen ruppig und nass. Kochen war ein Gewaltakt. Nach zwei Tagen harten Segelns erschien endlich die Silhouette von Tahiti am Horizont. Nichts ist unangenehmer als ein kurzer Törn bei rauen Bedingungen. Unsere Körper gewöhnten sich noch immer erst nach ein paar Tagen an die Schiffsbewegungen.

Am 29. Juni, dem höchsten Nationalfeiertag Polynesiens, legten wir erleichtert in der Marina Taina auf Tahiti an.

Schnell die Post holen. Über dreißig Briefe. Ich war happy und verschlang alle Nachrichten aus der Heimat gierig. Danach gingen wir in einen Supermarkt, in dem wir nach langer Zeit endlich wieder richtig einkaufen konnten. Trotzdem hielten wir uns zurück, denn erstens waren die Preise hier exorbitant hoch, und zweitens hatte ich inzwischen gelernt, was wir wirklich brauchten. Gekauft wurde ausschließlich, was auf den langen Überfahrten ohne Kühlschrank nicht verdarb. Nur beim frischen Obst griffen wir tüchtig zu. Zu unserer Verwunderung war sogar das, wie so vieles andere auch, aus Frankreich importiert! Das Federvieh lief auf der Insel frei herum und legte seine Eier dorthin, wo es ihm gerade gefiel. Somit konnte man hier tatsächlich von glücklichen Hühnern sprechen. Die Überseedepartments der Franzosen waren bestens verwaltet, und die Polynesier profitierten von französischen Importen aller Art und von dem gut organisierten Gesundheitswesen. Das schaffte Zufriedenheit und förderte die typische Gelassenheit der Südseebewohner. Kriminalität gab es kaum.

Wir besuchten Michaela und Gerhard auf ihrem Schiff. Sie hatten gerade Besuch von ihren Eltern. Wir störten nicht lange. In der Marina zu liegen, bedeutete elf gemütliche Tage und endlich ausgiebig duschen. Wir waren froh, nicht in Papeete zu liegen. Hier hatte es die Umweltschutzorganisation *Greenpeace* mit der *Rainbow Warrior* geschafft, die sonst so friedlichen Polynesier gegen das Mutterland aufzuhetzen. Das Resultat waren Unruhen, eingeschlagene Ladenfenster, demolierte Autos und Verletzte. Mit welchem Ergebnis? Mit keinem.

Wir verzogen uns Richtung Moorea in die Bucht von Opunohu. Dort lagen wir zehn Tage innerhalb des Riffs vor Anker. Die Bucht funkelte in einem türkis-grünen Farbspiel. Scherenschnittähnlich eingerahmt wurde dieses Meeresleuchten von den bizarren Linien der hohen Berge, die von einem undurchdringlichen, schwarz-grünen Dschungel bedeckt waren. Unnahbar schön. Wir lasen, aßen, schliefen, schnorchelten und schwammen an diesem bezaubernden Ort und ließen diese glücklichen Tage an uns vorüberziehen.

Beim Schnorcheln schloss ich Freundschaft mit einem Kraken, der mit mir Verstecken spielte. Jeden Tag besuchte ich ihn am selben Korallenblock, und immer war er da, als würde er auf mich warten. Wenn ich näher kam, zog er sich blitzschnell in seine Behausung zurück. Dann tat ich so, als würde ich wegschwimmen. Sofort schnellte er hervor und beobachtete mich. Ich kam wieder näher, er war weg. Dieses Hin und Her wiederholte sich mehrmals, bis mir zu kalt wurde. Ich liebe Kraken. Sie scheinen Sinn für Humor zu haben.

Manchmal traf ich auf Muränen, die ihre Köpfe aus den Höhlen reckten und mich fixierten. Ich hielt gebührenden Abstand, denn ihr Gebiss war respekteinflößend. Auf Haie traf ich nie.

Hinter uns ankerte als einzige die Yacht *Latifa*. Eine britische Augenweide aus den 1920ern. Was mich an diesen historischen Schiffen faszinierte war die

Schönheit und Ausgewogenheit ihrer Linien. Joseph Conrad bezeichnete sie einmal als „Lilien der See". Sehr passend und vollendete Sprachpoesie aus Liebe zum Meer.

Der Besitzer war jener, der in Panama beim Reinigen des Schiffs über Bord gefallen war. Er segelte die meiste Zeit allein. Nur wenn er länger vor Anker lag oder in einer Marina war, kam die Familie hinzu. So war es auch hier. Wir sahen gut aussehende, wohlhabende Menschen auf einer der schönsten Yachten, die jemals gezeichnet wurde. Die *Latifa* segelte unter italienischer Flagge, und die Familie war stets nackt an Bord, was uns nicht weiter störte, denn sie hielten immer gebührend Abstand. Wie ich später erfuhr, gehörte sie seit 1976 diesem Architekten. Begegnungen dieser Art machten die Reise so reizvoll. Wir lernten viele unterschiedliche Persönlichkeiten kennen: mutige und vorsichtige, angeberische und bescheidene, großzügige und geizige, freundliche und grantige, arme und reiche. Aber uns alle verband eines: das große Abenteuer einer Weltumsegelung.

Am nächsten Tag ging ein Schiff vor Anker, das wir bereits in einem europäischen Hafen gesehen hatten: die *Juliet*. Weiß und riesig. Damals die größte Yacht der Welt. 44 m lang und 9 m breit. Nur zum Vergleich: Unser Schiffchen war 9,5 m lang und 3 m breit. Wir waren zu zweit, und die *Juliet* war für 8 Personen konzipiert. Auf ihr hatte man tatsächlich die Chance, sich einen Tag lang nicht zu sehen. Unmöglich auf der *Tiburon*. Wir sahen nur einen alten Mann in weißen Kniestrümpfen und zählten 10 Angestellte inklusive Skipper und Köchin. Die Mannschaft war den ganzen lieben Tag mit dem Reinigen des Schiffes beschäftigt. Unser Mitleid hielt sich jedoch in Grenzen, denn wenn der Eigner fort war, gab es tagelang Party an Bord. Skipper einer Megayacht zu sein, war ein begehrter Job. Meistens war die Frau des Schiffsführers die Köchin. Für ihre Dienste wurden sie sehr gut entlohnt.

Wir hingegen bereiteten uns auf das Auslaufen nach Huahine vor. Wieder ein 24-Stunden-Törn und damit ein unbeliebter. Die ständig von den Inseln verursachten drehenden Winde waren entweder zu stark oder zu schwach. Bei der Ansteuerung der Einfahrt nahmen wir schon aus der Ferne die gewaltigen Brecher wahr, die an die felsige Küste donnerten. Manche von ihnen produzierten Fontänen, die Geysiren glichen. Die alte San-Blas-Geschichte kam wieder in uns hoch. Wir suchten mit dem Fernglas die Riffpassage, denn sie war mit freiem Auge nicht zu sehen. Als wir sie endlich fanden, navigierten wir durch den Pass in die traumhafte Lagune. Als Begrüßung schimmerte sie in allen Schattierungen von Blau über Grün bis hin zu Türkis. Es war unwirklich schön.

Vor Port Bourayne lag unser Anker in 30 Metern Wassertiefe auf schneeweißem Korallensand. Wir waren das einzige Schiff. Schöner ging es nicht mehr. Mit dem Dinghi fuhren wir an Land und erkundeten die Insel. Als uns ein kurzer Regenschauer überraschte, kauerten wir uns schutzsuchend unter die Brücke, die Huahine Nui mit Huahine Iti verbindet.

Wieder zurück an Bord kochte ich einen Bohneneintopf, den wir zusammen mit indischem Fladenbrot verputzten. Danach backte ich mein Brot wieder selbst, denn das gute französische Baguette gab es hier nicht mehr. In der Nacht fegten starke Böen über uns hinweg, aber wir lagen wie in Abrahams Schoß. Am nächsten Morgen regnete es. Lesewetter. Auch gut.

Von Huahine aus segelten wir über Raiatea nach Tahaa. Es regnete, der

Wind war böig, und der Himmel verschmolz mit dem Meer grau in grau. Wir segelten mit Motorunterstützung am Innenriff entlang. Die *Tiburon* glitt auf einer angenehm langen Dünung dem Ziel entgegen. Am späten Nachmittag fiel der Anker. Wir lagen an der Westseite einer Marina. Das hatte leider zur Folge, dass ständig Motorboote an uns vorbeirasten. Unser Schiff torkelte wie betrunken in den Wellen. Wir mussten eine Zeit lang damit leben.

Wir bereiteten alles vor, um für diese Passage gerüstet zu sein. In zwei Tagen sollte es weiter nach Bora Bora gehen. Dafür mussten wir aber noch einmal an Land. Für die Woche auf See brauchten wir ein paar Teile, die wir im Marina-Shop hoffentlich bekommen würden. Bei der Segelmacherin gab ich einen neuen Küchengurt in Auftrag.

Wir verließen Tahaa und machten auf dem Weg nach Bora Bora, nach vier Tagen Halt auf Hurepiti. Wieder erwartete uns hier eine Traumbucht. Neben uns ankerte ein pensioniertes amerikanisches Ehepaar. In amerikanischer Manier befreundeten wir uns sehr herzlich. Wir feierten unsere junge Bekanntschaft wohl ein wenig übertrieben, denn es zog furchtbare Kopfschmerzen nach sich.

Zwei Tage später trafen wir an der Bar der Marina auf den Eigner der *Latifa.* Er war allein, und wir kamen ins Gespräch. Stolz und mit einem breiten Grinsen zeigte er uns seine erste polynesische Tätowierung. Er hatte sich ein kunstvolles Muster stechen lassen, das er unter dem Ehering verstecken konnte. Einen Ring unter dem Ring quasi. Er wolle nicht zu sehr auffallen, erzählte er mit ernster Miene. Gleich danach zeigte er uns sein zweites Tattoo. Was war aber das? Er erklärte es. Im ersten Moment waren wir sprachlos und danach amüsiert. Er habe sich am Oberarm eine kunstvoll gestaltete Vagina stechen lassen, behauptete er. Dass es eine war, konnten wir allerdings erst nach eingehender Betrachtung erkennen, und selbst danach schien es uns eher unwahrscheinlich, dass es eine war. Den passenden Phallus dazu wollte er am nächsten Tag stechen lassen. Und wieder blitzten seine perfekten Zahnreihen, und er strahlte über das ganze Gesicht. Er war offensichtlich in einen Tattoo-Rausch geraten oder wollte er uns etwa veräppeln? Obwohl mir die polynesische Natursymbolik in den Tattoos gut gefiel, gehörte sie für mich auf braune, pralle Südseehaut. Wunderschön bei den Polynesiern anzusehen. Fraglich, ob eine angebliche Vagina auf blasser Haut irgendwann alt und schrumpelig – das Gegenteil von anziehend – werden könnte. Auf jeden Fall war dies eine amüsante Begegnung mit der italienischen Variante von reich und schön.

Als wir am nächsten Tag Anker auf gingen, ahnten wir noch nicht, welch wunderbarer Reiseabschnitt vor uns lag. Das Meer war glatt wie ein Ententeich. Eine leichte Brise schob uns mit 10 Knoten voran. Unter wolkenlosem Himmel schwebten wir förmlich dahin. Um uns herum saftig grüne Inseln. In der Ferne die markanten Umrisse von Bora Bora. Es war Genuss pur.

Bei Einbruch der Dämmerung erreichten wir unser Ziel und gingen vor einem Luxusresort vor Anker. Die *Juliet* lag ebenfalls hier. Gleich daneben die *Cantana,* worüber wir uns sehr freuten. Wir ruderten auch gleich zu ihnen, um ein wenig zu plaudern. Als wir auf die damals größte Segelyacht der Welt zu sprechen kamen, erzählte Joran, er hätte gehört, dass der Eigner sich bei einem Segler beschwert hatte, weil er nie auf Fahrtenyachten zum Sundowner eingeladen wurde.

Es war schon kurios, dass der Besitzer dieser Mega-Yacht selbst nicht auf die Idee kam, eine Einladung auszusprechen. Platz genug hätte er gehabt. Geld allein schien nicht nur glücklich, sondern oft auch einsam zu machen.

Am nächsten Morgen legten wir mit dem Dinghi vor der noblen Hotelanlage in der Bucht an. Wir fühlten uns mit unserer Segelkleidung etwas underdressed und huschten schnell quer durch die Anlage, um in die Stadt zu kommen. Doch niemand beachtete uns. Anscheinend war der Anblick von uns Seezigeunern nichts Ungewöhnliches. Ich bereute, dass ich keinen Pareo trug, denn damit war man in der Südsee immer gut angezogen. Es gab unzählige Varianten, dieses große, bunt bedruckte Tuch zu binden. Wenn ich mir dann noch wie die Polynesierinnen eine Hibiskusblüte hinter das Ohr steckte, war ich kaum von den Einheimischen zu unterscheiden. Kaum – wohlgemerkt.

Die Abreise von Bora Bora fiel uns schwer, denn dieser Teil der Südsee war einer der bisher schönsten gewesen. Aber es nutzte nichts: Auch bei drei Jahren Zeit hieß es einmal Abschied nehmen. Wir klarierten aus, schliefen noch ein letztes Mal die Nacht durch und setzten am nächsten Tag schon um vier Uhr früh die Segel. Wir hatten uns vorgenommen, gegen Mittag der Insel Maupiti einen Kurzbesuch abzustatten. Segler hatten uns vorgeschwärmt, dass es dort selbst für diese Gegend außergewöhnlich schön sein soll. Das wollten wir uns ansehen. Ob wir auch dorthin gelangen würden, war von der Gefährlichkeit der Riffpassage abhängig, denn wir hatten bereits schlimme Erfahrungen gemacht. Im ersten Licht des Morgens glitten wir lautlos unter Segel aus der Lagune von Bora Bora hinaus. Um 8 Uhr meldeten sich unsere neuen amerikanischen Freunde Art und Pat am Funk, und wir unterhielten uns ein wenig. Sie waren wie viele amerikanische Segler mit ihren Landsleuten in einem Pulk unterwegs. Sie trafen sämtliche Entscheidungen gemeinsam. In der amerikanischen Funkrunde planten sie jede Etappe generalstabsmäßig und organisiert. Alle waren darauf bedacht, dass niemand in der Gemeinschaft verloren ging. Sie waren dermaßen ängstlich, dass wir sie etwas spöttisch „Angstsegler" nannten. Keine andere Nationalität ging derartig unentspannt auf Abenteuerreise. Art und Pat waren die einzigen aus diesem Verband, mit denen wir Kontakt hatten. Wir waren einander ans Herz gewachsen, und wir freuten uns schon, sie in Tonga wiederzusehen.

Nachdem wir dem neuesten Tratsch auf dem Weltempfänger gelauscht hatten, legte sich Peter für ein Stündchen in die Koje und ließ die *Tiburon* und mich bei gutem raumem Wind und moderater See allein.

Pünktlich zu Mittag tauchte Maupiti am Horizont auf. Als wir näherkamen, erkannten wir durch das Fernglas die konfusen Brandungswellen in der Einfahrt und beschlossen spontan, auf den Besuch des schönen Eilandes zu verzichten. Am Nachmittag funkten wir mit unserem schwedischen Freund

Goran. Er jammerte über die Rollbewegungen seines Schiffes, einer Hallberg Rassy. Uns ging es mit der kleinen *Tiburon* viel besser, da wir Passatsegel gesetzt hatten und diese so trimmen konnten, dass die Schiffsbewegungen erträglich waren. Goran konnte das aufgrund der fehlenden Einrichtung nicht. Wir klopften uns gegenseitig auf die Schulter, weil wir erkannten, dass wir doch einiges richtig machten.

Nach drei Tagen wechselten wir auf eine kleinere Besegelung, da der Wind zunahm. Der Abstand zu jenen, die gleichzeitig mit uns unterwegs waren, wurde immer größer. Schnell waren wir weit außerhalb der Meilengrenze, innerhalb der wir noch funken konnten. Der amerikanische Pulk lag abwartend vor Bora Bora. Wir schalteten den Weltempfänger ein, suchten die passenden Frequenzen und hörten wieder zu. Der Angeber meldete sich und schimpfte über die Rollbewegungen seiner *Super Maramu*. Das wunderte uns, denn in unseren Ohren klang noch immer sein Loblied über das beste Schiff der Welt nach.

Bei uns nahm der Wind ständig zu. Wieder wechselten wir das Vorsegel. Wir hatten neun verschiedene an Bord und dadurch genügend Möglichkeiten, die ideale Besegelung zu finden. Ohne Rollreffanlage mussten wir allerdings jedes Mal auf das Vorschiff, um die Segel händisch ab- und wieder anzuschlagen. Aber auch das machte uns längst keine Probleme mehr. Im Gegenteil: So blieben wir fit. Leider hatte ich mir an Land eine leichte Verkühlung eingefangen. Mein Hals schmerzte, und eine bleierne Müdigkeit befiel mich. Peter übernahm das Kochen und ließ mich in meiner Koje auskurieren. Auf Dauer würde das zwar nicht gehen, aber ich nutzte die paar Stunden Freiwache, um mich schneller zu erholen. Gleichzeitig nahmen Wind und Seegang immer mehr zu. Am Radio hörten wir, dass sich Art und Pat Sorgen um uns machten. Wir hätten ihnen gerne die Angst genommen, konnten ihnen aber leider nicht antworten. Am Rambo-Schiff herrschte Chaos: Hohe

Wellen, wüstes Geschaukel, und der Spinnakerbaum war gebrochen. Um uns war die See ebenso konfus und ungemütlich. Mir ging es immer schlechter. Ich war bisher noch nie krank gewesen und war doppelt unglücklich, weil Peter meine Wachen übernehmen musste. Mittags raffte ich mich zum Kochen auf. Es gab nur Aufgewärmtes aus der Dose. Ich hatte ohnehin keinen Hunger. Am sechsten Tag unseres Törns liefen endlich die Amerikaner aus. Sie segelten, wie es im Seglerslang heißt, mit zu wenig Wäsche. Gemeint ist damit zu wenig gesetzte Segelfläche, und dadurch wird ein Schiff zum Spielball der Wellen. Manchmal wünschte ich mir sehnsüchtig ein Single-Side-Band-Funkgerät. Wir hörten, dass viele nach uns fragten, aber wir konnten nichts dazu sagen. Zwei Tage schniefte ich noch vor mich hin, dann wurde es endlich besser. Der Wind drehte auf Nordwest und wehte uns genau auf die Nase, sodass wir nicht vorankamen, denn in dieser Richtung lag unser nächstes Ziel. Da half nur noch Motoren. Schließlich herrschte Flaute und ein fürchterlich konfuser Seegang. Unruhe auch in unseren Mägen. So blieb es die nächsten sieben Tage. Ungemütlich, regnerisch und wechselhaft. Die letzten 70 Seemeilen kämpften wir gegen die Kreuzseen unter Motor an. Und wieder einmal bewährte sich unser Schiff.

Am 28. August liefen wir in Tonga ein. Wir waren sehr erschöpft, aber dafür umso glücklicher, als wir uns das erste kühle Bier gönnten. Vorher erledigten wir die Prozedur des Einklarierens. Wir waren schon gespannt, welche Beamten wir diesmal kennenlernen würden. Von anderen Seglern hatten wir gehört, dass sie Hochglanzmagazine mochten, die das Leben der Reichen und Schönen in ihren Häusern darstellten. Entsprechend waren wir mit Zeitschriften, die Art und Pat uns geschenkt hatten, vorbereitet.

TONGA UND EIN KÖNIG AUF DIÄT

Tagebuch

Es ist August, und für diese Jahreszeit haben wir echtes Sauwetter. Kajütentemperatur nur mehr 23 Grad. Es ist windig und regnerisch. Gestern gab's ein traditionell amerikanisches Potluck-Dinner. Haben Art und Pat getroffen, die endlich angekommen sind. Außerdem waren noch einige Deutsche und Schweizer Freunde da. War nett. Die Crew von der Dream Chaser erzählte, dass dies erst ihr dritter Stopp während ihrer „Weltumrasung" sei. Sie nehmen sich für dieselbe Strecke wie wir nur ein Jahr Zeit. Verrückt! Ich habe mit Corned Beef gefüllte Krapfen gebacken, und die waren in zwei Minuten aufgegessen.

Tonga ist ein Königreich. Der Inselarchipel erstreckt sich über 800 Kilometer. In Nuku'alofa regierte damals König Taufa'ahau Tupou der Vierte. Er war ein Deutschland-Fan und auch schon zum Staatsbesuch dort. Seine Körperfülle war legendär: Sein Gewicht schwankte ständig zwischen 145 und 205 Kilogramm. Das war auch einer Majestät nicht zuträglich, und manchmal packte ihn die Angst. Er verordnet sich eine Diät. Damit er nicht allein leiden musste, bezog er sein Volk in diesen Abnehmprozess mit ein. Das bedeutete, ALLE mussten fasten. Das schadete ihnen jedoch keinesfalls, denn fast jeder war aufgrund des permanenten Genusses von fettem Schweinefleisch übergewichtig. Doch das Unglück begann schon mit den Schweinen. Diese ernährten sich hauptsächlich vom öligen Fleisch der Kokosnüsse und wurden dadurch selbst fett. Schwein wiederum war auf Tonga eine Delikatesse. Ein Teufelskreis. Erstaunlicherweise wurde Tāufa'āhau Tupou der Vierte 85 Jahre alt.

Dieses Problem hatten wir Segler nicht, denn die anstrengenden Überfahrten, das Schwimmen, Schnorcheln und der Bewegungsdrang an Land hielten uns fit und schlank. Wir ankerten an der Kenutu Beach, wo eine deutsche Aussteigerin die *Berlin Bar* betrieb. Ursprünglich waren es zwei Frauen gewesen, doch ein tongaischer Loverboy hatte die beiden entzweit. Dieser war nun nicht mehr allein der Liebhaber der Chefin, sondern auch ihr Hausmeister. Er wohnte separat in einem Baumhaus nebenan. Die „Trinkhütte" war auf das Einfachste zusammengezimmert, aber das Palmendach und die Einrichtung aus Bambus verliehen ihr den Charme der Südsee. Strom lieferte ein alter, grässlich lauter Generator. Hier entstanden viele neue Freundschaften. Zum Beispiel mit den Crews der *Timschal* und der *Osiris* aus Deutschland. Ab sofort erkoren wir die *Berlin Bar* zum täglichen Sundowner-Hotspot. Den Generator übertönten wir mit unseren lauten Gesängen, die wir, von einem alten Piano begleitet, zum Besten gaben. Keine Ahnung, wie dieses Instrument auf die Insel gekommen war, aber das war auch nicht so wichtig. Tagsüber suchten wir nach den wunderschön gezeichneten Kauri-Schneckenhäusern, die hier zu Hunderten am flachen Strand im Sand lagen. Bis in das 19. Jahrhundert waren Kauris in allen Größen offizielles Zahlungsmittel. Leider war keine *Golden Cowrie* dabei, sondern nur eine *Tiger Cowrie*. Die goldene war äußerst selten und hatte einen Handelswert von mehr als 2.000 US-Dollar. Wir bekamen sie leider nur im Museum zu Gesicht.

KIRCHGANG

Auch auf Tonga besuchten wir am Sonntag die Kirche. Es wunderte mich selbst, denn zu Hause und als Atheistin interessierte mich Kirche überhaupt nicht. Mein Mann Peter folgte mir in schicksalsergebener Solidarität. Was mich hier anzog, war der inbrünstige Glaube und die Hingabe der Südsee-Insulaner an ihren Gott.

Die Methodisten-Kirche war brechend voll. Wir ergatterten gerade noch zwei Plätze und quetschten uns zwischen die schwitzenden Leiber. Die Luft im Raum roch abgestanden und nach süßlichem Parfüm. Die Frauen fächerten emsig mit ihren Palmenwedeln. Mir wurde ein wenig übel.

Die Stimmung wirkte angespannt, und alle Blicke waren auf den bühnenartigen Altar gerichtet, auf dem ein Rednerpult stand. Junge Helfer richteten gerade das Mikrofon ein.

Dann erschien er: ein dunkelhäutiger, mittelgroßer, eher unscheinbarer Mann im schwarzen Talar. Über der Oberlippe zeichnete sich ein schmaler Schnäuzer ab. Was nun folgte, glich dem perfekten Monolog eines Profischauspielers. Dieser Mann war zweifellos ein Könner. Wir folgten seiner Bühnenperformance mit Staunen. Er flüsterte, schrie und weinte in nicht vorhersehbaren Abständen und zog damit alle in seinen Bann. Die Gemeinde reagierte einmal interessiert, dann schockiert, schlussendlich unterwürfig und schließlich beschämt. Ich war tief beeindruckt von dieser Vorstellung. Allein durch Sprache, Mimik und Gestik hatte der Prediger alle im Griff. Ich war tief beeindruckt von seiner Vorstellung. Als er nach der halbstündigen Predigt endlich fertig war, fühlten auch wir uns ein wenig schuldig. Warum, wussten wir selbst nicht. Waren wir etwa Opfer seiner manipulatorischen Fähigkeiten geworden?

Anschließend begann die Gemeinde zu singen. Und zwar sehr laut. Es klang nach einem kollektiven Befreiungsschrei. Nachdem sich alle gesanglich abreagiert hatten, entließ der Prediger sie aus der Kirche. Er selbst stellte sich an den Ausgang und schüttelte zum Abschied nur jene Hände, aus denen vorher das Geld in den Klingelbeutel gefallen war.

Später erfuhren wir von einem Tongaer, dass der Mann lautstark seine Unzufriedenheit bezüglich des geringen Spendeneingangs zur Erhaltung der Kirche zum Ausdruck gebracht hatte. Es galt noch einiges an Geldern einzutreiben. Also bitte, wer würde nach so einer Predigt nicht alle Hebel in Bewegung setzen, um seinen Wünschen nachzukommen? Nun erkannten wir den Zusammenhang. Fehlendes rhetorisches und manipulatives Talent konnte man diesem Mann wahrlich nicht vorwerfen, denn er verstand es, selbst den Ärmsten das letzte Geld aus der Tasche zu ziehen.

Tagebuch

Heute Vormittag haben sich Art und Pat von uns verabschiedet und sind weitergesegelt. Schade. Ich lese und koche das Mittagessen. Mir ist langweilig. Ich fühle mich müde und zerschlagen. Wenigstens kann ich wieder in glasklarem Meerwasser baden, auch wenn es nur 20 Grad hat. Ab und zu kommen Tongaer mit ihren Auslegerbooten und bieten selbstgeflochtene Körbe und Schmuck an. Kinder betteln um Candy. Ich gebe ihnen Kekse. Art hat uns heute Morgen eine Jubiläumsausgabe der „Yachting World" dagelassen. Endlich mal was Neues zu lesen. Nun schmökern wir abwechselnd um die Wette. Wir erkennen in diesem Magazin einige Yachten wieder, die wir auf der Reise getroffen haben.

Am nächsten Tag regnete es. Wir nutzten das Süßwasser zum Wäschewaschen, und das Cockpit der *Tiburon* wurde wieder einmal gründlich gereinigt. Dem Himmel sei Dank. Unsere Segelkameraden verließen nach und nach den Ankerplatz. Die europäische Gemeinschaft zerstreute sich in alle Himmelsrichtungen. Ulla und Jürgen von der *Timschal* wollten von Papeete aus nach Deutschland fliegen, aber das Flughafengebäude war aufgrund der Auseinandersetzungen mit den Atomversuchsgegnern gesperrt.

Der Sohn unserer Schweizer Freunde Toni und Vreni wollte ebenfalls nach Hause, denn die Seefahrerei war ihm entschieden zu anstrengend.

Nur wir blieben. Peter arbeitete am Schiff, und ich ging schnorcheln. Die Unterwasserwelt unterschied sich von Bora Bora durch das Vorhandensein von bis zu eineinhalb Meter langen Würmern, vor denen es mich grauste. Viel lieber betrachtete ich die vielen bunten Seesterne, die in den schönsten Farben leuchteten. Riesige Steckmuscheln ragten aus dem Meeresboden. Das Schnorcheln an den Riffen war immer wieder anders, neu und spannend. Leider wurde mir kalt, denn bei 20 Grad Wassertemperatur ohne Anzug kühlte man schnell aus. Bald darauf begann es wieder zu regnen. Ich schrieb Briefe an die

Familie und buk Brot. Peter arbeitete wie immer akribisch genau an seinem Logbuch. Nach zweieinhalb Wochen brachen auch wir mit Ziel Fidschi auf. Abends verwöhnte ich uns mit Zwiebelrostbraten und Nudeln und frischem Salat aus tongaischen Tomaten. Ich kochte einen Pot Chili con Carne, denn bis uns wieder richtige Seebeine gewachsen waren, dauerte es nach wie vor ein bis zwei Tage. In Neiafu klarierten wir aus. Es ging also wieder los.

VON TONGA NACH FIDSCHI

Bald stellten wir fest, dass es eine kluge Entscheidung gewesen war, vorzukochen. Die offene See empfing uns mit konfusen Wellen und viel Wind aus Südost bis Ost. Der wolkenlose Himmel leuchtete in tiefem Blau. Am ersten Tag schafften wir 120 Seemeilen und waren zufrieden. Anderntags gab es noch einmal ein opulentes Frühstück mit Eierspeise, Marmelade und frisch gebackenem Brot. Langsam ließ der Wind nach und mit ihm auch der Seegang. Das nutze ich sofort und bereitete Krautfleckerl zu, die ich dem strahlenden Skipper mit Tomatensalat servierte.

Nach dem Essen prüften wir den Barometerstand, denn es schien sich etwas zusammenzubrauen. Aus Erfahrung wussten wir, dass, wenn der Wind urplötzlich nachließ, meistens eine Wetteränderung folgte. Vor uns lag die vier Seemeilen breite Oneta-Passage, die wir voraussichtlich nachts erreichen würden. Ständig versuchten Vögel, am Masttopp zu landen. Das war bisher noch nie vorgekommen. Unsere Vermutungen erwiesen sich glücklicherweise als falsch. Es setzte lediglich leichter Nieselregen ein, und der Wind von achtern schob uns gemütlich durch die Passage.

Nach vier Tagen erreichten wir Fidschi. Allerdings erst um zwei Uhr früh. Es war stockdunkel, und wir erkannten nur die schwachen Lichter von Viti Levu, der Hauptinsel des Archipels. Wir mussten ein Stückchen am Riff entlang segeln, um die Hafeneinfahrt zu erwischen. Blöderweise hatten wir ausgerechnet für diesen Abschnitt nur eine alte kopierte Karte an Bord. Die Tiefenbezeichnungen waren kaum mehr zu erkennen. Wir tasteten uns vorsichtig in Richtung Hafen vor. Zum ersten Mal seit wir unterwegs waren, erlebte ich Peter während der Navigation als nervös und unsicher.

Wir folgten einem vermeintlichen Seezeichen und hielten darauf zu. Wer jemals nachts in einen fremden Hafen eingelaufen ist, wird wissen, wie schwer die Navigationslichter von der Hafenbeleuchtung zu unterscheiden sind. Die Spannung stieg, denn wir wussten nicht genau, wo wir uns befanden. Wir kramten vorsichtshalber den stärksten Scheinwerfer hervor und leuchteten damit ins Wasser. Wir erstarrten. Das Licht offenbarte bereits den Sandgrund. Bevor wir reagieren konnten, ging ein Ruck durch das Schiff, und uns wurde klar, dass wir soeben Grundberührung hatten. Glücklicherweise nur kurz.

Plötzlich tauchte vor uns ein kleines Fischerboot mit zwei jungen Männern auf, die aufgeregt in die Richtung hinter uns zeigten. Sie riefen und gestikulierten, aber wir begriffen nicht. Was wollten sie von uns? Seit den Vorfällen in der Karibik waren wir vorsichtig geworden. Die beiden deuteten an, wir sollten ihnen folgen. Wir waren unschlüssig. Doch schließlich glaubten wir, dass sie es gut mit uns meinten, denn inzwischen waren wir nur mehr wenige Meter von der Strandpromenade entfernt. Das vermeintliche Navigationslicht stellte sich als Straßenbeleuchtung heraus. Wir drohten endgültig aufzulaufen. Peter rief den jungen Männern: „Royal Suva Yacht Club!", zu. Sie nickten fröhlich und fuhren voraus. Wir folgten demütig. Mein Navigator war am Boden zerstört. Mir war nur wichtig, schnell in den richtigen Hafen zu kommen und endlich in die Koje zu dürfen. Mithilfe der Jungs fiel schließlich unser Anker im Hafenbecken von Suva, der Hauptstadt von Fidschi.

In der Schwüle des nächsten Morgens wachte ich mit Kopfschmerzen auf. Peter war schon aktiv und stand voller Elan am Vorschiff, um den Anker zu lichten. Der Wind hatte wieder zugelegt und orgelte in den Wandten. Wir verlegten die *Tiburon* vor den Royal Suva Yacht Club. Nachdem der Anker auf sechs Meter Wassertiefe gefallen war, sahen wir uns um. Wir machten an die 20 Yachten aus. Französische, englische, neuseeländische und amerikanische Flaggen wehten in der steifen Brise. Plötzlich vernahmen wir lautes Rufen. Drei kleine Fischerboote kamen uns entgegen. Auf einem erkannten wir die beiden Burschen, die uns gestern gerettet hatten. Sie legten an unserem Schiff an und gaben uns Zeichen, zu ihnen ins Boot zu kommen. Wir waren nicht sicher. Sollten wir übersteigen? Wieder regte sich Misstrauen in uns. Schließlich fassten wir Mut, versperrten die *Tiburon* und stiegen in das wackelige kleine Holzboot. Keine Ahnung, wohin uns diese Reise führen würde.

Die Jungs starteten ihren uralten Außenborder, und ab ging die Post. Die anderen beiden waren motorlos und hatten nur große auseinandergefaltete Kartons an Bord. Diese wurden von zwei Männern so gehalten, dass sie die Wirkung eines Segels hatten. Die Boote nahmen tatsächlich Fahrt auf. Allein dieser Anblick war das Abenteuer mit unbekanntem Ziel wert. Nach kurzer Zeit landeten wir vor einer geräumigen palmengedeckten Hütte mit offener Veranda.

Wir wurden hineingebeten, und einer der jungen Männer stellte uns mit ein paar Brocken Englisch der Familie vor. Eine alte Frau, die auf einem Bett im hinteren Teil des Raumes kauerte, war die Großmutter. Sie war das einzige Familienmitglied, das in gleicher Höhe mit dem Chief sitzen durfte. Der Chief war der Vater, unser Retter. Wohlgenährt thronte er auf einem Stuhl und bat uns freundlich, aber bestimmt, auf dem Boden neben der restlichen zehnköpfigen Sippe inklusive einem Baby Platz zu nehmen. Wir ließen uns auf die Palmenmatten vor einem reichhaltigen Buffet nieder. Essen aus einem Erdofen kannten wir bereits.

Wir waren nun gespannt, wie die Spezialitäten Fidschis schmecken würden. Wir hielten uns beim Essen an die Abfolge der Familienmitglieder und verzehrten schweigend das lauwarme, auf Palmblättern servierte Mahl. Es gab viel Gemüse, etwas Fisch und Schweinefleisch. Schwein war auch auf diesen Inseln eine Delikatesse. Weil niemand etwas sagte, schwiegen wir ebenfalls. Die Oma am Bett aß nichts, und ich fragte mich, warum. Sie sah mit versteinerter Miene auf uns herab, und ich wurde das Gefühl nicht los, dass wir für sie exotische Tiere waren, die sie bei der Fütterung beobachtete.

Obwohl bei Weitem nicht alles aufgegessen war, begann der Chief zu sprechen, und alle beendeten die Mahlzeit. Von nun an gab es das typische „Südsee-Palaver“, begleitet von Butterbrot und Tee. Als sich das Oberhaupt erhob, standen alle auf, und damit war die Einladung beendet. Wir bedankten uns mit einer artigen Verbeugung, und die beiden Jungs brachten uns wieder zum Schiff zurück. Ich schaute noch einmal verstohlen in Richtung Oma. Sie verharrte bewegungslos auf der Stelle und starrte uns ausdruckslos nach. Irgendwie fühlte ich mich fehl am Platz, und trotz der Gastfreundlichkeit war ich erleichtert, die Hütte zu verlassen.

Nachdem uns die Jungs wieder mit ihren Booten zum Schiff zurückgebracht hatten, baten wir sie an Bord. Da saßen wir dann zu neunt bei Salzgebäck und Limonade. Das Baby inklusive. Wir werden die Gastfreundschaft der Fidschianer nie vergessen, denn eigentlich wäre es an uns gewesen, eine Einladung auszusprechen. Sie hatten uns geholfen – und nicht umgekehrt. Aber so war es oft: je bescheidener die Verhältnisse, desto größer die Gastfreundschaft. Wir haben Segler erlebt, die im Besitz einer Millionen-Yacht waren und uns zwei Stunden bei einem Glas Wasser haben sitzen lassen.

Unter den Ankerliegern waren zwei Yachten eines Pärchens, das sich in der Karibik kennengelernt hatte. Ein schneidiger Franzose auf einer schnellen Cruising-Yacht und eine Engländerin auf einem schiffigen kleinen Oldtimer. Wir hatten bereits von ihnen gehört, denn eine Beziehung, bei der jeder auf seiner Yacht blieb, war unter Seglern selten. Die Liebe trug bald Früchte. Mary war schwanger. Als wir die reizende kleine Lady in einem ihrer Blümchenkleider kennenlernten, erzählte sie freizügig von ihrer Liebesgeschichte. Dabei strahlten ihre blitzblauen Augen unter dem breitkrempigen Strohhut. Sie hätte nie vorgehabt, zu ihrem Freund auf seine Yacht umzusteigen, sagte sie.

Sie liebte die Freiheit, und sie liebte ihr Schiff. Immerhin hatte dieses sie gesund von England nach Fidschi gebracht. Diese mutige kleine Lady gefiel mir, und sie sollte uns noch alle zum Staunen bringen.

Am zweiten Tag lernten wir an der Bar des RSYC den Weltumsegler Klaus Peter Kurz, Eigner der Gaffelketsch *Atair II* und Autor des Buches „Westwärts wie die Wolken“, kennen. Er lag gemeinsam mit seinem deutschen Freund Jörg schon einige Wochen vor Anker. Wir lachten viel mit den beiden verrückten Kerlen, und als Dank für ihre Einführung in das suevische Nachtleben bekochte ich sie mit einem echten ungarischen Gulasch. Es war ein Genuss, in der geräumigen Pantry auf diesem altehrwürdigen Schiff zu kochen und anschließend im eleganten Salon zu speisen. Das Gulasch schmeckte köstlich, und alle drei Herren lobten die Köchin. Gleich darauf verschwanden die drei urplötzlich, um nur wenig später mit einem Baströckchen um die Hüften und Blumenkränzen im Haar vor mir zu stehen. Sie sangen mir ein Dankesständchen und tanzten einen Hula. Es sah komisch aus, und ich musste sehr über diesen kuriosen Anblick lachen. Dennoch fühlte ich mich äußerst geehrt.

Anschließend ging es an die Bar des Royal Suva Yacht Clubs. Dort lernten wir den Koch des Klubs kennen. Die Bar schloss früh, und so lud uns der freundliche Mann in seine bescheidene Küche ein, wo er Unmengen von „Gin-Wasser“ servierte. Wir waren eingeladen. Nach anfänglicher Skepsis schmeckte uns diese einfache Mischung so gut, dass wir uns schon jeden Tag auf die „Küchenrunde“ freuten. Endlich konnten wir uns einmal treiben lassen.

Dann kam der Tag, an dem Mary, die Engländerin, hochschwanger nach Neuseeland segelte. Männer, die allein unterwegs waren, gab es einige. Sie schipperten mehr oder weniger freiwillig und einsam um den Globus. Frauen jedoch waren eine Seltenheit. Zu ihnen gehörte diese schneidige kleine

Engländerin. Allein zu segeln, hätte auch mir gefallen, aber es tatsächlich zu wagen, war mir zu mühsam. Zu zweit war es leichter. Wenn man es genau nahm, war auch Mary nicht ganz allein. Jean würde sie mit seiner Yacht begleiten. Grundsätzlich waren die Franzosen die sportlichen und die Engländer die gemütlichen Fahrtensegler. Schon aus diesem Grund wollte Mary nie „zusammenziehen". Für sie galt die Regel: „Love is one kind of a thing, sailing is another!" Auf keinen Fall wollte sie ihre Unabhängigkeit als Skipperin ihres eigenen Schiffes aufgeben.

„Oh", schwärmte sie, „it's so nice to meet again after such a long time." Im Hafen verbrachte sie jede Minute mit ihrem Jean und genoss die ungewöhnliche Beziehung. Die Folgen konnte man klar erkennen. Auf Suva war sie bereits im achten Monat schwanger. Die immer fröhliche Mary trug grundsätzlich geblümte Kleider mit Strohhut und farblich passendem Band. Auch an Bord. Sie war von einer ungewöhnlich positiven Aura umgeben, und diese schien ihr außergewöhnliche Kräfte zu verleihen. Genau das strahlte sie auch an jenem Tag aus, an dem sie uns alle verblüffte. Am frühen Vormittag drehte sie unter Motor mit ihrer starken kleinen Yacht eine Runde um die ankernden Schiffe. Natürlich allein. Ihr Liebster begleitete sie in gebührendem Abstand auf eigenem Kiel. Wir staunten nicht schlecht, als wir erfuhren, dass sie in ihrem „Zustand" allein nach Neuseeland segeln wollte. Obwohl sie immer betonte, dass Schwangerschaft ja keine Krankheit sei, verstanden viele diese Entscheidung nicht. Es schien zu riskant. Jean würde zwar während der Fahrt so gut es eben ging an ihrer Seite sein, aber dennoch gab es Risiken genug. Während Mary völlig entspannt ihre Abschiedsrunden drehte, kam sie an einer riesigen amerikanischen Yacht vorbei. Weit über ihr an Deck standen Bordfrau und Mann und schauten kopfschüttelnd auf die Engländerin und ihr kleines Schiff hinunter. Sie wirkten ehrlich besorgt. Die Amerikanerin rief mit weinerlicher Stimme: „Take care my dear – you are alone!"

Da streifte Mary ihren Strohhut nach hinten, schaute empor, hob stolz ihr geblümtes Kleid, zeigte den prallen Bauch und rief: „Nevermind! Look! I'm not alone anymore!"

Alle drei kamen unversehrt in Neuseeland an, und Mary brachte Wochen später einen gesunden Jungen zur Welt. Sie ist seither mein Vorbild, wenn es gilt, wichtige Entscheidungen zu treffen. Wenn ich merke, dass Angst im Spiel ist, sehe ich Mary vor mir und denke: ‚Unsereins macht sich viel zu viele Gedanken.'

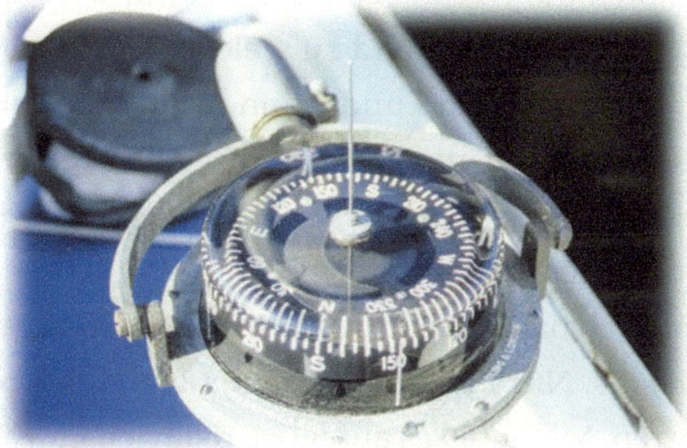

KAVAINGA, DER STERNENWEG

Eines Tages erkundeten wir Suva. Ein Highlight war für mich das Museum mit der Abteilung für polynesische Navigation. Die Fähigkeit, ohne elektronische Hilfsmittel, Sextant und mathematische Tabellen ein Ziel im riesigen Ozean zu finden, faszinierte mich. Die Voraussetzungen dazu waren damals lediglich Kenntnisse über die Sternbilder. Das Wissen um die Meeresströmungen und das Verhalten von Seevögeln waren ebenfalls bedeutend. Nur mit Fingern und Faust maßen sie sehr präzise die Grade und die Abstände der Himmelskörper. Die Polynesier nannten diese Art der Navigation Kavainga, was Sternenweg bedeutet. Es ist schier unglaublich, wie diese Menschen mit ihren Booten die Ozeane bereisten. Natürlich wussten sie aus jahrelanger Erfahrung, welches Sternbild zu welcher Jahreszeit in welcher Höhe über dem Zenit am Himmel stand und wann es auf- oder unterging. Der Ankunftsort der Reise musste ebenfalls bekannt sein. Nachts navigierten sie, indem ihnen das bekannte Sternbild am Heck den Weg zum Ziel wies. Tagsüber richteten sie sich nach der Sonne.

Wir navigierten auch nachts, jedoch nur um die Häuser. Wir tanzten in der Diskothek *Lucky Eddies*. Nur Peter nicht. Mein Mann blieb bei seiner eisernen Regel, nicht zu tanzen. Mir gefiel es auf Suva, denn ich gewöhnte mich schnell an das leichte und entspannte Leben. Leider kam der Tag des Aufbruchs immer näher. Da wir noch die malerischen Buchten der Lau-Gruppe im Seegebiet von Fidschi erkunden wollten, mussten wir weiter, um rechtzeitig vor der Wirbelsturmsaison in Australien zu sein. Die australische Zyklonsaison begann offiziell am 1. November und endete am 30. April. Also war Eile geboten, denn es war schon Oktober. Am geplanten Abreisetermin regnete es in Strömen. Peter nutzte die Verzögerung und kaufte wichtiges Kartenmaterial für Brisbane. Für mich bedeutete das, ein wenig länger schlafen zu dürfen.

Herrlich. Dafür kochte ich nach dem Aufstehen einen großen Eintopf für die ersten Tage auf See. Klaus und Jörg von der *Atair* waren schon vor zwei Tagen aufgebrochen. Wir versprachen einander, über Funk in Kontakt zu bleiben. Mir fiel der Abschied von den beiden besonders schwer. Ich würde die Leichtigkeit dieser verrückten Typen vermissen. Wir sollten sie zum letzten Mal sehen. Sie ließen nie mehr von sich hören.

Auch der Koch des Suva Yacht Clubs war traurig, aber es nutzte alles nichts. Unterwegs hörten wir, dass ein sehr erfahrener Segelkamerad auf ein Riff aufgelaufen war. In diesem abgelegenen Teil der Welt eine Havarie zu haben, konnte schlimmstenfalls bedeuten, das Schiff zu verlieren. Das war keine gute Nachricht vor unserem Aufbruch.

Nach drei Segeltagen erreichten wir die Insel Malolo Lailai. Es war unglaublich schön hier und das Wasser badewannenwarm. Dementsprechend viele Schiffe lagen vor Anker. Es herrschte reger Bootsverkehr zwischen dem Hotel am Strand und den umliegenden kleinen Inseln. Wir verlegten die *Tiburon* nach Coffs Harbour. Dort war es zwar ruhiger, aber das Wasser war trüb, und beim Schnorcheln sah man so gut wie nichts. Das war schade, denn die meiste Zeit verbrachten wir in der Lagune zwischen den bunten Fischen oder den prächtigen Gehäusen der Meeresschnecken. Wir blieben nicht lange. In den drei Wochen auf Fidschi fanden wir noch genügend andere schöne Ankerplätze, um die Unterwasserwelt an den Riffen zu genießen.

Unter anderem gingen wir vor dem Octopus-Resort vor Anker. Die Besitzerin war eine Österreicherin. Sie hatte ein Stück Strand auf 99 Jahre gepachtet. Darauf standen einige *Buren,* wie hier die Hütten aus Stroh genannt wurden, mit einem kleinen überdachten Vorgärtchen, auf dem zwei Sonnenliegen und eine Hängematte Platz hatten. Die Unterkünfte selbst waren bescheiden und spartanisch eingerichtet. Das Verwalten des Resorts war für die Pächterin nicht einfach, denn die Fidschianer gingen mit dem Begriff „Eigentum" eher locker um. Eine Touristin zum Beispiel, die eine Bure für einen Monat gemietet hatte, beschwerte sich, dass ständig Männer vor ihrer Hütte herumlungerten oder sich auf ihrer Liege aalten. Wenn sie zurückkam, musste sie sich in den Sand setzen, denn die Fidschianer machten keine Anstalten, die Liegestühle zu verlassen. Immer wieder versuchte die Pächterin, den Insulanern zu erklären, dass sie im Resort nichts zu suchen hatten – mit dem Ergebnis, dass sich nichts änderte. Das Geld der Pacht war willkommen, die Touristen offenbar nicht. Die Resortbetreiberin und ihre Gäste mussten wohl oder übel die Sitten und Gebräuche der Insulaner akzeptieren.

Wir Segler hatten auf dem Wasser unsere Ruhe. Eines Tages wurden wir zu einer Kava-Zeremonie eingeladen. Wir saßen im Kreis, und eine Schale wurde herumgereicht. Das Getränk war eine mausgraue, bittere Brühe, die aus der Wurzel des Rauschpfeffers gewonnen wurde. Zu diesem Zeitpunkt wusste ich nicht, dass die zerstampften groben Fasern im Mund des Kava-Meisters weichgekaut wurden. Waren sie weich, spuckte er den zerkauten Brei wieder in die Schüssel und verdünnte sie mit Wasser. Angeblich sollte das Gebräu berauschend wirken. Die Brühe schmeckte nur ein wenig nach Pfeffer, und außer einem tauben Geschmack auf der Zunge bewirkte der Trank nichts bei mir. Bei den anderen weißen Gästen änderte sich ebenfalls nichts. Nur die Fidschianer machten uns die Freude, ein wenig „gaga" herumzutaumeln.

Peter wurde daraufhin krank. Eine Grippe. Es war vielleicht doch nicht ganz so vernünftig, aus einer Schale zu trinken. Ab in die Koje. Auskurieren. Ich bestellte bei der Resortbetreiberin „Tang". Es handelte sich dabei aber keineswegs um Seetang, sondern es war ein Granulat, das wir in Wasser auflösten und tranken. Es gab herrlich künstliche Aromen wie Mango, Ananas und andere tropischen Früchte. Es war DIE Südsee-Limonade. Sie hielt nahezu ewig und sollte immerhin einige Vitamine enthalten. Ich gebe zu, wir waren ein bisschen süchtig nach „Tang". Und so ruderte ich freiwillig und ganz allein durch die schwere Dünung, um eine Dose davon zu erwerben.

FRAU AM STEUER – UNGEHEUER

Eines Morgens weckte uns hysterisches Geschrei. Als wir verschlafen aus der Luke blinzelten, ankerte keine 20 Meter entfernt eine Charteryacht. Fünf wohlgenährte Damen mit enormem Sonnenbrand schrien wild durcheinander und rannten wie aufgescheuchte Kaninchen an Deck herum. Inzwischen waren sämtliche Fahrtensegler an Deck und beobachteten die Show. Der Flagge nach handelte es sich um Amerikanerinnen. Das konnte heiter werden.

Bei den Amerikanern gibt es zwei Arten von Seglern: die ultragenauen und die unbedarften. Das, was sich hier gerade vor unseren Augen abspielte, war die zweite Variante. Die Skipperin steuerte unter Volldampf zwischen den ankernden Yachten hindurch, blieb irgendwo ohne Rücksicht auf Windrichtung und bereits ankernde Schiffe stehen und ließ den Anker in die Tiefe rauschen. Unter großem Hurra wurde die Maschine abgestellt, alle sprangen in das Beiboot, starteten den Außenborder und fuhren davon. Die Aktion hatte keine fünf Minuten gedauert.

Nun lag sie da, die Yacht, stellte sich in den Wind, die Ankerkette straffte sich, und schon befand sie sich unmittelbar vor dem Bug eines anderen Ankerliegers. Es fehlten nur ein paar Meter. Sollte die Kette sich bei mehr Wind straffen, würde die Charteryacht in das dahinterliegende Schiff krachen. Der Skipper rief den Frauen nach und gab zu verstehen, dass sie wieder zurückkommen sollten, um woanders zu ankern. Aber das war den Fünfen wurscht. Die Drinks warteten, und man war ausschließlich zum Vergnügen hier. Kopfschüttelnd ging der Fahrtensegler Anker auf und suchte sich ein neues Plätzchen. Auch unter Seglern gibt es jegliche Persönlichkeitsformen.

Am nächsten Tag verließen uns die Amerikanerinnen. Allerdings nicht, ohne bei dem Manöver unseren Heckanker auszureißen. Wieder großes Getöse. Peter bewahrte Contenance und sagte dazu kein Wort. Als sie endlich weg waren, atmeten alle auf. Dennoch wechselten wir vorsichtshalber den Ankerplatz.

Mitte Oktober bereiteten wir uns auf das nächste große Ziel vor. Australien. Das bedeutete: einkaufen, stauen, Wäsche waschen. Die Waschmaschinen hier mussten zweimal über einen Schlauch mit Wasser befüllt werden. Das Reinigungsergebnis war trotzdem bescheiden. Immerhin müffelte die Wäsche nicht mehr.

STREIT

Einen Tag vor dem Auslaufen begann der schlimmste Konflikt unserer Reise. Ein Wort ergab das andere. Ich war furchtbar verletzt und zog mich zurück. Auch Peter begab sich in sein seelisches Schneckenhaus und schwieg. Wie immer bei Meinungsverschiedenheiten.

Die Vorbereitungen zum Auslaufen lenkten uns ab. Routiniert erledigten wir die Arbeiten, und es bedurfte nahezu keines Wortes. Mit uns liefen noch drei weitere Schiffe aus. Es war heiß und drückend schwül. Der Wind nahm immer mehr zu. Wir hatten großen Respekt vor der Passage nach Australien. Über Funk hatten wir mehrere Starkwind-Warnungen im Süden empfangen, und das machte uns noch nervöser. Wir hatten uns an das gemütliche Leben in den Ankerbuchten gewöhnt. Aber der Müßiggang führte auch zu Konflikten. Offensichtlich fehlten uns die gemeinsamen Herausforderungen auf See. Nun taten wir, was zu tun war. Ich bunkerte Lebensmittel und kochte vor.

Am nächsten Tag, einem Sonntag, liefen wir aus. Die See war unruhig, und der Wind wehte böig aus wechselnden Richtungen. In zwei Tagen war Neumond. Wie so oft änderte sich zum Mondwechsel das Wetter. Diesmal sollte es zum Besseren sein. Wind und Seegang waren angenehm, und wir machten gute Fahrt nach Südwest. Die Versöhnung blieb dennoch aus. Wir hatten, abgesehen vom Nötigsten, seit der Abfahrt kein Wort mehr miteinander gesprochen. Das ging nun tagelang so weiter. Die See und das Wetter waren uns hold, als ahnten sie, dass wir zu sehr mit uns selbst beschäftigt waren.

Unter anderen Umständen hätte es eine der schönsten Überfahrten der gesamten Reise werden können. Der Wind verabschiedete sich, und Peter experimentierte mit den Segeln. Wir setzten den Spinnaker, aber auch der brachte uns nicht voran. Die Stimmung war eisig bis traurig. Noch immer kein Wort abseits der Manöver. Peter startete die Maschine, wir ließen die elektrische

Selbststeueranlage arbeiten und vertieften uns in die Bücher. Das Meer war friedlich und glatt. Eine hohe Dünung lief. Weiter südlich herrschte stürmisches Wetter. Zum Glück abseits unserer Route. Somit konnte es uns egal sein. Der Druck in meiner Brust war es mir nicht. Ich hasste Konflikte, aber noch mehr das Schweigen. Immer öfter verkrümelte ich mich traurig nach vorne zum Schiffsbug. Dort las ich oder starrte in die unergründliche See.

Ein paar Wölkchen zogen über uns hinweg, und ab und zu begleitete uns eine Schule vergnügter Grindwale. Es schien, als wäre die Natur in vollkommener Harmonie. Nur wir nicht. Nachts kam eine leichte Brise auf, die uns bis in die Morgenstunden etwas voranbrachte. Dann war wieder die Maschine dran. Die Tage vergingen mit Segelmanövern, kochen, lesen, dösen, schlafen und wachen. Zu festgelegten Zeiten lauschten wir dem Funkverkehr und wussten so, wo unsere Freunde waren. Eine Yacht hatte Australien schon erreicht.

Es wurde unerträglich heiß. Tagsüber regte sich kein Lüftchen. Ein Pilotfisch schwamm ständig an *Tiburons* Seite. Er versteckte sich unter dem Schiffsrumpf. Ich taufte ihn *Piloti*. Sein brauner Fischkörper war breit, und dunkle Querstreifen verstärkten diesen Eindruck noch. Von oben sah er aus wie eine riesige Mauerassel. Manchmal schoss er plötzlich unter dem Schiff hervor, um einen fliegenden Fisch zu jagen. Meistens schlugen diese Versuche aber fehl. Was er sonst noch unter dem Schiff trieb, verbarg sich vor meinen Blicken. All das hätte ich nicht wahrgenommen, wäre nicht „Funkstille" an Bord gewesen. Dadurch entdeckte ich vieles, worauf ich in der Vergangenheit nicht geachtet hatte. Nachts, wenn ich allein im Cockpit saß, genoss ich diesen herrlichen Mikrokosmos und betrachtete den funkelnden Sternenhimmel. Ich fühlte mich eins mit dem Schiff und dem Meer. Diese einsamen Nächte waren das Schönste, das ich je erlebt habe. Es war die einzig positive Seite dieses Streites.

Am sechsten Tag kehrte der Wind zurück.

Tagebuch

Tag 7

Wir haben nun die Hälfte dieser Etappe hinter uns. Wenig Wind. Ruhiges Segeln. Wir machen 4 bis 5 Knoten Fahrt. Es ist sehr heiß. Ich kann nicht schlafen. Die schlechte Stimmung an Bord beschäftigt mich. Der Wind lässt wieder nach. Koche Chili con Corned Beef mit Tomatensalat. Ironischerweise entpuppt sich die von uns meist gefürchtete Passage als Spaziergang. Hoffentlich sind wir vor Vollmond im Hafen. Im Nordosten bauen sich schon Zirren auf. Also wird sich das Wetter in spätestens 48 Stunden ändern. Das ist fast immer so. Gerade hört der Wind komplett auf. Der Skipper erhebt sich aus seiner Koje. Peter sagt, dass er nachts einen Frachter gesichtet hat. Immerhin ein Satz aus seinem Munde. Wir reden nur noch das Nötigste miteinander. Im Südwesten bläst ein Wal. Heute haben wir die Uhren um eine Stunde zurückgestellt. Je weiter wir nach Westen kommen, desto mehr Zeit gewinnen wir. Ich habe in den sieben Tagen vier Bücher gelesen. Jeder igelt sich ein und kommt seinen Pflichten nach. Wir verplempern gerade unser Leben. Peters Gefühlskälte schockiert mich. War er immer so?

Liegt es an mir? Dabei könnte es so schön sein …

Während meiner Wache um acht Uhr morgens war der Wind wieder weg. Ich barg die Segel und deaktivierte die Windfahnensteuerung. Dann startete ich die Maschine und schaltete auf Autopilot. Peter schlief. Ich verspürte einen unangenehmen Druck hinter den Augen. Vermutlich Übermüdung. Als Peter anschließend die Wache übernahm, wehte eine leichte Brise. Er machte meine Manöver rückgängig. So war es oft. Wir kamen uns wie Sisyphos vor. Segel rauf, Segel runter, Segel rauf, Segel runter. Immer und immer wieder mit all dem dazugehörigen Rattenschwanz an Arbeit.

Am neunten Tag blies uns der Wind auf die Nase. Vermutlich war das die Strafe für unser sinnloses Zerwürfnis. Es wurde ungemütlich, aber wir kamen voran. Meine Seebeine waren zu 100 % wiederhergestellt, und ich schaffte es, Rahmgeschnetzeltes mit Reis zu kochen. Das Fleisch kam aus der Dose, und der Rahm war aus Kondensmilch, aber mit den passenden Gewürzen schmeckte es fast wie das Original. Am elften Tag wurde es merklich kühler. Der nahende Vollmond machte sich bemerkbar. Es bildeten sich Wolkenschleier, und bald war die Sonne vollends verdeckt. Noch 450 Meilen bis Brisbane. Der Luftdruck fiel. Hoffentlich gab es keine böse Überraschung. Wir wurden unruhig. Irgendetwas schien sich zusammenzubrauen. Ein starker Strom versetzte uns nach Süden. Peter passte den Kurs ständig an. Mich plagten starke Rückenschmerzen. Beim Kochen konnte ich kaum noch stehen. Mein Körper reagierte auf die angeschlagene Psyche.

Nach dem Essen kümmerte ich mich um MICH. Nach einer ausgiebigen Körperpflege fühlte ich mich schon viel besser. Peter hatte beschlossen, sich bis Brisbane nicht mehr zu waschen. Dies teilte er mir mit, als ich ihm das restliche Süßwasser anbot. Ihm war zu kalt. Er fröstelte bei 25 Grad, und eingepackt in dickes Schlechtwetter-Zeug roch er nicht gerade anziehend. Ich hielt Abstand, so gut es ging. Am 12. Tag begleitete uns eine Schule Delfine. Ihr hoher Pfeifton war schon von Weitem zu hören. Gleich danach tauchte eine Herde Grindwale auf. Mit ihnen verschwanden die Delfine.

Wir machten gute Fahrt. Über den Weltempfänger hörten wir, dass es weiter südlich mit mehr als 50 Knoten wehte und dass dadurch einige Segler in Schwierigkeiten waren. War das ein kleiner Vorgeschmack auf die Wirbelsturmsaison? Es war November, und da konnte es uns schon erwischen. Der Wind wehte uns auf die Nase. Das letzte Mal, dass wir aufkreuzen mussten, war schon lange her. Allerdings war das bei der *Tiburon* kein großes Problem, denn sie segelte hoch am Wind stabil und relativ komfortabel. Somit war alles noch im grünen Bereich, abgesehen von der Duftwolke, die mir immer öfter in die Nase stieg. Peter hielt am Waschstreik fest.

Je näher wir der australischen Küste kamen, desto unangenehmer wurde der Seegang. Nur noch zwei Tage. Es wurde zusehends schwerer, den Kurs zu halten. Peter prügelte das Schiff vorwärts. Er wollte endlich an Land. Die *Tiburon* ächzte und stöhnte. Vollmond und Springtide bereiteten uns keinen freundlichen Empfang am fünften Kontinent!

GEWITTERSTURM UND EIN LEERER TANK

Tagebuch

Letzter Tag auf See. Peter hat den unbedingten Ehrgeiz, noch heute Brisbane zu erreichen. Unsere Tankanzeige ist schon seit langem defekt, und ich habe Angst, dass wir zu wenig Diesel für die Ansteuerung haben. So wie es aussieht, werden wir nachts den betonnten Einfahrtskanal nach Brisbane erreichen. Undenkbar, ihn ohne Motor zu befahren. In den Stauräumen unter dem Cockpit lagern zwei 20-Liter-Kanister Diesel. Ich frage Peter einige Male, aber er meint, wir hätten genug. Ich mag nicht streiten und gebe auf. Um die Mittagszeit übersegeln wir den Kontinentalschelf Australiens. Das bedeutet ungemütlichen Seegang, weil die Wassertiefe abrupt abnimmt. Ich habe schon viele schauerliche Geschichten über die hohen und steilen Wellen am Schelf gehört. 11 Uhr – noch 10 Seemeilen bis zur 200-Meter-Tiefenlinie.

Wir rasen mit gerefftem Großsegel und der Fock 2 dahin. Peter lässt die Maschine mitlaufen, sonst schaffen wir die Höhe nicht. Kurze, steile Seen querab. Sie rollen unaufhörlich heran. Das zehrt an unseren Nerven, die ohnehin blankliegen. Noch herrscht auslaufender Gezeitenstrom. Bald ist Stillwasser, danach einlaufender Strom. Peter hat schon Land gesichtet. Wind und Seegang nehmen immer mehr zu.

Kurz vor der Einfahrt zum Nordwestkanal Brisbanes erwischt es uns: Ein Gewittersturm zieht auf. Die Wellen sind 5–6 Meter hoch und sehr steil. 40 Knoten Wind, Blitz und Donner. Plötzlich wirft eine Welle die Tiburon zur Seite, und gleichzeitig fällt der Motor aus. Der Tank ist leer! Ich gerate in Panik und bin wütend auf Peter und seine miese Seemannschaft!

Im Inferno des Gewittersturms tanken wir nach. Während Peter mit Kanister und Trichter kämpft, halte ich das Schiff so ruhig wie möglich. Die Tiburon bockte wild in der stürmischen See. Die Hälfte des Diesels geht daneben. Nach dem Tanken muss

Peter die Leitung entlüften. Irgendwie schafft er auch das. Dann versucht er zu starten. Der Riemen springt von der Antriebsscheibe. Peter schiebt Papier zwischen Riemen und Scheibe. Danach folgen weitere Versuche, die Maschine zu starten. Der Motor läuft an, aber sobald ich den Gang einlege, stirbt er wieder ab. Nach einer halben Stunde, die mir wie eine Ewigkeit vorkommt, gelingt es uns endlich, die Maschine zu starten. Mit einer Hand steuere ich das Schiff, mit der anderen drücke ich den Startknopf und dosiere so gefühlvoll wie möglich Gas. Dabei muss ich die Seezeichen der Kanaleinfahrt im Auge behalten, um nicht daran vorbeizusegeln. Dann passiert es: eine unabsichtliche Halse. Der Großbaum fliegt knapp an meinem Kopf vorbei, die Großschot verfängt sich am Haltebügel über dem Traveller im Cockpit. Zwar hat das den Schlag in die Wandten verhindert, aber dafür ist der Bügel verbogen. Es fühlt sich an wie in meinen schlimmsten Albträumen.

Peter übernimmt die Pinne. Ich bin fertig mit der Segelwelt.

Nachdem der Gewittersturm durchgezogen war, beruhigte sich die Lage fast augenblicklich. Inzwischen war es stockdunkel. Wir navigierten konzentriert und sicher durch die betonnte Passage zum Einklarierungshafen. Das funktionierte wie am Schnürchen. Peter steuerte, und ich überwachte den Kurs von Seezeichen zu Seezeichen auf der Karte. Daneben räumte ich das Schiff auf und kochte eine Kleinigkeit. Über das Funkradio gab Brisbane eine weitere Starkwindmeldung für morgen aus. Das kümmerte uns nicht mehr, denn bald waren wir im sicheren Hafen.

BRISBANE

Um ein Uhr nachts legten wir am Quarantänesteg an. Da wir uns über Funk angemeldet hatten, warteten schon zwei australische Beamte in Uniform und weißen Kniestrümpfen an der Einklarierungspier. Nach den vergangenen Erlebnissen erschienen mir Uniform und weiße Kniestrümpfe besonders absurd. Das Land hatte uns wieder mit all seinen zivilisatorischen Regeln. Die australischen Behörden waren freundlich, aber gnadenlos. Wir kannten einen siebzigjährigen, topfitten Segler, dem kein Visum erteilt wurde, weil er zu alt war.

Wir wussten auch, dass die Beamten unser Schiff akribisch durchsuchen würden. In Australien galten scharfe Quarantänebestimmungen. Wer dagegen verstieß, den ließ man nicht an Land. Wir hatten schon in Fidschi alles Obst und Gemüse sowie Dosenfleisch verbraucht. Wir kamen nahezu ohne Proviant an. Das war gut so, denn die Beamten hatten einen großen Müllsack mitgebracht, in den sie alles warfen, was ihnen suspekt erschien. Dabei blieben sie höflich, aber bestimmt. Wir waren zu müde, um zu diskutieren, und froh, dass wir schließlich die Erlaubnis erhielten, den fünften Kontinent zu betreten. In einer Stunde war alles erledigt, und die beiden wünschten uns einen schönen Aufenthalt. Erschöpft fielen wir in die Kojen.

Als ich am nächsten Tag erwachte, war Peter schon längst von Bord. Er war seit Stunden auf den Beinen und tigerte geschäftig an Land herum.

Die Stimmung war frostig. Erschöpft von den letzten Ereignissen wollte ich nur noch schlafen. Ich sehnte mich nach jemanden, mit dem ich reden konnte, aber in diesem Land waren wir Fremde und mussten erst wieder neue Freunde finden.

Brisbane war eine großartige Stadt mit entspannten, freundlichen Menschen. Ich lebte mich schnell ein. Die Herzlichkeit der Menschen tat mir gut, denn Peter verströmte weiterhin nur Kälte und Gleichgültigkeit. Mein Körper begann zu reagieren. Innerhalb kurzer Zeit nahm ich 15 Kilo ab. Ich hatte keinerlei Appetit. Jeder Bissen blieb mir im Hals stecken. Peter bekam das zwar mit, sagte aber nichts. Ich ging zum Arzt, und der attestierte ein Burn-out. Burn-out? Befanden wir uns nicht im Urlaub?

Der Arzt riet mir, mich dringend zu erholen. Peter legte mir nahe, ich solle nach Hause fliegen. Fast hätte ich es getan, aber ich wusste, dass ich dann nicht mehr zurückkommen würde. Was hatten wir nicht schon alles gemeinsam durchgestanden? Und hatte ich nicht ebenfalls einen wesentlichen Beitrag dazu geleistet, dass wir überhaupt so weit gekommen waren? Nein, ich würde nicht gehen. Ich würde bleiben. Auch das war Peter egal. Die Post von zu Hause lenkte mich ab. Ich las jeden Brief mindestens dreimal und telefonierte mit Freunden und Familie in der Heimat. Im Stapel befand sich eine Benachrichtigung, dass meine Artikel im *Trans-Ocean*-Magazin veröffentlicht worden waren. Das machte mich stolz. Ein Friseurbesuch tat mir ebenfalls gut. Ich riss mich zusammen.

Wir überstellten das Schiff in die Marina nach Manly, wo wir bis März/April bleiben wollten, um die Wirbelsturmsaison abzuwarten. Der Liegeplatz war sehr preiswert. Damit hatten wir nicht gerechnet. Wir blieben drei Monate. Gleich neben der Marina gab es ein Schwimmbad, in dem ich fünf Mal die Woche eine Stunde im Sportbecken meine Längen schwamm. Tag für Tag wurde ich stärker. Körperlich und seelisch. Mein Selbstvertrauen kehrte zurück.

Nach dem Schwimmen verbrachte ich den restlichen Tag mit Schreiben von Artikeln für diverse Yachtmagazine und langen Spaziergängen in der beschaulichen Kleinstadt Manly. Ich lernte die Besitzerin einer Rosenboutique kennen. Chris und ich freundeten uns an und verbrachten viel Zeit miteinander. Die Tage vergingen.

Die Abende verbrachten wir in den zahlreichen Pubs des kleinen Städtchens. Dort standen wir dann nebeneinander, aber nicht beieinander. Die unsichtbare Wand zwischen uns blieb. Wir lernten ein schwedisches Paar kennen. Angesichts dessen, was diese beiden durchgemacht hatten, schien mir unsere Situation geradezu lächerlich.

Sie waren mit ihrem Schiff vor der Küste Neuseelands durchgekentert. Beide riss es dabei von Bord, und dabei zogen sie sich einige Knochenbrüche zu. Ein Frachter fand sie und rettete sie. Immerhin waren sie am Leben. Wochenlang trieb die Yacht führerlos im Meer. Jeden Tag gab es in den Shipping News über Radio eine Warnung an die Schifffahrt. Schließlich bargen Fischer das Schiff und schleppten es in den Hafen.

Die beiden Unglücksraben mussten ihre eigene Yacht um 11.000 Neuseeland-Dollar zurückkaufen. Der Mast war bei der 360-Grad-Drehung abgerissen und gesunken. Alle Fenster waren eingedrückt, und es gab noch unzählige weitere Schäden. Dennoch machten sie es wieder flott, was sie inklusive Bergegeld mehr kostete als ein gebrauchtes neues Schiff.

Das wussten sie allerdings vor der Reparatur noch nicht. Beide mussten nun auf Jobsuche gehen, um die Aufwendungen zu finanzieren. Ob sie je wieder segeln würden, war mehr als fraglich.

Der weibliche Part versicherte uns glaubwürdig, nie mehr ein Schiff zu betreten. Bei ihrem Partner sah die Sache ganz anders aus: In seiner Vorstellung ging es aber schon in einem Jahr weiter, und sie musste mit.

Irgendwann verloren wir die beiden aus den Augen. Ich hätte nur zu gerne gewusst, wie ihre Geschichte weiterging.

Auch wir nahmen die Instandhaltungsarbeiten wieder auf. Alles stehende und laufende Gut musste kontrolliert und in Schuss gehalten werden. Die *Tiburon* kam aus dem Wasser, und das Unterwasserschiff wurde zum zweiten Mal auf dieser Reise gereinigt und mit neuem Antifouling versehen.

Alles wurde wieder instandgesetzt, nur unsere Beziehung nicht. Ich tat, was ich konnte, hielt mich zurück und versuchte, Peter bei nichts zu stören, was auch immer er gerade tat. Ich hatte nur einen Wunsch: Es sollte wieder gut werden. Aber das wurde es nicht.

In der Marina schlossen wir viele neue Freundschaften mit Seglern aus aller Welt. Viele wunderten sich über unser eigenartiges Verhalten. Man sah nach kurzer Zeit, dass etwas zwischen uns nicht stimmte. Einige wollten vermitteln, meinten es gut und redeten auf Peter ein. Aber der schwieg weiter. Wie immer.

Da waren zwei Männer, die sich in mich verschauten und mich sofort mitgenommen hätten. Aber für mich gab es nur den einen.

Nach mehr als 60 Tagen hatte ich genug, und ich setzte auf alles oder nichts. Es regnete schon seit Tagen, und dieses zermürbende Geräusch mochte bei mir wohl das Fass zum Überlaufen gebracht haben.

Nach einigen Telefonaten mit meiner Familie und mit Freunden stellte ich Peter unter Aufbringung allen Mutes ein Ultimatum. „Ok“, sagte ich, „wenn du nichts mehr mit mir zu tun haben willst, dann will ich die Scheidung.“

Es war nicht gerade einfach, diesen Satz so emotionslos, wie ich es mir vorgenommen hatte, auszusprechen, aber ich schaffte es. Peters Reaktion war:

Schweigen.

Man hörte nur den Regen auf das Kajütdach prasseln.

Ich wartete, aber es kam nichts. Ich sagte: „Ok, wir fliegen beide nach Hause und bringen das, was wir angefangen haben, gemeinsam zu Ende. Lieber ein Schrecken mit Ende als …“

Bevor ich den Satz zu Ende bringen konnte, wachte mein Mann aus seiner Starre auf. Er nahm mich schweigend in den Arm und drückte mich fest an sich. So war er: unergründlich und unberechenbar. Ich kann diesen Moment nicht beschreiben, denn es war, als fiele eine unvorstellbare Last von mir. Die Krise war überwunden.

WEIHNACHTEN IM WASCHSALON

Langsam und vorsichtig näherten wir uns wieder an. Peter bemühte sich. Ich bemühte mich. Die ganze Anspannung der vergangenen zwei Monate fiel langsam von uns ab. Nun holte sich mein Körper sein Recht. Ich wurde krank. Tagelang lag ich mit Grippe im stickigen, heißen Vorschiff und schlief mich gesund. Schlaf als Heilmittel funktionierte bei mir immer.

Pünktlich zu Weihnachten war ich wieder gesund. Da es in Manly der Brauch war, dass die ortsansässigen Unternehmer sich um die Weltumsegler kümmerten, schleppten sie uns von einer Weihnachtsfeier zur nächsten. Weltumsegler genossen in Manly hohes Ansehen. Wir verbrachten die Festtage mit völlig fremden Menschen und wurden von ihnen ganz selbstverständlich als ein Teil ihrer Familie in die Feierlichkeiten miteinbezogen. Wir saßen alle im Kreis und hielten ein Glas Wein in der Hand, und jeder musste eine Geschichte zum Besten geben. Und wir hatten genug zu erzählen. Anfangs waren wir mit den Einladungen etwas überfordert, denn bei uns zu Hause wäre diese Art der Gastfreundschaft undenkbar gewesen. Aber wir gewöhnten uns rasch an die Liebenswürdigkeiten der Australier. Und an die Kakerlaken, die während des fröhlichen Zusammenseins über die Tische huschten. Niemand von den Aussies schenkte ihnen Beachtung. Mich ekelte davor, aber zum Alltag der Australier gehörten nun einmal viele für uns ungewohnte Tiere.

Meterlange Pythons wohnten in den Dachgiebeln oder sonst wo im Haus und lebten mit den Menschen in friedlicher Eintracht. Sie waren so etwas wie Katzen, die für den Mäusefang zuständig waren. Niemand hatte Angst vor ihnen. Ich schon. Die Tierwelt von Australien ist nicht jedermanns Sache. Meine auch nicht. Die gefährlichsten Spinnen, Schlangen, Frösche und Quallen leben hier. Über einen Taipan wäre ich während eines Spaziergangs im

Busch beinahe gestolpert. Er lag nicht sichtbar unter einer Steinstufe. Von meinen Schritten aufgeschreckt, schlängelte er sich fort.

Weihnachten feierten wir in der Marina. Jeder von uns Seglern hatte eine Kleinigkeit gekocht oder gebacken. Am Heiligen Abend trafen wir uns im Waschsalon. Einige hatten Gitarren oder Ukulelen dabei, schwangen sich auf Waschmaschinen oder Trockner und spielten Weihnachtslieder aus aller Welt. Wir aßen, tranken und lachten. Als die Stimmung ihren Höhepunkt erreichte, wechselte die Musik auf internationale Hits, und wir alle begannen zu tanzen. Bis in die frühen Morgenstunden dauerte das Fest, und bis heute habe ich es als eines meiner schönsten in Erinnerung.

UNTERWEGS MIT DEM WOHNMOBIL

Am Neujahrstag ankerten wir vor zwei riesigen Inseln aus Sand. Treffenderweise *Sandy Hills* genannt. Wir überlegten, wie wir die Zeit bis Ende März, bevor wir endgültig Richtung Norden aufbrechen mussten, verbringen wollten. Wir entschieden uns, das Zentrum des fünften Kontinents, das Outback, zu bereisen. In Australien gab es viele unterschiedliche Möglichkeiten, das Land kennenzulernen. Eine der günstigsten war die Rücküberstellung von Wohnmobilen.

Durch Zufall gelangte eines Tages ein Prospekt in unsere Hände, in dem diese interessante Art des Reisens angeboten wurde. Die meisten Urlauber hatten nur zwei Wochen Zeit, um Australien mit einem Leih-Wohnmobil zu bereisen. Daher ließen sie die Autos an einem vereinbarten Stützpunkt stehen und flogen zurück. Fliegen war in Australien günstig. Wir erkundigten uns bei der erstbesten Agentur, und die hatte tatsächlich ein kleines Wohnmobil anzubieten, das in das Outback überstellt werden musste. Perfekt. 1 Liter Sprit kostete 0,68 Cent, und 2–5 Euro pro Tag fielen für die Miete an.

Unser Ziel war der heilige Berg der Aborigines, der Uluru, ein Monolith in Australiens heißem Zentrum und als Ayers Rock weltbekannt. Schlafen würden wir zum größten Teil in den vielen gut ausgestatteten Hostels entlang der Route. Am 13. Jänner brachte uns ein Bus nach Sarina, wo wir das Wohnmobil übernahmen. Danach ging es 364 km in die Whitsundays nach Bowen. Wir besuchten den dortigen Yachtclub und das imposante Aquarium. Australiens Aquarien waren riesig, und wir wanderten staunend durch die Tunnelanlagen aus Glas und fühlten uns inmitten der Fische wie ein Teil der Inszenierung. Für ganze 7 Euro übernachteten wir auf einem bestens ausgestatteten Campingplatz in Townsville. Einzig die unzähligen Mücken störten.

Anderntags ging es weiter nach Cairns, wo wir ein anderes Fahrzeug übernahmen. Das Hostel verfügte über einen großen Pool, den ich am nächsten Morgen eine halbe Stunde lang nutzte, während Peter das Wohnmobil abholte. Das Beste: Der Aufenthalt war gelsenfrei.

Wir fuhren wieder zurück nach Townsville, um von dort aus nach Charters Towers zu reisen.

Es entpuppte sich als hübsches kleines Städtchen mit aus alter Zeit stammenden Bauten. Das war in Australien fast schon historisch, also zirka 200 Jahre alt. Länger ist die Geschichte der Engländer auf diesem Kontinent nicht. In einer urigen Kneipe genossen wir ein kühles Bier, umschwirrt von zahlreichen Mücken. Der Tankwart des Örtchens erzählte uns freudestrahlend, dass es gestern zum ersten Mal seit zwei Jahren geregnet hatte.

Danach ging es an vielen verdursteten Rindern vorbei nach Hughenden, und nach einer Snackpause sichteten wir in Richmond die ersten Emus. In Mount Isa schließlich übernachteten wir in einem Caravan-Park.

Wir waren nun den 5. Tag unterwegs, und es wurde zusehends heißer. Ständig um die 40 Grad. Wir schwitzten ordentlich und fuhren mit offenen Wagenfenstern, damit uns der Durchzug etwas Linderung verschaffen konnte. Wir frühstückten in einem Schnellimbiss. Meistens KFC, die es in der australischen Pampa alle 100 km gab. Wir liebten die Hühnchen dieser Fastfood-Kette, und es machte uns überhaupt nichts aus, sie jeden Tag zu essen. Insgesamt konnten wir unsere bisherige Weltreise auch als Hühnchen-Fahrt bezeichnen, denn schon in der Karibik und in der Südsee war Huhn in allen Varianten die beste und günstigste Verpflegung.

Es war ein Glück, dass die meisten Caravan-Parks einen Pool besaßen, denn das morgendliche Schwimmen war mein persönliches Highlight.

Am sechsten Tag erreichten wir das Northern Territory.

Die weiteren Stationen waren Tennant Creek mit den berühmten Devils Marbles, riesigen runden Gesteinsbrocken aus Granit. Sie gelten als geologisches Naturwunder. Sie liegen im Stammesgebiet der Ureinwohner Australiens und werden Karlu Karlu – runder Felsen – genannt. Für die Ureinwohner waren und sind sie heute noch eine heilige Stätte.

Die bekannteste Geschichte aus der Traumzeit, die auch mit Nicht-Aborigines geteilt werden darf, handelt von der Entstehung dieser runden Felsen.

Einst wanderte der Urahne Arrange durch dieses Gebiet. Er fertigte sich, wie es Tradition war, aus einem Haarzopf einen Gürtel an, der nur von Aborigine-Männern getragen werden durfte. Beim Zwirbeln der Haare fielen einzelne Strähnen auf die Erde, die sich in die riesigen roten Felsen verwandelten.

Wir wanderten durch diese bizarre Landschaft und fotografierten. Schließlich erreichten wir Alice Springs. Der Ort entstand 1872 im Zuge des Baus einer Telegrafenleitung. Charles Todd, ein Kommunikationswissenschaftler und Astronom, war im Auftrag der Regierung für dieses Projekt verantwortlich. Aufgrund technischer Erfordernisse wurden mitten im Outback mehrere Telegrafenverbindungen errichtet. Eine dieser Stellen ist das heutige Alice Springs. Ein Arbeiter glaubte, in diesem Gebiet eine Wasserquelle entdeckt zu haben. Das stellte sich jedoch als Irrtum heraus, denn es war ein See. Dennoch wurde diese Stelle nach dem Namen der Frau von Charles Todd, Alice Springs, benannt. Anfangs war das Gebiet nur dünn besiedelt. Erst als die Great Northern Railway bis zur Stadt führte, kamen immer mehr Menschen hierher.

1996 waren es ungefähr 27.000 Einwohner. 17 % davon Ureinwohner, die ein tristes Leben ohne Perspektive führten. Viele davon lungerten in Gruppen im vertrockneten Flussbett herum und tranken sich in die „Traumzeit" zurück. Wenigstens ein paar begabte Künstler unter den Aborigines hatten es geschafft, vom Tourismus leben zu können.

Jedes Jahr am dritten Samstag im August fand die *Henley-on-Todd-Regatta* statt. Eine nicht ernst gemeinte Wettfahrt, bei der nur entfernt an Boote erinnernde Konstruktionen durch das trockene, sandige Flussbett getragen wurden.

Von hier aus waren es 500 km bis zum Ayers-Resort, dem Ausgangspunkt zur Besteigung des Ayers Rock. Die Aborigines nennen den Monolith Uluru. Das bedeutet schattiger Platz. Wir hatten für die Besteigung einen Führer gebucht.

Auf dem Weg zum Resort besuchten wir eine Kamelfarm. Es war langweilig, denn die Tiere lagen nur faul und wiederkäuend im Gelände herum. Einen Ritt ersparten wir uns. Kamele sind unberechenbar und können äußerst aggressiv sein. Ein Beispiel dafür waren jene, die halbwild im Outback lebten und plötzlich aus territorialen Gründen angriffen. Der Biss ist äußerst schmerzhaft. Australiens Kamele waren begehrte Ware. Sie erzielten auf dem internationalen Markt hohe Preise. Vor 200 Jahren hatten die Australier die Arbeitstiere zu Expeditionszwecken importiert, denn nur Kamele hielten den Strapazen des Klimas stand. Heute waren sie ein Exportschlager, denn die Australier galten mittlerweile als Experten auf dem Gebiet der Kamelzucht.

Am Nachmittag erreichten wir das Camp in der Nähe des Ayers Rock. Die Zelte waren aus schweren Militärplanen. Zelt und Boden waren aus einem Guss. Es maß drei mal drei Meter. Ein Reißverschluss und ein Moskitonetz schützten uns vor Schlangen, Echsen und anderen ungebetenen Gästen. Im Inneren befanden sich zwei geräumige Feldbetten, die erstaunlich bequem waren.

Alles, was wir für den Aufstieg am nächsten Tag benötigten, war in unseren Rucksäcken in einer Ecke verstaut. Im Außenbereich befanden sich die sanitären Anlagen. Man riet uns, sparsam zu duschen, denn es herrschte Wasserknappheit. Die Gruppe bestand aus 12 Personen: zwei Monegassen, zwei Schweden, zwei Australier, eine Koreanerin, ein Engländer, Peter, die beiden Guides und ich.

Am späten Nachmittag fuhren wir gemeinsam mit einem Bus zu den Olgas, um am Fuße dieser Bergkette den Sonnenuntergang zu beobachten. Die Felsformationen oder Kata Tjuta, wie sie auch genannt wurden, bestanden aus insgesamt 36 markant aussehenden, kuppelförmigen Bergen, von denen der Mount Olga mit 1.066 m der höchste war. Wir schauten fasziniert in das Licht der untergehenden Sonne, das die Berggipfel in sanfte Ockertöne tauchte.

Wieder zurück am Lagerplatz bereitete einer der Guides auf der Holzkohle des Lagerfeuers ein typisch australisches Buschbrot zu. Das Rezept ist Jahrtausende alt, und schon die Aborigines haben es angewandt.

Rezept für 12 Personen:

7 HANDVOLL MEHL MIT TROCKENHEFE VERMISCHT
EINE PRISE SALZ
1 ESSLÖFFEL ÖL
WASSER NACH GEFÜHL

DIE ZUTATEN WURDEN RASCH ZU EINEM LOCKEREN TEIG VERMENGT UND FÜR 10 MINUTEN IN DIE ASCHE GELEGT. DANACH BEDECKTE DER GUIDE DEN LAIB VOLLSTÄNDIG MIT ASCHE UND LIESS DIE MASSE NOCHMALS 20 MINUTEN BACKEN, BIS SICH AUSSEN EINE FESTE KRUSTE GEBILDET HATTE.

„WENN MAN MIT EINEM AST AUF DIE KRUSTE KLOPFT UND EINEN HOHLEN TON HÖRT, IST DAS BROT FERTIG“, ERKLÄRTE ER. NACH DEM KLOPFTEST NAHM ER ES AUS DER ASCHE, BÜRSTETE ES AB UND BRACH ES AUSEINANDER.

DER WARME DAMPER SCHMECKTE AUSGEZEICHNET ZUR DAMPFENDEN BOHNENSUPPE AUS DEM KESSEL ÜBER DEM HOLZFEUER.

Nach dem Essen lernten wir uns alle ein wenig besser kennen. Später saßen wir vor dem Zelt und schauten in den wolkenlosen Nachthimmel. Ich kannte zwar den prächtigen Sternenhimmel über dem Meer, aber dieses diamantene Funkeln am Himmel habe ich in dieser Klarheit noch nie gesehen. Es lag an der trockenen Luft. Ein fesselnder Anblick!

Danach schlief ich, den Sternenhimmel in meinen Gedanken, glücklich auf meinem Feldbett ein. Die Wildnis und die vielen lauernden Gefahren um uns herum hatte ich schon völlig vergessen, als mich plötzlich ein Geräusch aus dem Schlaf riss.

Leise sagte ich zu Peter. „Hast du das gehört?“ Peter wachte auf. „Da, schon wieder!“ Irgendetwas zerrte am Reißverschluss unseres Zeltes. Ein Lichtschein tanzte auf und ab. Peter rief: „Hallo, ist da jemand?“

Stille. Plötzlich war ein leises Flüstern zu hören.

Peter öffnete vorsichtig das Zelt. Vor uns stand die kleine Koreanerin mit einer Taschenlampe in der Hand. Sie war vollständig angezogen und hatte immer noch ihren Tropenhelm auf, an dem die Moskitokorken baumelten. Sie fuchtelte mit der Taschenlampe vor uns herum und flüsterte:

„I am afraid, and I don't want to sleep alone in my tent.“ Dabei sah sie uns so verzweifelt an, dass wir sie erst einmal hereinbaten. Wir unterhielten uns eine Zeit lang mit ihr, und es gelang uns, sie etwas zu beruhigen. Sie erzählte uns, dass sie in Korea eine große Firma leite und Managerin sei. Irgendwann konnten wir sie davon überzeugen, dass ihr hier nichts passieren konnte. Einer der Guides war noch wach und saß am Lagerfeuer. Wir führten sie zu ihm. Der wiederum brachte die koreanische Führungskraft bei dem alleinschlafenden Schweden unter.

Als wir zum Zelt zurückgingen, sah ich einen Dingo, den australischen Wildhund, am Rand des Lagers vorbeihuschen. Nur schnell ins Bett, denn wir mussten morgen sehr früh raus. Für die Besteigung des Uluru wollten wir ausgeruht sein.

Am nächsten Morgen um vier Uhr war Tagwache. Nach der Morgentoilette gab es Frühstück, und wieder ereignete sich ein Zwischenfall mit der Koreanerin.

Vor der Dusche hatte sich eine Schlange gebildet, denn das weibliche koranische Management duschte bereits seit zehn Minuten trotz des Hinweises auf die Wasserknappheit. Die Wartenden murmelten unruhig, aber keiner tat etwas. Endlich kam einer der Guides, stellte sich an das Duschzelt und redete auf die Dame ein. Die plätscherte in asiatischer Ignoranz unbeeindruckt zu Ende. Mit hoch erhobenem Haupt und ohne uns eines Blickes zu würdigen, schritt sie mit einem Badetuch bekleidet an uns vorbei. Von diesem Augenblick an separierte sich die kleine Koreanerin von der Gruppe. Ich kann mich nicht erinnern, dass sie während der gesamten Tour mit irgendjemandem ein Wort gewechselt hätte.

ULURU – DER SCHATTIGE PLATZ

Das Zeltlager lag 18 km vom Ayers Rock entfernt. Wir fuhren abermals mit dem Bus. Unsere beiden Guides sahen mit ihren Bärten und Hüten aus, wie man sich echte australische Kerle vorstellte. Sie waren stets zu Scherzen aufgelegt und von stoischer Gelassenheit. Am Fuße des Berges zog einer von ihnen seine Wanderschuhe aus, denn wie immer ging er barfuß auf den Ayers. Auf dem grobkörnigen Sandstein hatte er mit nackten Fußsohlen den besten Halt. Wohl eine Gewohnheitssache. Wir ließen unsere Bergschuhe lieber an und hangelten uns die erste sehr steile Etappe an einer Kette hoch. Wie die Ameisen. Der barfüßige Guide hingegen sprang wie ein Steinbock den steilen Felsen hoch. Sogar wir waren beeindruckt.

In der Seilschaft kam es ständig zu einem Stau. Die Menschen vor uns bewegten sich im Schneckentempo voran, gerieten außer Atem und blieben nach Luft ringend stehen. Wir hatten als geübte Bergsteiger zwar die Kondition, mussten uns dafür aber in Geduld üben. Die zweite Etappe war etwas flacher. Endlich konnten wir uns wieder frei bewegen. Ab nun löste sich die Gruppe schnell auf. Peter und ich strebten rasch dem Gipfel entgegen, um nur ja nicht den Sonnenaufgang zu verpassen. Nur Henry, der Engländer, hielt Schritt mit uns. Wir fanden seinen Akzent sehr lustig. Als wir ihn nach seinem Beruf fragten, antwortete er Cockney-gerecht, indem er die Us auch als Us und nicht als As aussprach: „I am only a fucking Truck Driver."

Wir hatten die Guides inzwischen aus den Augen verloren, aber der ausgetretene Pfad ließ uns ohnehin keine Wahl. Auf halber Strecke steigerte sich die Windgeschwindigkeit auf 75 km/h, und ich musste daran denken, dass der Uluru als heilig galt und die Aborigines deshalb niemals auf diesen Berg stiegen. Sie glauben, dass die Seelen ihrer Ahnen hier präsent sind. Mich gruselte, als die Böen über den Felsen fegten und ein schauriges Konzert veranstalteten. Ich erzählte Peter von meinen unheimlichen Gedanken. Der meinte nur trocken: „Alles Blödsinn!“, und schritt unbeeindruckt weiter voran. Nach 45 Minuten war es dann soweit: Der Gipfel war erreicht, und schon zeigten sich am Horizont die ersten Sonnenstrahlen. Mir war feierlich zumute, und Tränen stiegen mir in die Augen.

Die aufgehende Sonne wärmte uns. Engländer Henry fror. Peter lieh ihm seine Jacke, denn er zitterte vor Kälte. Außer den beiden Deutschen und der Monegassen hatten alle aus unserer Gruppe den Gipfel erreicht. Erstere wollten angesichts der Steilheit und Rutschgefahr erst gar nicht hoch, und den Monegassen war auf den ersten Metern übel geworden.

Nach einer halben Stunde stiegen wir wieder ab. Bis zur Kette war es sehr einfach. Aus der Perspektive von oben sah man erst, wie steil der erste Teil des Berges gewesen war.

Wir überlegten auch kurz, die Schuhe auszuziehen, denn unser Guide schien Saugnäpfe an seinen bloßen Füßen zu haben, so trittsicher raste er an uns vorbei ins Tal.

Der Nachmittag endete mit einer Wanderung entlang des Ulurus. Wir sahen Tausende Jahre alte Kultstätten und Wandmalereien der Aborigines. Danach fuhren wir wieder ins Camp, wo wir unsere Sachen packten, denn wir wechselten das Lager. Um 17 Uhr kamen wir an und begannen, Holz für das Lagerfeuer zu sammeln. Abends aßen wir einen Hühnereintopf mit Damper. Nach dem Dinner gab es Chips und Dips. Wir saßen gemütlich am Lagerfeuer und ließen die Ereignisse noch einmal an uns vorüberziehen. Kurz vor Mitternacht gingen wir mit den Letzten zu unserem Zelt und schliefen sofort ein.

Am nächsten Morgen um 4 Uhr stand der Kings Canyon auf dem Programm. Die Schlucht bestand aus imposanten über 100 Meter hohen Felswänden. Sie schimmerten in den Farben Rot, Gelb und Weiß. Durch den Canyon zog sich der Kings Creek, der ab und zu auch Wasser führt. An seinem Ende lag ein mit Pflanzen umwuchertes Wasserloch. Die Felswände spendeten angenehmen Schatten gegen die sengende Sonne, und die Feuchtigkeit des Wassers ließ viele Pflanzen in diesem Mikroklima gedeihen. In Australien nennt man diese Wasserlöcher *Billabong*. Nach einem zweistündigen Marsch in der Sandwüste waren wir überwältigt von diesem Anblick. Mitten in der über 40 Grad heißen Schlucht lag diese Oase mit glasklarem kühlem Wasser. Wir fotografierten oder hielten unsere Zehen ins kühle Nass. Wir schwitzten alle und freuten uns über dieser Erfrischung. Dennoch fühlten sich die hohen Temperaturen nicht schlimm an, denn die Luft war trocken, und das machte die Hitze erträglicher.

Unterwegs begegneten wir einem 1 Meter langen Lizzard, der größten Echsenart auf diesem Kontinent. David warnte uns davor, dem Tier zu nahe zu kommen. Stand ein Tourist zu lange vor dieser starr verharrenden Echse, hielt sie den Menschen für einen Baum, kletterte blitzschnell an ihm hoch und krallte sich am Kopf fest. Die Ranger beschrieben uns äußerst bildhaft, wie das Ende des vermeintlichen Baumes durch die scharfen Krallen verletzt wurde und das Ganze in einer sehr blutigen Angelegenheit endete. Daraufhin dachte niemand mehr daran, sich einer Echse zu nähern. Ab und zu begegneten uns Wildpferde, die noch von den ersten importierten Pferden der Engländer abstammten.

Zu Mittag waren wir zurück im Camp, aßen und räumten auf. Die Gruppe fuhr mit dem Bus nach Alice Springs. Wir verabschiedeten uns und suchten ein Hotel. Nach dem Abendessen fielen wir erschöpft in unsere Betten. Am nächsten Tag besuchten wir das Northern-Territory-Museum und flogen anschließend über Sidney nach Brisbane. Mit dem Citytrain fuhren wir nach Manly zu unserem Schiff, das, wie mir schien, schon sehnsüchtig auf uns wartete.

Ich begann wieder mit dem Schreiben, und Peter arbeitete an der *Tiburon*. In einer Woche wollten wir in Richtung Norden aufbrechen, und es gab jede Menge zu tun.

Nachdem wir bei der Zwischenlandung nicht viel von Sidney gesehen hatten, beschlossen wir, vor der Abreise mit einem Greyhound-Bus hinunter zu fahren. Die Fahrt dauerte 14 Stunden. Am Kings Cross, der Sündenmeile von Sidney, machten wir uns auf die Suche nach unserer Unterkunft. Dort angekommen, teilte uns der Mann an der Rezeption mit, dass er kein Zimmer mehr frei hätte. Er verlegte uns kurzerhand in ein anderes Hostel. Wir nahmen ein Taxi, aber der Fahrer fand die Adresse nicht. Als wir endlich ankamen, standen wir vor einem völlig heruntergekommen Gebäude. Wir ahnten nichts Gutes. Und so war es: Im Inneren entpuppte sich das Gebäude dann auch als Drecksloch. Wir bekamen nur mit Mühe ein Doppelzimmer mit Dusche und WC. Der Rest der Unterkunft bestand aus muffigen Massenlagern. Als wir das ebenerdige Zimmer betraten, fiel uns sofort die Tür hinter dem Kopfende des Bettes auf. Der Geräuschkulisse zufolge führte sie direkt zur Rezeption. Dort plärrte der Fernseher die ganze Nacht. Gäste, meist angeheiterte Jugendliche, trampelten lautstark hinter unseren Köpfen vorbei in ihre Unterkünfte. Erst in den frühen Morgenstunden schliefen wir ein.

Während der kommenden Woche wurden wir in Sidney für diese Unannehmlichkeiten jedoch reichlich belohnt.

Die Stadt war wunderbar, so wie auch ihre Bewohner. Unkompliziert, freundlich, hilfsbereit und locker. Selten habe ich mich in einer Großstadt so wohl gefühlt. Das Meer, Darling Harbour, der Fischmarkt, die wunderschönen Parks, der Zoo, die Museen, die Blue Mountains und vieles mehr. Wir trafen Bekannte aus Österreich, die hier seit Jahren leben, und verbrachten mit ihnen einen wunderschönen Tag. Joran und Ayfer von der schwedischen Segelyacht *Cantana* lagen im Stadthafen. Wir feierten unser Wiedersehen mit einem Picknick im Park und abends mit einem opulenten Essen in einem japanischen Restaurant.

Nach vier Tagen fuhren wir wieder zurück nach Manly und stellten fest, dass uns Australien immer mehr ans Herz wuchs.

Tagebuch

Es ist März. Das Meer hat uns wieder. Nach vier Monaten in der Marina von Manly müssen unsere Seebeine erst wachsen. Manly ist großartig. Vorgestern gab es von den Seglern eine feucht fröhliche Farewell-Party nur für uns. Auch Linda und Ken waren dabei. Sie versprachen, uns in einem halben Jahr auf Mauritius zu besuchen.

Ich drücke beide zum Abschied fest an mich und sage ihnen, wie sehr ich mich darüber freuen würde, sie tatsächlich wiederzusehen. Insgeheim glaube ich nicht daran. Die neuseeländische Segelyacht Star Gazer begleitet uns aus der Bucht. Bevor die Yacht abdreht, wirft uns der Skipper, den wir erst gestern kennengelernt haben, einen Stoffteddy als Glücksbringer an Bord. Wir winken und rufen ein lautes „Thank you!“ in seine Richtung und schauen ihm nach, bis sein Schiff langsam aus unserem Blickfeld verschwindet. Ihr seid alle sooo nett!

AUSTRALISCHE OSTKÜSTE

Diesmal wollten wir es gemütlicher angehen. Die erste Etappe nach Moreton Bay schafften wir in 12 Stunden. Wir hatten die ersten 56 Meilen nach Norden gutgemacht. Das waren ungefähr 0,5 Prozent der gesamten Strecke, die noch vor uns lag. Im kleinen Hafenort Mooloolaba trafen wir wieder auf Segelkameraden, die wir für einige Monate aus den Augen verloren hatten. Die Schweizer Freddy und Edith auf der *Fredith* (so entstehen viele Schiffsnamen). Ein Paar aus Bonn auf einer Dehler-Yacht unserer Größe. Jürgen, der Skipper, hatte nur ein Bein und segelte die meiste Zeit allein, weil Ulla nach einigen Wochen zurück nach Deutschland musste, um zu arbeiten. Wir erkannten noch einige andere Yachten, hatten aber mit ihnen bisher nicht viel Kontakt. Auch unter Seglern musste die Chemie stimmen, damit aus einer losen Bekanntschaft Freundschaft werden konnte.

Am nächsten Tag bummelten wir gemeinsam durch Mooloolaba. Die australische Sonne brannte herab. Ich wollte ans Wasser. Peter hatte keine Lust. In der Marina hatte es 35 Grad im Schatten. Im Badeanzug und einem bunten Pareo um die Taille flüchtete ich ans Meer. Die frische Brise tat mir gut. Je weiter ich mich vom touristischen Zentrum entfernte, desto einsamer wurde es. Manchmal blieb ich stehen und wühlte mit den Zehen im kühlen Sand. Das Rauschen der Brandung entspannte mich. Das Kap am Ende des Strandes erkor ich zum Ziel. Nach einer Stunde sah ich mich um und stellte fest, dass ich auf diesem Strandabschnitt allein war. Ich marschierte weiter meinem Ziel entgegen. Plötzlich spürte ich etwas hinter mir. Ein kurzer Blick zurück, und ich sah einen übergewichtigen, unsportlich wirkenden Mann, der schwer atmend näherkam. Außer uns beiden war niemand am Strand. Als er links überholte und unmittelbar neben mir war, fixierten mich seine Augen aus einem hochroten und schweißüberströmten Gesicht. Mein Bauchgefühl schlug

Alarm. Instinktiv suchte ich nach einer Fluchtmöglichkeit. Aber wohin? In zirka fünfzig Metern führte links ein schmaler Pfad an einer Böschung nach oben. Dort könnte eine Straße sein. Aber was, wenn nicht? Zur Rechten war das Meer. In der Brandung übten ein paar Surfer.

Sobald der Mann überholt hatte, verlangsamte ich mein Tempo. Er entfernte sich von mir, und nichts geschah. Hatte ich mich getäuscht? Alles nur Einbildung? Bevor mir weitere Zweifel aufkommen konnten, drehte er plötzlich um und ging direkt auf mich zu. Adrenalin schoss durch meinen Körper. Ich versuchte, den Anschein zu erwecken, als ignorierte ich ihn, bis er schwer atmend unmittelbar vor mir stand. Blitzschnell griff er nach mir und legte seine verschwitzten Hände auf meine Brüste. Mein Herz klopfte wie verrückt, aber ich sah ihm fest in die Augen und schrie: „Don't touch me!" Gleichzeitig stieß ich ihn von mir weg, sprang mit einem energischen Satz zur Seite und rannte auf den Pfad zu.

Sein schweres Atmen hinter mir verriet, dass er mir folgte. Zum Glück war ich durch regelmäßiges Schwimmen gut in Form. Ich flog förmlich nach oben und stand nach endlos scheinenden Minuten schwer atmend auf einer belebten Straße. Nie zuvor hat mich der Anblick von Autos derartig glücklich gemacht. Hier konnte er mir nichts mehr anhaben. Ein älteres Paar kam mir entgegen, und ich sprach sie an. Ich schilderte hastig, dass ich von einem Unbekannten angegriffen worden war, und bat sie, so zu tun, als würden sie mich kennen. Anfangs warfen sie einander skeptische Blicke zu, aber schließlich glaubten sie mir und spielten mit.

Bald tauchte der Angreifer auf. Gemächlich spazierte er an uns vorbei und flüsterte: „No fears." Wir sahen ihm nach, bis er verschwand. Plötzlich stand ein Unbekannter mit einem Surfbrett unter dem Arm neben uns. Er hatte den Angriff vom Meer aus gesehen. Er stellte sich als Polizist vor und entschuldigte sich, dass er nicht schneller kommen konnte. Noch in meinem

Strandoutfit brachte er mich auf das Revier, wo wir am Computer aus meinen Erinnerungen ein Phantombild zeichneten. Zwei Tage später kam die Polizei an Bord und teilte uns mit, dass der Angreifer gefasst worden war. Er hatte sofort gestanden.

Nach zwei Wochen ging es weiter, und das war gut so. Mit all den fröhlichen Segelkameraden war es ein Leichtes, jeden Tag zu versumpfen. Der Alkohol floss in Strömen. Auch auf der *Tiburon*. Eine Neuseeländerin hatte mir beigebracht, wie man Reiswein braut, und ich war eine gelehrige Schülerin. Ab sofort gab es in unserer Schiffsbar nur mehr diesen Sundowner. Der Drink war ein voller Erfolg. Ich gab das Rezept weiter und verschenkte jede Menge des begehrten Getränks an Freunde.

Rezept für 5 Liter Reiswein:

MAN NEHME:
EINEN GROSSEN EIMER (5 L)
1 KG REIS
1 KILO ZUCKER
1 BEUTEL SCHWARZER TEE
1 ORANGE IN ZWEI HÄLFTEN GETEILT
1 SÄCKCHEN TROCKENHEFE

ALLE ZUTATEN KOMMEN IN DEN EIMER. MAN DECKT DIESEN MIT EINER PLASTIKFOLIE AB (WEGEN DER GÄRUNG NIE GANZ VERSCHLIESSEN). DANN LÄSST MAN DIE BAKTERIEN ARBEITEN. ZWEI MAL TÄGLICH UMRÜHREN. ES DAUERT EINE WOCHE, BIS DAS GETRÄNK TRINKFERTIG IS

Zum Abschied schenkte ich jedem unserer Freunde ein Fläschchen, und alle strahlten. Das Strahlen verging ihnen jedoch, als die Flaschen in ihren Schränken explodierten. Wir hatten alle nicht bedacht, dass die Flüssigkeit weiter gärt und das entstehende Gas irgendwann das geschlossene Gefäß sprengt. Sorry, aber es ist uns selbst auch passiert.

Das Segeln entlang der Ostküste Australiens bot reichlich Abwechslung. Entweder Flaute und Regen oder raue See und stürmische Winde. Wir suchten uns jede Nacht ein geschütztes Plätzchen hinter einer der zahlreichen Inseln oder liefen einen Hafen an.

Nachts quälten uns die Gelsen. Die Inseln waren immer eine ganze Tagesreise voneinander entfernt, aber der Landaufenthalt hatte uns gutgetan, und wir hatten genug Kraft getankt, um die 2.000 Seemeilen lange Reise bis zum Nordkap Australiens zu meistern.

Wir funkten mit den Freunden, sobald sie in unserer Reichweite waren, und mussten genauestens navigieren, um nicht selbst Opfer der zahlreichen Untiefen zu werden. Zwischendurch retteten wir einen Engländer und zogen sein Schiff von einer Sandbank. Wir erkundeten hübsche Städtchen wie Bundaberg und segelten nach Lady Musgrave Island, einer vorgelagerten Insel mit schneeweißen Korallenstränden und einer atemberaubenden Unterwasserwelt. Das Segeln innerhalb des Barrier Reefs war angenehm, da das Riff wie eine Hafenmauer die hohen Wellen des Indischen Ozeans abhielt. Zwischendurch versuchte ich mich in der Astronavigation und schaffte es tatsächlich, einen halbwegs genauen Standort zu ermitteln. Das Leben an Bord verlief reibungslos, und das Segeln machte uns Freude. Auf der Fahrt zu den Whitsundays legten wir ein paar Nachttörns ein, erlebten Gewitter mit Donner und Blitz und mussten sehr oft selbst steuern, weil die Windfahnensteuerung wegen der starken Winde den Kurs nicht halten konnte. Unsere Mägen gewöhnten sich nur langsam an die neue Situation, aber mit Porridge zum Frühstück bekamen wir auch das in den Griff.

Ich las die Bücher von Sara Henderson, einer großartigen Farmersfrau, die, nachdem ihr Mann 1985 gestorben war, eine riesige Rinderfarm im Northern Territory, 360 km südlich von Darwin, samt ihren drei Kindern und 750.000 Dollar Schulden über Wasser halten musste. Ich war fasziniert von dieser starken Frau, die es tatsächlich schaffte, die Farm in die schwarzen Zahlen zu bringen. 1991 wurde sie zur „Australian Business Woman of the Year" gewählt. Verdient, wie ich meine.

Tagebuch

Ruhige See. Sehen uns den angeblich schönsten Strand der Welt an. Die White Heaven Bay leuchtet tatsächlich weißer als weiß. Dennoch gehen wir nicht vor Anker, denn die Bucht ist mit Charterflotten überfüllt. Wir legen uns vor Haslewood Island. Beeindruckende Kulisse. Viele Felsen, Nadelbäume und ein hübscher Sandstrand. Leider gibt es hier wie in der Südsee Sandfliegen. Ich habe meine Erfahrung damit gemacht und verzichte auf den Landgang. Für ein Vermummen ist es zu heiß. Wir segeln weiter zur Apostle Bay. Wir sind noch immer in den berühmten Whitsundays, eine beliebte Urlaubsregion der Australier. Ankern auf 20 Meter, leider zwischen Korallen. Wir haben uns fest vorgenommen, die empfindliche Meeresfauna nicht zu beschädigen, und suchen einen ausreichend großen Sandgrund. Leider ohne Erfolg. Da es fast windstill ist, dreht sich das Schiff kaum. Dadurch bleiben die Korallenstöcke ohne unser Zutun verschont. Am nächsten Morgen geht es weiter Richtung Townsville. Wir sind schon gespannt auf diese Stadt. Leider bedeutet das eine Nachtfahrt. Wir mögen diese kurzen Strecken noch immer nicht.

Gegen Mittag kommen wir an und machen in der Breakwater Marina fest. Es regnet und ist schwül. Es stehen schon wieder Reparaturen an. Wir demontieren den Decksdurchlass an Steuerbord. Eine knifflige Arbeit. Wir entdecken, dass der Beschlag schlampig montiert wurde und nicht plan auf der Holzplatte aufliegt. Dadurch sickert ständig Wasser in die Salonschränke. Gut, dass wir die Ursache gefunden haben. Bei starkem Seegang und überkommenden Wellen war das Innere der Schränke immer feucht. Ständig gibt es was zu tun. Ganz wasserdicht ist das Schiff nie! In der Marina treffen wir Freddy und Edith und noch einige andere bekannte Segler. Abends ist es wieder lustig, denn jeder hat eine gute Geschichte auf Lager. Uns Seglern geht der Stoff nie aus. Nach fünf Tagen in der Marina heißt es wieder Abschied nehmen. Würden wir uns wiedersehen?

Immer weiter ging es mit dem Ziel Cape York, dem nördlichsten Punkt des australischen Kontinents.

Vorher wollten wir uns noch ein paar Tage in Cairns gönnen. Von dort aus war man mit einem Schnellboot innerhalb einer Stunde am berühmten Barrier Reef. Cairns hatte früher vor der Stadt keinen natürlichen Sandstrand. Deshalb wurde eine künstliche Lagune angelegt. Diese hatte man mit Salzwasser geflutet. Nun konnten vor allem die Kinder in Sicherheit baden. Cairns bot viele Attraktionen und lockte viele Touristen an. Ich schrieb 22 Briefe an meine Freunde und Verwandten und stellte ein Geburtstagspaket für meine Tochter zusammen.

Am 23. Mai verließen wir Cairns und segelten weiter über Hope Island, Lizard Island, Melville, Flinders, Morris Island und Portland Road in die Margaret Bay. Wir ankerten im Escape River. Dort trafen wir alte Freunde von der *Tokoloshe II*. Gisa und Manfred waren Deutsche, die schon seit Jahren in Australien lebten. Sie besaßen ein gemütliches, aber langsames Schiff und schenkten uns zur Begrüßung zwei Makrelenfilets. Wir hatten uns viel zu erzählen und verbrachten den Abend zusammen. In der Bucht war es ruhig wie auf einem Ententeich. Auf das Schwimmen verzichteten wir, denn im trüben Wasser lauerten die Krokodile.

Am Montag, den 10. Juni, hatten wir es endlich geschafft: Cape York lag unmittelbar vor uns.

Tagebuch

Es ist Juni, und wir sind wieder unterwegs. Der nächste Halt wird Darwin sein. Vergangene Nacht drehte der Wind auf Süd. Anfangs hatten wir noch Blickkontakt zur Yacht einer befreundeten Crew, verloren sie aber bald aus den Augen. Wir verlassen nun die Ostseite dieses Kontinents und damit das sogenannte Korallenmeer und segeln in die Timorsee im Norden Australiens.

DARWIN

Nach einem einwöchigen Törn erreichten wir Darwin. Wir waren erleichtert. Die vielen kurzen Etappen waren anstrengend gewesen, und wir waren froh, dass sie hinter uns lagen.

In Darwin war Winter. Temperatur über 30 Grad. Der Sommer bringt es locker auf 45 Grad. Doch auch bei diesen „winterlichen Temperaturen" waren wir ständig auf der Suche nach Schatten. Unseren Freunden und Familien zu Hause hatten wir die Postadresse des Segelklubs angegeben. Als ich der Sekretärin meinen Namen nannte, rief sie erstaunt aus: „Oh that's you, you must have a lot of friends!" Sie schien beeindruckt zu sein, als sie mir die 37 Poststücke überreichte. Ich war außer mir vor Freude, bedankte mich überschwänglich und rannte auf das Schiff. Ungeduldig riss ich alle Umschläge auf. Peters Tochter schrieb, dass sie schwanger sei. Dieses freudige Ereignis war die größte Überraschung.

Am Nachmittag trafen wir uns mit Doris und Wolfgang von der *Suzy Q*, die wir seit Tahiti nicht mehr gesehen hatten. Wir tranken ein paar Bierchen zusammen und hatten uns jede Menge zu erzählen. Ich mochte die beiden sehr. Für mich waren sie der Inbegriff sympathischer Fahrtensegler. Wolfgang, ein gewissenhafter und verantwortungsbewusster Skipper, und Doris, seine wunderbare Partnerin und eine Seele von Mensch. Trotz ihrer Seekrankheit blieb sie loyal an Wolfgangs Seite. Und immer waren sie hilfsbereit und freundlich.

Am Abend waren wir bei Gisa und Manfred auf der *Tokoloshe* eingeladen, wo wir mit Sekt, Wein und herrlichen Snacks königlich bewirtet wurden. Auch wir hatten uns viel zu erzählen und plauderten bis spät in die Nacht.

Am nächsten Morgen genoss ich die Dusche im Yachtclub. Was für ein Luxus! Ich konnte gar nicht aufhören, das herrliche Süßwasser über meinen

Körper plätschern zu lassen. Köstlich. Danach gönnte ich mir eine Auszeit in einem Kosmetiksalon und ließ mich so richtig verwöhnen. Am nächsten Tag überstellten wir das Schiff in die Marina neben dem Club. Hier zu liegen, war günstiger. Da der Tidenhub in diesen Gewässern bis zu 8 Meter betrug, mussten wir durch eine Schleuse. Die Marina war leider schlecht ausgestattet. Nicht einmal eine Waschmaschine gab es. Dafür lagen auch Doris und Wolfgang hier, was uns wiederum sehr freute.

Tagebuch

Die Reparaturliste endet nie!
Püttingbeschläge an Backbord undicht,
Topplicht defekt, Montage Fernsehantenne,
Holzleiste im Salon demontieren und Schrauben abdichten.

Während der Reparaturarbeiten entdecke ich ein Kakerlakennest. Die Kakerlakenbabys sind in einem watteähnlichen Kokon eingesponnen. Interessant, aber nichts wie weg damit. Ich entferne das Nest und hoffe, alle erwischt zu haben. Danach noch etwas Insektenspray zur Sicherheit. Obwohl ich nicht glaube, dass Insektizide etwas nützen. Ihnen ist einfach schwer beizukommen. Seit Manly sind sie unsere ständigen Begleiter. Obwohl ich alle Einkäufe vor dem Stauen auf Ungeziefer untersuche und jedes Stück Obst wasche, bevor es an Bord kommt. Sie klettern einfach über die Leinen, mit denen wir in der Marina festmachen. Einige dieser Spezies werden bis zu drei Zentimeter groß. In diesem Teil der Welt, wo die Temperatur ständig um die 30 Grad beträgt, gedeihen sie besonders prächtig. Ihre kräftigen Beine machen sie blitzschnell. Darum ist es fast unmöglich, sie zu erwischen. Ich werde den Rat einer Seglerin befolgen und mir in der Apotheke etwas Bor kaufen, es mit Wasser und Zucker mischen. Wenn man das Glas in Küchennähe aufstellt, sollte der Zucker die Tiere anlocken und das Bor sie umbringen. Ich probier's.

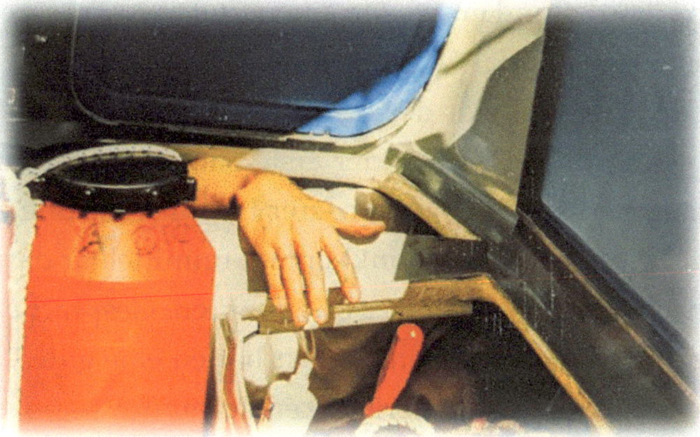

Nachdem ich endlich eine Apotheke gefunden hatte, in der es Bor gab, rührte ich die Mischung an Bord zusammen und stellte das Glas in eine Ecke der Pantry. Nach ein paar Tagen ärgerte ich mich, diese Methode nicht schon früher angewandt zu haben. Unzählige Kakerlaken kamen in dem Gebräu um, und jeden Tag wurden es weniger, bis sich nach einer Woche keine tote Kakerlake mehr im Glas befand. Nun war ich gespannt, ob die Plage damit ein Ende hatte.

Sobald alle Reparaturarbeiten erledigt waren, konnte ich mich endlich hinsetzen und alle 37 Briefe beantworten. Das dauerte ein paar Tage. Anschließend schrieb ich noch neun Seiten für das *Trans-Ocean*-Magazin und einen dreiseitigen Artikel für die Salzburger Nachrichten.

Wir beschlossen, uns ein SSB-Funkgerät zu kaufen. Wir waren es einfach leid, immer nur zuzuhören. Doch es war gar nicht so einfach, einen Händler zu finden. Der erste war bankrott und bekam Ware nur gegen Bargeld, das er nicht hatte, weil er zahlungsunfähig war. Wir machten uns auf die Suche nach einem liquiden Händler und erstanden einen CODAN-Transceiver. Noch am selben Tag montierten wir das Gerät und setzten es in Gang.

Jürgen von der *Timschal* war der erste, der uns zur vereinbarten Zeit anfunkt: „Lore, bist du da?“ Das war der erste Satz, der noch undeutlich und von Nebengeräuschen begleitet aus unserer Neuanschaffung zu uns sprach. Wie aufregend! Leider brach der Funkkontakt unmittelbar darauf wieder ab. Während der nächsten Tage gelang es uns, mehrere Gespräche zu führen, die glasklar bei den Empfängern ankamen. Wir hatten eine gute Wahl getroffen, und ab sofort waren wir ein Teil der Funker-Community.

Einige der Segler liefen aus. Sie wollten weiter in den Pazifik oder nach Indonesien. Brigitte von der *Brio* stieg aus und ließ Otto mit zwei Holländern allein weitersegeln. Sie feierte ihre neu gewonnene Freiheit in einem Hotel auf Bali. Sie konnte es sich leisten, denn zu Hause sorgte ihrer beider gut gehendes Unternehmen für ein gesichertes Einkommen. Brigitte hatte sich schon einmal in Südamerika, im Beagle Kanal, abgesetzt. Mithilfe der herbeigerufenen Kriegsmarine. Wenn es nicht mehr geht, geht es eben nicht mehr. Brigitte war resolut und durchsetzungsfähig genug, um eine für sie unerträgliche Situation zu beenden.

Hell und Margaret von der *Makiki* aus Norwegen legten ebenfalls ab. Sie segelten dieselbe Route wie wir. Irgendwo auf einer Insel im Indischen Ozean würden wir uns wiedersehen. Bei uns kündigte sich eine Grippe an, und ich versuchte, sie mit Medikamenten aufzuhalten. Klingt komisch, aber wir hatten einen Zeitplan einzuhalten. Außerdem wollten wir weg. Die Reparaturen und der Großeinkauf für den nächsten großen Ozean waren erledigt. Was sollte uns noch halten?

PIRATEN UND SEESCHLANGEN

18. Juli. Wir legten ab. Die Grippe hatte uns beide trotz der Medikamente erwischt. Peter lag fast den ganzen Tag in der Koje. Mir ging es nicht viel besser. Die Arafurasee war uns wohlgesonnen. Aufgrund der schwachen Winde war das Meer nahezu spiegelglatt. Es war dunstig, die Luft schwer und schwül, und wir kamen langsam voran. Am ersten Tag schafften wir nur 78 Seemeilen. Vom grippalen Infekt erholten wir uns schnell. Am zweiten Tag auf See fühlten wir uns schon wesentlich besser. Der Appetit kehrte zurück, und ich kochte uns ein ausgiebiges Mahl, das wir mit Genuss verspeisten.

Am dritten Tag verloren wir die Geduld und starteten den Motor.

Während der Nachtwache hatte Peter ein beunruhigendes Erlebnis. Gegen ein Uhr kam von achtern ein Motorboot auf. Als es auf derselben Höhe war, blieb es in dieser Position und fuhr eine halbe Stunde neben uns her. Wir hatten schon die schrecklichsten Geschichten über Piraten gehört und glaubten, auf diesem Kurs in Sicherheit zu sein. Die meisten Überfälle auf Yachten ereigneten sich viel weiter nördlich. Peter hatte bei dieser nächtlichen Begleitung kein gutes Gefühl. Nachdem er die Geschichte erzählt hatte, wurde auch mir etwas unheimlich. Viel öfter als üblich blickte ich ängstlich in die Runde, aber meine Wache verlief ruhig, und es war weit und breit kein Schiff zu sehen. Da wir nun selbst ein Funkgerät besaßen, war das Bordleben abwechslungsreicher geworden. Am Morgen erzählten wir unseren Segelfreunden von unserem nächtlichen Erlebnis. Einige meinten, dass auch in diesen Breiten Piraterie nicht ausgeschlossen sei. Das beunruhigte uns ungemein. Wir wollten so schnell wie möglich weg aus diesem Gebiet. Zu allem Überfluss kamen wir aber nicht voran. Es schien, als wollte die Arafurasee uns nicht ziehen lassen. Mir war diese Gegend schon wegen der vielen Seeschlangen unsympathisch.

Damals wussten wir noch nicht, dass unser nächstes Ziel als Königreich der Seeschlangen bezeichnet wurde. 13 Arten tummelten sich in diesem Naturschutzreservat. Es war damit das größte Seeschlangengebiet der Welt. Die Schlangen waren an die zwei Meter lang und dick wie ein Männerarm. Sie konnten wegen ihres kleinen Kopfes und dem winzigen Maul dem Menschen zwar kaum gefährlich werden, aber ihre Größe machte mir Angst. Nach fünf Tagen mühsamen Vorankommens waren wir da. Ahnungslos.

Peter wollte wenigstens eine Nacht im Ashmore Reef ankern. Das Wasser war glasklar. Wir waren allein. Keine weitere Yacht in Sicht „Wunderbar", sagte Peter. „Lass uns schwimmen gehen." Wir zogen uns aus und ließen die Badeleiter ins Wasser. Dann sahen wir sie. Erst eine, bald Dutzende. Dazu gesellten sich Quallen und Seetang. Blitzschnell zogen wir die Badeleiter wieder ein. Entsetzt rief ich: „Ich bleibe höchstens eine Nacht!" Zu allem Überfluss war der Ankerplatz auch noch unruhig, und durch die vielen quer einlaufenden Wellen, die über das flache Riff schwappten, schlief ich denkbar schlecht. Bilder von Seeschlangen, die an der Ankerkette entlang nach oben an Deck krochen, quälten mich im Traum.

Morgens nach dem Funken verließen wir dieses unheimliche Riff. Noch immer zu wenig Wind. Ich brachte die Schleppangel aus und musste zwei Brote nacheinander backen, weil ich beim ersten das Salz vergessen hatte.

Am siebten Tag kam endlich Wind auf. Süd-Südost bis Südost, 15 bis 20 Knoten. Die *Tiburon* flog wieder und machte 6 bis 7 Knoten Fahrt. So wie wir, schien sich auch unser Schiff über den Wind zu freuen. Ich las das fünfte Buch auf dieser Passage. *Herr der Fliegen*. Der Inhalt machte mich nachdenklich. Ich diskutierte ihn mit Peter, der gerade über die kubanische Revolution las. So diskutierten wir über zwei verschiedene Bücher, deren Inhalte einander nicht unähnlich waren.

Tagebuch

Juli. Um 6 Uhr morgens auf Kollisionskurs mit einem Frachter. Wären wir nicht ausgewichen, hätte es gekracht. Ich wundere mich wieder einmal über alle, die keine Wachen gehen. Danach mit den Segelkameraden gefunkt. Macht richtig Spaß! Den Vormittag habe ich verschlafen. Ein Ausschlag macht sich auf meinem Hinterteil breit. Mal sehen, was die Bordapotheke anzubieten hat. Nachmittag mit Hell von der Makiki geplaudert. Sie sind schon weit vor uns. Für Hell ist Geschwindigkeit ALLES. Ich werde jetzt was zu essen machen. Ich habe keine Lust, denn der Seegang wird immer heftiger. Peter überlegt nun ernsthaft, ob wir nicht durch das Rote Meer segeln sollten. No way! Ich greife nach einer Dose Corned Beef und koche Nudeln dazu. Das Rote Meer ist nicht nur die meistbefahrene Großschifffahrtsroute der Welt, sondern wegen des Suezkanals auch die bürokratischste. Von der Piraterie gar nicht zu reden. Mir verdirbt Peters Idee fast den Appetit.

Tag 8

Schrecklich konfuser Seegang. Die Nachtwache von 1–4 Uhr war ein Horror. Ich konnte kaum die Augen offenhalten. Danach habe ich den ganzen Tag geschlafen. Peter kocht heute selbst. Ich esse ein paar Cracker und bin sogar zum Funken zu schlapp. Ich muss mich waschen und die Angel ausbringen. Diesmal mit einem rosa Tintenfisch als Köder. Ich sehne mich nach frischem Fisch.

Tag 9

Der Seegang ist noch immer unangenehm. Wir haben so viel Wind, dass wir reffen müssen. Jetzt habe ich auch noch Kopfschmerzen. Am Funk klage ich Michaela von der Que sera mein Leid. Sie versteht mich. Seit der Südsee sind wir Schwestern im Geiste. Was soll ich heute wieder kochen? Noch immer hat kein Fisch gebissen.

Wir stellen unsere Bordzeit wieder eine Stunde zurück. Am Abend beschließe ich, dass die Küche heute kalt bleibt, und bereite einen Salat aus Krabbenfleisch, Thunfisch, Anchovis und Gemüse zu. Alles aus der Dose. Habe ich noch nie gemacht, schmeckt aber recht gut. Als Nachspeise gibt es Schokolade. Dazu ein Bier. Gerade als wir mit Essen fertig sind, hören wir draußen ein Geräusch. Ein Fisch hat gebissen. Es ist eine Goldmakrele. Halleluja! Sie misst einen halben Meter. Einer der besten Hochseefische. Rosa Köder sei Dank.

Ich schneide einen Teil des Filets in dünne Streifen und lege sie in eine Mischung aus Zitronensaft, Öl und Knoblauch ein und warte, bis die Zitronensäure das Fischfleisch glasig werden lässt. Eine Spur Salz dazu, et voilà. Poisson Cru, wie diese Delikatesse in der Südsee genannt wird, schmeckt fantastisch. Man kann das Ganze auch mit allerlei anderen Zutaten anrichten, aber so frisch aus dem Meer ist es pur fast am besten. Andächtig genießen wir unser zweites Abendessen. Was für ein Festmahl! Sogar die See beruhigt sich.

Tag 10

Nach dem Frühstück muss Peter in den Mast, weil das Topplicht schon wieder nicht funktioniert. Gut, dass es heute nicht so schaukelt. Ich backe Brot und lege den Rest des Fisches in Öl ein. Heute gibt es gebratene Makrelenfilets und die letzten frischen Tomaten. Stolz erzählen wir am Funk über unseren Fang. Wir trinken Kaffee und beobachten eine Schule Narwale, die uns ein Stück begleiten. Ich beginne zu singen, und sie kommen näher. Ich filme und Peter fotografiert.

Die Wetterprognose sagt für die kommenden zwei Tage Flaute voraus. Um 17 Uhr geht der Mond auf, und der Wind nimmt zu. Eine Stunde später flaut er wieder ab. Die Nacht bleibt ruhig, und wir haben Sichtkontakt mit einem Fischerboot. Tagsüber bringen wir die Angel aus. Am Funk ist Michaela kaum mehr zu verstehen. Müssen uns eine andere Frequenz suchen.

Nachmittags verlieren wir zwei Fische. Als wir die Angel am Abend einholen, hängt ein Fischauge am Haken. Peter entfernt das Auge mit einer Zange. Ich kann nicht hinsehen. Delfine kommen und begleiten uns ein paar Minuten.

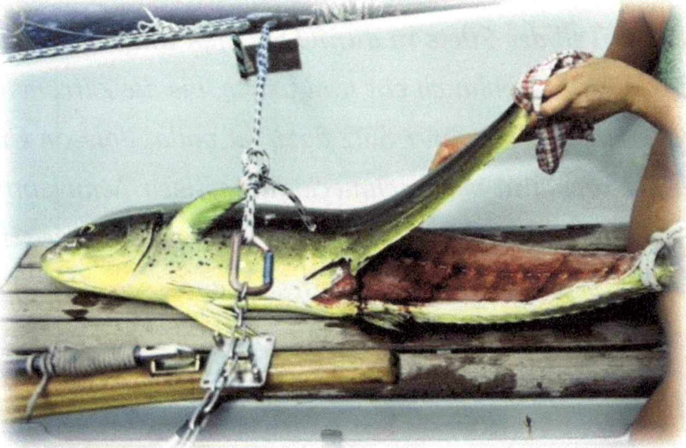

Tag 11

Eine fast ZU ruhige Nacht. In meiner zweiten Wache begleiten mich Delfine. Ich singe, denn dann bleiben sie länger. Es ist Vollmond, und ich kann sie sehr gut sehen. Peter kann nicht schlafen. Die Segel schlagen in der Flaute. Der Nachthimmel ist wolkenverhangen, und ich studiere im Licht des Cockpitlämpchens die Beschreibung des Funkgerätes. Am SSB-Funk ist in letzter Zeit immer weniger von den Freunden zu hören. Ausgerechnet jetzt, wo wir endlich mitreden können. Außerdem zeigt das Display „Low Battery" an. Peter hat schließlich vom Lärm der schlagenden Segel genug, birgt sie und startet die Maschine.

Tag 12

Heute vor einem Jahr waren wir in der Südsee auf Tahaa. Wieder kein Wind. Wir lassen die Maschine 2 1/2 Stunden laufen und laden die Batterien. Die letzten beiden Vollmondnächte schalten wir das Topplicht aus. Um 11 Uhr hantieren wir drei Stunden mit dem Spinnaker und schaffen damit ganze 7 Meilen. Wir werden bescheiden. Unsere Segelkameraden stehen schon kurz vor Bali, Christmas Island oder Komodo. Die Warane würde ich auch gerne sehen.

Prächtig steht der Mond am Himmel. Er leuchtet in tiefem Orange, und am Oberrand trägt er ein kleines Wolkenmützchen. Sieht großartig aus. Kurz nach meiner Wache schläft der Wind ein. Am Himmel zeigen sich ein paar Makrelenwölkchen. Sie kündigen oft Wind an. Spätestens in 48 Stunden. Da sind wir einmal gespannt.

Tag 13

Am Funk hören wir, dass die Yacht Avalon dasselbe Ziel hat wie wir. Jeden Tag holt sie 10 Meilen auf. Das bedeutet, wir können auf Wind hoffen.

Langsam geht uns die Flaute auf den Geist. Wenigstens die Strömung schiebt uns mit 1,5 Knoten voran. Die Dünung ist heute vier bis fünf Meter hoch. Irgendwo muss es stürmen. Um 19 Uhr kommt endlich Wind auf. SSE, 15 Knoten. Da hat sich meine

Wolkendeutung wieder einmal als zuverlässiger erwiesen als die Wettervorhersage. Backe Brot und koche Spaghetti. Am Funk hören wir von Gisa und Manfred, dass sie einen riesigen Barrakuda gefangen haben. Gisa war krank, ist nun aber wieder auf dem Weg der Besserung. Von Michi und Gerhard hören wir leider nichts mehr. Sie sind schon 2.000 Meilen nördlich von uns auf dem Weg zum Suezkanal. Bis vier Uhr früh hält der Wind durch, dann schläft er wieder ein. Dafür ist der Seegang noch unangenehmer als vorher. Ohne Wind taumelt die Tiburon wie ein Korken.

Tag 14

Peter hat nachts wieder einen Frachter gesehen. Unsere Tiburon taumelt immer noch in der konfusen See. An Schlaf ist nicht zu denken. Wir haben wieder einmal genug, aber bis November noch 5.000 Seemeilen vor uns. Während der letzten Wachen habe ich Kakerlaken gesehen! Eine lag halb bewusstlos am Boden. Aber nicht lange, denn ich habe sie erledigt. Ein Leben ist das … Hell von der Makiki hat schon wieder eine Goldmakrele gefangen. Ihnen ist das Angelglück seit Wochen hold. Um 14 Uhr kommt endlich wieder Wind auf. Wir können den Schleppgenerator ausbringen, der zusätzlich Strom für den Wassermacher liefert. Trotzdem müssen wir die Maschine mitlaufen lassen. Die Batterien schaffen es noch nicht. Endlich haben wir eine Funkfrequenz gefunden, auf der wir mit Michaela sprechen können. Es geht ihnen gut. Es ziehen wieder ein paar Makrelenwolken auf.

Tag 15

Haben die Wetterbücher studiert. Es sieht so aus, als würden wir uns an der Rückseite einer Troglage befinden. Es regnet. Alles grau in grau, aber wir machen gute Fahrt, und das Meer ist ruhiger geworden. Noch 448 Meilen zum Ziel Cocos Keeling. Wir haben kurz einen Fisch an der Angel, verlieren ihn aber wieder. Wenigstens kommen wir endlich voran. Stelle Kartoffeln auf, ohne eine Ahnung zu haben, was daraus werden soll. Prompt fangen wir um 18 Uhr einen 60 Zentimeter langen Thunfisch. Jetzt ist es klar. Es gibt Kartoffeln als Beilage.

Tag 16

Haben endlich wieder 138 Meilen in 24 Stunden geschafft. Es ist zwar ungemütlich, aber das ist uns egal. Die arme Tiburon bekommt ein paar harte Schläge ab. Fliegende Fische segeln um uns herum und spielen mit den Elementen. Am späten Nachmittag scheint die Sonne. Alles ist gut.

Tag 17

Wow, 142 Seemeilen. Das ist sehr erfreulich. Am frühen Morgen begegnet uns ein Supertanker. Wir funken ihn an, erhalten aber keine Antwort. Wir mussten mal wieder die Maschine starten um auszuweichen. Mit Michaela vereinbare ich eine neue Funkfrequenz.

Tag 18

Heute ist die Nacht der Squalls. Die Böen fetzen nur so über uns hinweg. Die Wellen sind 4 bis 6 Meter hoch. Die Tiburon kommt ins Gleiten. Nicht ungefährlich, denn das Schiff könnte aus dem Ruder laufen. Das Segeln beschäftigt uns so sehr, dass wir zu funken vergessen. Der Wind bläst mit 25 bis 30 Knoten. Nur noch 12 Meilen bis Cocos. In zwei Stunden sind wir da. Wilfried, unsere treue Windfahne, leistet Enormes. Der Schleppgenerator springt hinter dem Schiff von einer Welle in die nächste. Die Gischt fliegt uns um die Ohren, und das Meer schäumt und ist in Aufruhr. Wir auch, denn schnell segeln ist auf Dauer sehr anstrengend. Wir sind nun kurz vor dem Pass von Cocos Keeling. Ausgerechnet jetzt stürmt es. Das Wasser geht von Grau über Blau in Türkis über. Ein Zeichen, dass wir auf Untiefen achten müssen. Schon einmal sind wir auf eine Insel zugesurft. Plötzlich kommt von achtern eine riesige Welle, steigt ein und füllt das Cockpit zu zwei Drittel mit Wasser. Die

Flut ergießt sich durch das offene Luk in den Salon, und die Tiburon neigt sich gefährlich zur Seite. „Nein!", brülle ich verzweifelt, aber es ist zu spät. Wir hätten den Niedergang vorher ganz verschließen müssen. Wir haben aber nur das untere Steckschott drin. Das ist das erste Mal, dass eine Welle einsteigt. Nun ist Salzwasser im Schiff. Der Albtraum schlechthin. Es lag am flachen Wasser in der Einfahrt. Die Welle läuft auf und bricht. Das Wasser im Cockpit fließt durch die vier Auslässe erstaunlich schnell ab. Ein junger Mann kommt uns in einem Beiboot entgegen und hilft uns, einen Ankerplatz zwischen den zwei gelben Quarantänebojen zu finden. Die bürokratische Präzision lässt keinen Zweifel offen: Wir sind wieder auf australischem Territorium.

ANKUNFT IM PARADIES

Trotz der Feuchtigkeit der im Salzwasser getränkten Bettwäsche hatten wir eine traumhafte Nacht. Schon am frühen Morgen kamen die australischen Beamten an Bord, um uns einzuklarieren. Die Prozedur dauerte sage und schreibe zwei Stunden. Typisch Australien. Alles musste zu 100 % korrekt ablaufen. Das Verhalten der Beamten stand im direkten Gegensatz zur unkomplizierten Bevölkerung dieses Landes. Immerhin bekamen wir ein Brot geschenkt.

Letzte Nacht regnete es heftig, und das Süßwasser befreite unser Schiff auf natürliche Weise von der gröbsten Salzkruste. Wir verlegten die *Tiburon* an einen traumhaften Ankerplatz vor einem Palmenstrand und rührten uns ganze vier Wochen nicht von der Stelle. Cocos Keeling besteht aus zwei ringförmigen Atollen und hat nur ungefähr 600 Einwohner. Die Atolle haben eine Gesamtlandfläche von etwa 14 km^2. Sie sind sehr flach. Beide Atolle bestehen aus Korallensand, der sich durchschnittlich drei bis fünf Meter über den Meeresspiegel erhebt und ringförmig seichte Lagunen einschließt.

Es war atemberaubend schön. Alle Klischees, die die Karibik und die Südsee versprachen, wurden hier Realität. Die Temperatur betrug ständig zwischen 24 und 28 Grad, das Wasser war glasklar und schillerte in allen Schattierungen von Tiefblau bis Türkis. Der Korallensand war blendend weiß, und die Palmen bewegten sich sanft im Wind. Nur Süßwasser gab es keines, aber wir hatten ja unseren Wassermacher. Unser Boot war das kleinste, aber wir hatten das beste Wasser an Bord. Wer in Australien nicht genügend Süßwasser getankt hatte, war nun auf die Regenwasserbrühe aus den Sammeltanks der Insel angewiesen. Auf deren Oberfläche schwammen allerhand Unrat und totes Getier, und wir hätten nur im äußersten Notfall davon Gebrauch gemacht.

Wir lernten neue Freunde kennen und spielten jeden Abend Volleyball am Strand. Die Bewegung machte nach dem langen Törn richtig Spaß. Wir freundeten uns mit einem französischen und einem finnischen Paar an. Serge und Sandrine waren die nettesten Franzosen, die wir je kennengelernt hatten. Die junge Französin war bildhübsch und voll positiver Energie. Serge war um einiges älter und ein ehemaliger Nachtklubbesitzer aus Paris. Sandrine schien ihn gezähmt zu haben. Sie gingen sehr liebevoll miteinander um. Ihre Stahlyacht glich einer Festung. Mit ihr konnte man das Kap Hoorn umsegeln. Wir unterhielten uns in Englisch. Mati und Miriami aus Finnland beherrschten keinerlei Fremdsprachen. Ihr Englisch war nur in Ansätzen vorhanden und vom finnischen Akzent stark gefärbt. Das ergab ungeheuer witzige Wortschöpfungen, über die wir uns alle krummlachten. Unter Zuhilfenahme von Händen und Füßen gelang es uns dennoch, miteinander zu kommunizieren.

Ich schrieb viele Briefe und brachte diese zur Post, die ein Teil eines winzigen Krämerladens auf der Hauptinsel war.

Wir veranstalteten BBQs, und jeder trug etwas dazu bei. Die Einheimischen zeigten uns eine Stelle in der Lagune, wo sich zur Springzeit ein rasanter Strom entwickelte. Wir mussten uns lediglich mit einem Schnorchel bewaffnet in die Strömung gleiten lassen und wurden sofort mitgerissen. Unter uns am Meeresgrund, in zehn Metern Tiefe, dösten die Haie. Die Sightseeingtour dauerte ungefähr eine Minute, dann spazierten wir über den Strand zurück, und es ging wieder von vorne los. So lange, bis uns langweilig wurde. Die Haie interessierten sich nicht im Geringsten für uns. Ich braute wieder Reiswein, der in Strömen floss. Zwischendurch funkten wir mit unseren Freunden im Norden, und sie beneideten uns ein bisschen um unser kleines Paradies, das völlig frei von Touristen war.

Zwei Tage nach unserer Ankunft kam die Crew der norwegischen *Makiki* an. Hell war über Bali gesegelt und trotzdem schon da. Das war ein Umweg von mindestens 1.000 Meilen. Hell versuchte immer, dem Teufel ein Ohr abzusegeln. Es gab ein großes Hallo und viel zu bereden. Wir besuchten mit dem Schlauchboot die anderen Inseln und entdeckten das Wrack einer Yacht. Sie hatte ein großes Leck am Rumpf. Wir krochen hinein. Mir war mulmig zumute. Im geräumigen Inneren gab es nicht mehr viel zu sehen, denn es war bereits völlig ausgeräumt. Nur Fotos von Frauen, Männern und Kindern lagen herum. Sie standen lachend auf dem noch heilen Schiff, das nun als Wrack am Strand lag. Das machte mich traurig, und ich war sehr dankbar, dass wir bisher so viel Glück hatten.

Plötzlich hörten wir von einer Zyklonwarnung. War das um diese Zeit möglich? Ein Einheimischer berichtete uns, dass es bereits die zweite in diesem Monat war. Wir trafen Vorbereitungen und brachten einen zweiten Anker aus. Mehr konnten wir nicht tun.

Aus Langeweile bastelte ich Angelzeug für den Indischen Ozean. Peter reparierte das Topplicht. Dabei gerieten wir in Streit. Ich backte gerade Brot und musste mehrmals alles stehen und liegen lassen, weil er immer wieder etwas von mir wollte. Auch im Paradies kann es mit einem Mann zuweilen anstrengend sein.

Wir hatten alles auf Cocos Keeling besichtigt, was es gab. Das Schiff war wieder gut in Schuss. Wir hatten genug gefeiert und getratscht, und so hätte es eigentlich weitergehen können. Aber wir blieben noch. Über Funk bekamen wir die neuesten Nachrichten über die Reiseverläufe unserer Freunde.

Die *Que sera* von Michaela und Gerhard war an Land gewesen, um den Rumpf zu reinigen. Nun waren sie auf dem Weg nach Vanuatu. Der Rest unserer Segelfreunde steckte in einer Flaute in der Timorsee fest.

Eines Tages liefen Kiki und Thies Matzen mit ihrer *Wanderer III* ein. Eine legendäre Yacht, ein legendäres Paar. Die beiden schienen der übrigen Segelwelt entrückt und lebten auf dem Schiff wie vor 50 Jahren. Sie führten eine richtige Dreiecksbeziehung, den Thies war auch in seine Yacht verliebt. Die *Wanderer III* galt als die Mutter aller Fahrtenyachten. Schon die Hiscocks segelten darauf 1952 in drei Jahren um die Welt. Insgesamt reiste die betagte Dame aus Holz zum dritten Mal um den Globus. Thies erhielt das berühmte Schiff im Originalzustand. Sie nutzten keinerlei elektronische Navigationshilfen, und sie segelten noch immer mit der ersten Windfahnen-Selbststeueranlage, die jemals gebaut wurde. Eines Tages luden sie uns an Bord, und wir waren fasziniert von der spartanischen Ausstattung. Dennoch war alles am richtigen Platz, wirkte aufgeräumt und vernünftig. Wir bewunderten sie sehr.

Währenddessen war der Zyklon in sich zusammengefallen. Schon wieder Glück gehabt! Wir lichteten den Anker und setzten Segel in Richtung Rodriguez. Unser nächstes Ziel im Indischen Ozean ...

INDISCHER OZEAN – 1.980 SEEMEILEN

Am 8. September legten wir bei herrlichsten Segelbedingungen um Punkt 12 Uhr ab. Wir waren gespannt, wie sich der Indische Ozean gebärden würde. Würde er uns ins Gesicht spucken oder uns verschonen? Zu Beginn schien Ersteres einzutreten.

Wir waren noch keine zwei Tage auf See, schwappte wieder eine Welle ins Cockpit, direkt in Peters Koje. Super. Gleich zu Beginn Salzwasser im Schiff.

Leider spielte der Wind wieder einmal nicht mit. An Pasatsegeln war nicht zu denken, denn es blies uns entgegen, anstatt uns von achtern voran zu bringen. Wir mussten den Kurs sehr oft nach Norden absetzen. Damit entfernten wir uns immer weiter vom Ziel. Mit Hell und Margaret auf der *Makiki* waren wir anfangs am Funkgerät über Kanal 4 verbunden. Auch sie segelten nach Rodriguez. Sie waren einen Tag später gestartet. Natürlich war uns klar, dass wir gegen Hell und seine schnelle *Jeanneau* keine Chance hatten. Unsere betagte kleine Yacht konnte mit einer modernen Schiffskonstruktion nicht mithalten. Schon in der ersten Nacht zogen sie an uns vorbei. Ihre Etmale waren dementsprechend hoch. Wenn wir 120 Meilen schafften, machten sie 180. Das war uns aber egal, denn wir mochten es gemütlicher.

Wir blieben über Funk in Kontakt. Wie auch mit allen anderen Freunden, die in den indonesischen Gewässern unterwegs waren. Bald waren wir wieder in unserer Langfahrt-Routine. Ich kochte, Peter navigierte. Unser dritter Mann *Wilfried*, die Windfahnenanlage, steuerte. Wir hielten unseren vierstündigen Wachrhythmus ein, der Wind drehte auf achtern, und wir kamen gut voran. Der Indische Ozean schien uns rauer als der Pazifik. Nachts war es böig. Peter war genervt vom Segelwechseln und von der ständigen Schaukelei. Er wollte wieder einmal das Schiff in Rodriguez verkaufen. Gut, dass ich inzwischen wusste, wie ernst diese Aussagen gemeint waren.

Es gab eine Szene, die mir ein Leben lang in Erinnerung bleiben wird: Es war an einem glasklaren Tag. Keine Wolke stand am Himmel, die Sonne strahlte, und die Lichtpunkte ihrer Strahlen funkelten auf der Oberfläche des tiefblauen Ozeans. Peter kauerte gesichert am Vorschiff und stopfte die eben geborgene Fock in den Segelsack. Es war nur mehr das Großsegel gesetzt. Ich blieb wachsam und verlor meinen Mann nicht aus den Augen. Ich stand an Wilfrieds Seite bereit um einzugreifen, sollte das Schiff aus dem Ruder laufen. Mein Puls war erhöht, denn ich war immer etwas nervös, wenn der Skipper auf dem Vorschiff herumturnte. Für ihn war es ein anstrengender Balanceakt, auf der 32 Fuß Yacht bei 6–8 Meter hohen Wellen Segel zu wechseln. Aber wir hatten es selbst so gewollt. Keep it small and simple …

Eine gewaltige Welle rollte von achtern heran, hob die *Tiburon* auf ihren Kamm, und in diesem Augenblick schien es, als würden wir schweben. Einen Moment sah es aus, als würde sich ein Schlund auftun, um uns zu verschlingen. Peters Gestalt wirkte, als stünde er auf einem Felsvorsprung. Unter ihm der Abgrund. Der Wellenkamm trug uns weiter, und wir schwebten langsam nach unten. Die *Tiburon* war jetzt Teil der weißen Gischt, des dahinziehenden Wellenberges. Dieser Ritt und der fast surreale Moment, in dem es schien, als seien alle Naturgesetze außer Kraft gesetzt, bleibt unvergesslich.

Die Naturgewalten nahmen wie selbstverständlich und unaufhaltsam immer wieder ihren Lauf. Zu mächtig, zu unbegreiflich für uns Menschen.

Am 5. Tag riss eine Welle die Fock Nr. 3, die in einem Seesack an einer Klampe am Oberdeck festgemacht war, über Bord. Wir leiteten sofort ein Wendemanöver ein, und ich versuchte, den mit hoher Geschwindigkeit abtreibenden Sack im Auge zu behalten, aber schon nach kurzer Zeit verschwand er in den Tiefen des Indischen Ozeans. Obwohl wir noch sieben Vorsegel an Bord hatten, ärgerte uns dieser Verlust sehr. Ab sofort wurden alle Segel wieder IM Schiff verstaut.

Plötzlich kam an Backbord eine Yacht auf. Wir vermuteten die Finnen auf ihrer *Kathi III*. Wir wussten, dass sie dasselbe Ziel hatten und gaben auf Kanal 16 unsere Position durch. Leider erhielten wir keine Antwort. Vermutlich hatten sie den Funk gar nicht an, weil sie eh nichts verstanden, außer Finnisch. Schade.

Am siebten Tag war das frische Brot aufgebraucht, und ich musste backen. Der Seegang war wieder erträglich, und so war unter Deck zu arbeiten, relativ angenehm. Am Funk stellten Doris und Wolfgang ein Relais zur *Que sera* her. Es ging ihnen gut.

Nach neun Tagen ließ der Wind merklich nach. Noch immer machten wir 6 Knoten Fahrt. Bei diesen Bedingungen war die *Tiburon* das ideale Schiff. Das Leben an Bord war schön, und zur Feier des Tages gab es einen selbst gebackenen Kuchen. Wir widmeten uns intensiv der Körperpflege, denn unter den rauen Bedingungen war das kaum möglich gewesen.

48 Stunden herrschten optimale Segelbedingungen. Dann wurde es stürmisch. So stürmisch, dass wir das Großsegel, nachdem wir es bereits drei Mal gerefft hatten, bargen und nur mehr mit der Fock II segelten. Noch immer machten wir 7 Knoten Fahrt. Gigantische Wellenberge bauten sich auf.

Wir wechselten auf die Sturmfock und liefen immer noch mit 6 Knoten. Aber es war einigermaßen auszuhalten. Ich verkochte das Dosenfleisch, das die Crew der *Osiris* uns geschenkt hatte. Die Beilagen waren Reis und Krautsalat. Am Herd gab ich schlimme Flüche von mir und verwünschte den Ozean.

Am nächsten Tag Flaute. Es wurde heiß. Wassermacher an, Brot backen, funken. Nur noch zwei Tage bis zum Ziel. Diese Etappe hatte es in sich.

RODRIGUEZ – DIE LIEBENSWERTE INSEL

Bei trübem Wetter liefen wir am 25. September in den Hafen ein und legten uns an die Hafenmole. Die Yacht *Makiki* lag schon da. Hell und Margaret winkten uns zu. Sonst war niemand zu sehen. Insgeheim war ich enttäuscht. Nach Cocos Keeling wirkte diese Insel trostlos und grau. Die Einklarierungsformalitäten waren schnell erledigt. Nachdem wir uns ein wenig frisch gemacht hatten, besuchten wir Hell und Margaret. Die beiden meinten es gut und schleppten uns in ein Restaurant. Danach luden sie uns abermals auf ihr Schiff ein, um gemeinsam noch einen „Absacker" zu trinken. Wir waren todmüde und konnten kaum mehr die Augen offenhalten. 17 Tage auf See hatten ihre Spuren hinterlassen. Als wir endlich in unsere Kojen stiegen, drehte sich alles ein wenig, aber schon bald schliefen wir tief und fest.

Um fünf Uhr morgens weckte uns lautes Rufen. Wir mussten von der Pier verschwinden, weil die *Mauritius Pride,* ein Versorgungsschiff, anlegen wollte. Na super. Ich hatte das Gefühl, gerade erst eingeschlafen zu sein. Wir legten ab und blieben gleich wach, weil es inzwischen sieben Uhr geworden war.

Rodriguez war Liebe auf den zweiten Blick. Die Insel vulkanischen Ursprungs war karg und hatte nicht viel zu bieten. Die Bewohner kreolischen Ursprungs jedoch waren ausgesprochen hilfsbereit und bescheiden. Ihr warmherziges Naturell und ihre Gastfreundschaft waren außergewöhnlich. Nur wenige Schiffe liefen die Insel an, weil die meisten gleich nach Réunion oder Mauritius durchsegelten. Am Ende waren wir froh, hier Halt gemacht zu haben. Allmählich kamen noch einige Yachten hinzu. Zu unserer großen Freude Serge und Sandrine und Mati und Miriami von der *Kathi III*. Otmar von der *Brio* lief auch ein. Brigitte, seine Frau, wellnesste noch immer auf Bali.

Wir lernten den Direktor der örtlichen Grundschule kennen. Er ließ es sich nicht nehmen, uns in die Gesellschaft von Rodriguez einzuführen. Wir wurden alle zu Tanzabenden und zum Essen eingeladen und bekamen Führungen zu den spärlichen Sehenswürdigkeiten der kleinen Insel. Wir Segler waren für die Menschen von Rodriguez eine willkommene Abwechslung. Sie bewunderten unsere außergewöhnliche Art des Reisens. Im Gegenzug sprachen wir Einladungen auf unsere Yachten aus.

Leider wagten sich nur wenige zu uns an Bord. Einzig der Schuldirektor und sein Team waren mutig genug, uns zu besuchen, und staunten über unser kleines Zuhause und wie weit wir damit gekommen waren. Der Direktor, der sehr gut Englisch sprach, erzählte uns, dass sich sogar noch kleinere Yachten hierher verirrt hätten. Unter anderem die *Acrohc Australis* von Serge Testa, die nur 3,35 Meter lang war. Hätten wir das Schiff nicht mit eigenen Augen im Queensland Maritime Museum in Brisbane gesehen, hätten wir ihm das nicht geglaubt. Sie war damals die kleinste Yacht, die je um Erde gesegelt war.

Das lustigste Erlebnis hatten wir bei einem Ausflug, bei dem wir einen jungen Einheimischen baten, ein Gruppenfoto von uns zu machen. Peter drückte ihm die Spiegelreflexkamera in die Hand und zeigte ihm, wo er abdrücken sollte. Alles schien klar, und mein Skipper rannte zu uns. „Klick". Leider hatte der junge Mann bereits den Auslöser gedrückt, bevor er wieder bei uns war. Peter ging noch mal zurück und bat ihn eindringlich zu warten, bis er bei uns war. „Ok", sagte der Junge. Schnell sauste Peter in unsere Richtung, und wieder machte es „Klick“, bevor er angekommen war. Inzwischen bogen wir uns vor Lachen.

So schnell konnte keiner in Positur sein, wie die Einheimischen hier abdrückten. Beim dritten Mal funktionierte es dann endlich.

Kurz vor der Abfahrt hörten wir über Funk, dass zwei Australier im Hafen von Mauritius nach uns gefragt hatten. Wir schauten uns ungläubig an. Sollten Chris und Ken tatsächlich von Australien hierher geflogen sein? Wir brachen sofort auf und baten die Segler, die bereits in Mauritius waren, den beiden auszurichten, dass wir in spätestens zwei Tagen da sein würden. Hoffentlich konnten sie solange warten.

Am 5. Oktober legten wir in Richtung Mauritius ab. Ich war traurig, denn es war schön hier. Gestern war ich am Markt und in der Fleischerei, um frischen Proviant einzukaufen. Am Postamt schickte ich ein paar Briefe nach Hause. Am Abend gab es eine große Abschiedsparty. Otto, Mati und Miriami sind gestern schon in Richtung Westen weitergesegelt.

Bereits am ersten Tag gab es viel Wind und grobe See. Ich hatte mir eine Grippe eingehandelt. Gut, dass die Überfahrt nur zwei Tage dauerte.

MAURITIUS

Der Hafen von Mauritius war der grässlichste, den wir je zu Gesicht bekamen. In der öligen Brühe lagen alte Schiffswracks und unzählige verrostete Fischtrawler. Die Schiffe waren schwarz von der Asche der Zuckerohrfabriken. An der dreckigen Zollpier lagen zwei elegante, hochglanzpolierte Luxusyachten, deren Crews ungeduldig darauf warteten, die Einklarierungsformalitäten abzuschließen.

Doch als die Beamten unseren Schiffsnamen sahen, ließen sie alles stehen und liegen und eilten sofort zu uns. Sie fragten, ob wir Lore und Peter aus Österreich seien. Man hätte unsere Gesichter sehen sollen. Woher kannten die Beamten unsere Namen? Hatten wir etwas verbrochen, waren wir auf einer Fahndungsliste? Das Ganze löste sich erst auf, als wir hinter den Männern Chris und Ken aus Australien entdeckten. Sie konnten es kaum erwarten, an Bord kommen zu dürfen. Sie hatten tatsächlich Wort gehalten. Sie waren hier.

Das war eine Freude! Um uns noch treffen zu können, hatten sie den Beamten eine kleine Notlüge aufgetischt. Sie behaupteten, dass wir nur wegen ihrer Hochzeit hierher gesegelt seien. Das gefiel den Männern, und deshalb ließen sie die beiden, ohne dass wir einklariert hatten, sofort an Bord. Das war gut so, denn schon am gleichen Abend ging ihr Flugzeug zurück nach Brisbane. Das war jammerschade, aber wir hatten wenigstens ein bisschen Zeit, um uns das Wichtigste zu erzählen. Wir waren unglaublich gerührt und konnten immer noch nicht fassen, dass sie gekommen waren. Nur einen Tag später und wir hätten sie verpasst.

Der Abschied war tränenreich, und wir versprachen einander, ein Leben lang in Kontakt zu bleiben.

Das war dann auch schon das Beste an Mauritius. Als wir alle Formalitäten erledigt hatten, liefen wir schnell wieder aus. Wir suchten uns eine ruhige Bucht für die Nacht. Die fanden wir auch, aber es kamen neue Beamte und prüften unsere Papiere. Das wiederholte sich in jeder Bucht, in der wir ankerten.

Wir beschlossen, mit einem Leihwagen eine Rundreise zu machen und danach die Insel zu verlassen. Mauritius mag auf der Ostseite über schöne Hotels und Anlagen verfügen, die für Hochzeitsreisende perfekt waren. Für Segler bot die Insel eindeutig zu wenig. Als Individualreisender ständig unter Beobachtung zu stehen, machte keinen Spaß. Nach zwei Wochen hatten wir endgültig genug und segelten weiter nach Réunion.

RÉUNION

Die Silhouette von Réunion verströmte bereits bei der Ansteuerung dieses spezielle französische Flair, das wir schon von Martinique her kannten.

Leider war das Einklarierungsbecken nach genauerem Hinsehen mindestens so verschmutzt wie der Hafen von Mauritius. Trotzdem saßen einige Fischer an der Pier, fischten in der trüben Brühe und lächelten uns freundlich zu. Die Gewässer rund um Réunion waren reich an Fischen. Sportfischerei war hier ein einträgliches Geschäft. Im Meer schwammen riesige Thunas und Marlins. Die Fische wurden gleich nach dem Fang in der ortsansässigen Fabrik verarbeitet. Das Carpaccio vom Marlin war das Beste, das ich jemals gegessen habe. Die Köstlichkeit gab es auch eingeschweißt, aber mangels Kühlung konnten wir leider nicht viel mitnehmen.

Als wir endlich in die Marina Le Port durften, zeigte sich Réunion endlich von seiner attraktiven Seite. Die Insel selbst war schon vor drei Millionen Jahren als ein Vulkan aus dem Meer aufgestiegen. Der Piton des Neiges (3.070 m) war die höchste Erhebung.

In der Marina waren auch die beiden Finnen Mati und Miriami von der *Kathy III*, und so beschlossen wir spontan, gemeinsam Réunion zu erkunden. Wir machten einen Ausflug zu den Vulkanen. Die Landschaft war pittoresk und kahl. Meist lag sie im Nebel, durch den nur selten die Sonne drang. Dadurch war die Luft angenehm kühl und ideal zum Wandern. Wir erklommen die Kraterränder der unzähligen kleinen Vulkane und schauten in ihre Tiefe. Viel sahen wir nicht, denn der Nebel hielt sich hartnäckig. Danach unternahmen wir gemeinsam eine zweitägige Inselrundfahrt. Peter bestieg mit Mati den Piton de la Fournaise (2.631 m), während Miriami und ich im Tal blieben und mit Händen und Füßen interessante Gespräche führten. Am nächsten Tag begann es wieder zu regnen, und wir waren uns einig, dass es Zeit wurde, die lange Etappe nach Südafrika in Angriff zu nehmen.

3. Teil
Kapstadt – St. Helena – Horta – Azoren
Portugal – Gibraltar – Malta
Brindisi – Dubrovnik – Monfalcone

RICHARDS BAY – SÜDAFRIKA – 1.564 Meilen

Zugegeben: Wir hatten vor diese Etappe großen Respekt. Es gab zu viele Gerüchte und Geschichten über dieses Gebiet. Von schlimmen Stürmen war die Rede. Von Frachtern, die an der Küste zwischen zwei Wellen einknickten und auseinanderbrachen, und vieles mehr. Als wir lossegelten, war die *Brio* bereits in Richards Bay angekommen. Sie hatten ihr Ziel ohne besondere Vorkommnisse erreicht. Das war eine gute Nachricht und für uns eine Richtlinie.

Auch bei uns begann es mit perfekten Segelbedingungen. Der Wind blies gleichmäßig mit 10 Knoten aus Südost. Gerade richtig für den Anfang. Die Sonne brannte vom strahlend blauen Himmel, und wir brachten die Angel aus. Unser großer schwarzer Eimer mit Salzwasser stand im Cockpit, damit das Wasser sich zum Duschen erwärmen konnte. Dann schalteten wir den Funk ein um zu hören, was es Neues gab.

Seit Neuestem war ein Österreicher namens Peter Kittel von der Yacht *Tehani* ein Gesprächsthema. Vorher hatten wir noch nie von ihm gehört. Aus den Beschreibungen entnahmen wir, dass sein Holzschiff in einem sehr schlechten Zustand war und er schon viele Seemeilen auf dem Buckel hatte. Da er dasselbe Ziel wie wir hatte, würden wir ihn in Südafrika ohnehin kennenlernen. Alle anderen, die wir kannten, waren auch gerade unterwegs dorthin. Im Süden Afrikas braute sich ein Tief zusammen, aber niemand wusste, was daraus werden würde.

Wir lasen viel und hörten täglich den Wetterbericht. Ständig kam das Wort *gale warning* vor, und wir wurden langsam unruhig. Allerdings segelten wir seit fünf Tagen noch immer bei besten Bedingungen, und nichts deutete auf eine Verschlechterung hin. Leider stieg wieder eine Welle ein und durchnässte die Cockpitpolster. Sehr ärgerlich.

Wir konnten endlich wieder einmal am Funk mit Michi und Gerhard, Gisa und Manfred sprechen. Allen ging es gut. Ab der siebten Nacht kam starker Wind auf, und der Seegang wurde ungemütlich. Wir wechselten auf Fock 2. Keine Sekunde zu früh, denn es blies immer stärker. Am Morgen war es wieder ruhiger. Am 9. Tag Flaute. Wir starteten die Maschine. Nachts war es sternenklar. Ich liebte den Himmel auf See. Kein künstliches Licht beeinträchtigte das Funkeln der Sterne. Ich fühlte mich dem Universum sehr nahe.

Tagebuch

Tag 11 – Nachtrag

Gestern nahm plötzlich wie aus dem Nichts der Wind dramatisch zu und wehte uns schließlich direkt auf die Nase. Wir mussten schleunigst alle Segel kürzen und den Kurs ändern. Die Wellen nahmen beängstigende Ausmaße an. Wir liefen ab. Das bedeutete, dass wir uns vom Ziel wieder entfernten. Das war uns aber egal, denn mit unserer kleinen Yacht gegen den Wind zu segeln, war ein völlig sinnloses Unterfangen. Die Tiburon lief nun rasend schnell in die falsche Richtung. Es ging stundenlang so dahin. Die Wellen hämmerten immer stärker gegen den Schiffsrumpf, und manchmal krachte es, dass uns ganz bange wurde. Ich dachte an die Acrohc Australis mit ihren drei Metern und konnte mir überhaupt nicht vorstellen, wie ein Schiff dieser Größe es durch einen solchen Sturm schaffen konnte. Rudi aus Deutschland, der ebenfalls in der Nähe unterwegs war, brachte uns am Funk auf eine Idee. Er lag seit Stunden beigedreht, denn er hatte keine Lust, zu viele Meilen zu verlieren. Das konnten wir doch ebenfalls tun! Hatten wir aber bisher noch nie gewagt. Das mit dem Beidrehen oder Beiliegen war so eine Sache: Man musste zuerst das Schiff in den Wind drehen, wie bei einer Wende, und das war bei unserer Größe ein mutiges Unterfangen. Die Wellen waren durch den Sturm meterhoch und konfus. Unser Schiff leicht und wendig. Dennoch wagten wir es. Wir luvten an. Die Fock blieb festgezurrt, bis sie back stand. Bevor das Schiff aber ganz durch den Wind ging, fielen wir wieder ab. Die back stehende Fock half dabei. Dann fierten wir das Großsegel und zurrten die Pinne in Luv fest, bis das Schiff ausbalanciert war. Wir mussten ein wenig nachjustieren, bis es passte. Nur die Fock blieb back stehen. Das wechselnde Spiel zwischen Abfallen und Anluven hielt die Tiburon in Position. Sie trieb mit ein bis eineinhalb Knoten nach Lee ab. Das ging nur, weil an der dem Wind abgewandten Seite genügend Seeraum war. Ich war so aufgeregt, dass mich die darauffolgende Ruhe noch mehr aus der Fassung brachte. War das möglich? Plötzlich schien es, als gäbe es keinen Sturm. Es wurde auf eine seltsame Weise still.

Wie auch immer – wir hatten es geschafft. Erschöpft und schweigend gingen wir unter Deck. Wir machten das, was wir uns vorgenommen hatten, nie zu tun: Wir legten uns beide in die Kojen und schliefen von Mitternacht bis 5 Uhr früh durch.

In den 14 Stunden, die der Sturm anhielt, drifteten wir 27 Meilen nach Süden. Unmittelbar danach folgte eine Flaute. Sie begleitete uns die letzten vier Tage bis Richards Bay.

RICHARDS BAY

Am frühen Morgen des 5. November liefen wir in Richards Bay ein. Nach vielen Stunden Motoren tat uns die Stille richtig gut. Die Einklarierungsformalitäten dauerten bis Mittag! Danach ging es in die Marina. Wir beschlossen, Essen zu gehen, denn wir hatten einen Mordshunger. Das Restaurant hieß 1001. Das Menü war fein, aber die Portionen klein. Abends knurrte uns schon wieder der Bauch, und wir deckten uns mit Fastfood ein.

Am nächsten Morgen ging es mit den üblichen Aufräumungs- und Reinigungsarbeiten am Schiff weiter. Ich begann mit dem Schreiben der Weihnachtspost. In diesem Teil der Welt konnte man nicht früh genug damit anfangen, wollte man die Post noch vor Weihnachten in Europa haben. Ich schrieb 48 Weihnachtskarten, denn der Freundeskreis hatte sich inzwischen vergrößert.

Die *Makiki* lief ohne Mast ein. Sie hatte vor Durban Mastbruch erlitten. Hell war möglicherweise eine Spur ZU schnell unterwegs gewesen. Das tat uns leid, denn vor Ort war es äußerst kompliziert, Ersatzteile zu bekommen. Nur gut, dass ihnen selbst nichts passiert war.

Marit erzählte, dass sie beobachtet hätte, wie nachts um ein Uhr plötzlich der Salontisch hochgehoben wurde. Der Mast riss ihn mit. Bald darauf krachte dieser an Deck. Glücklicherweise war es windstill und das Meer spiegelglatt. Geistesgegenwärtig lösten sie alle Wandten und übergaben das gesamte Rigg samt Segel der See. Hell erklärte uns, dass es passierte, weil ein Terminal angebrochen war.

Er spielte schon wieder mit dem Gedanken, sich ein neues Schiff zu kaufen. Den Mast für seine *Jeanneau* bekam er nicht vor Ende Februar geliefert. Marit schmollte. Sie hatte mir oft gesagt, wie froh sie wäre, nicht mehr an Bord sein zu müssen. Ich hatte Verständnis. Die segelnden Männer, die ich kennenlernte, nahmen selten Rücksicht auf die Bedürfnisse ihrer Partnerinnen, wenn sie ihr Ding durchzogen. Die Frauen mussten mitmachen – ob sie wollten oder nicht. Peters und mein Glück war, dass wir es beide wollten.

Wir ließen ein viertes Reff in das Großsegel einarbeiten und einen zusätzlichen Spritzschutz am Niedergang anfertigen. Seit Australien hatte ich zu rauchen aufgehört. Das machte sich nun an der Kleidergröße bemerkbar. Ich brauchte dringend neue Sachen. Zum Glück war „oversized" gerade in. So fielen meine zusätzlichen Kilos nicht besonders auf.

Ehe wir es uns versahen, war Weihnachten da. Wir besuchten uns alle gegenseitig auf den Schiffen. Viele befreundete Crews waren in Richards Bay, und wir lernten viele neue Segler kennen. Jane und Mike von der *Aqua Symphony* zum Beispiel. Sie waren Engländer und der Skipper ehemaliger Kampftaucher bei der Marine. Bis Australien war er auf seiner *Moody* allein unterwegs. Dort lernte er Jane in einer Bar kennen, wo sie als Kellnerin arbeitete. Es war „Love at first sight", erzählte er uns strahlend. Mike hatte diesen typisch englischen Humor, und Jane war wie Dynamit. Sie hatte eine feuerrote

lockige Mähne, war stets in Bewegung und immer gut drauf. Wir mochten sie sehr. Alle waren wir gesund und wohlauf. Ein schöneres Weihnachtsgeschenk gab es nicht.

Nach den Weihnachtsfeiertagen brachen wir spontan auf. In uns war ein bisschen das Stallfieber ausgebrochen. Wir hatten einige der schönsten Teile der Welt gesehen. Nun begannen wir, uns ein wenig nach der Heimat zu sehnen. Die *Makiki* ohne Mast schloss sich uns an. Es war nur ein Tagestörn in den Point Yacht Club. Es war schrecklich heiß. Abends waren wir auf der *Makiki* eingeladen. Wenn wir so weitermachten, würden wir noch alle als Alkoholiker enden.

Peter bekamen die ständigen Gelage gar nicht. Jedes Mal, wenn wir ausliefen, ging es ihm sehr schlecht.

Den Jahreswechsel feierten wir in Durban.

Danach ging es endlich wieder normal weiter. Sogar mein Magen rebellierte. Es war gut, dass die Feiertage vorüber waren. Auf dem Törn nach East London rührten wir unser vorgekochtes Essen lange Zeit nicht an. Unser elektrischer Autopilot, den wir nur benötigten, wenn wir motorten, gab endgültig den Geist auf. So steuerte ich 3 Stunden per Hand. Das war todlangweilig, und ich schlief dabei fast ein. Mit Tagesanbruch kam endlich Wind auf, und um 14 Uhr machten wir in der Marina von East London fest. Bisher waren wir in Südafrika nicht weit über die Marinas hinausgekommen. Wir hörten ständig von Gewalttaten innerhalb der Bevölkerung und hatten Angst vor Übergriffen.

Ich wurde mit diesem Land nicht warm. Ich fühlte mich außerhalb der geschützten Bereiche fremd und ungebeten.

STURM

Tagebuch

Es ist Jänner mit launigem Wetter, und wir laufen wegen der guten Wettervorhersage eines Skippers der Sailing Ocean Academy um 10 Uhr aus. Ein weiteres Schiff folgt uns. Nach zwei Stunden setzt NO-Wind ein. Mit dem Strom kommen wir auf 8–10 Knoten Fahrt über Grund. Das ist beachtlich. Ich schlage vor, bei dem guten Wetter gleich nach Mossel Bay zu segeln, was Peter sofort ablehnt, weil das Barometer dramatisch fällt. Er schimpft mich eine „Presserin", weil ich weiter möchte. Ok, dann halt nicht. Die Segelyacht, die mit uns ausgelaufen ist, überholt uns, und bald sind wir wieder allein. Als es dämmert, kommt vom Land her eine scharf abgegrenzte rosa Wolkenbank auf uns zu. Gleichzeitig geht die Sonne unter und taucht den Horizont in wundervolle Pastellfarben. Ich mache ein Foto. Der Wind hört schlagartig auf. Irgendwas kommt mir komisch vor. Um 21:30 Uhr wecke ich Peter. Ich schlage vor, die Segel zu bergen und die Maschine zu starten, damit wir schneller ans Ziel kommen. Peter stolpert halb verschlafen auf das Vorschiff, schlägt die Fock ab und stopft sie in den Sack. Er kommt zurück, übergibt mir das Segel, und ich verstaue es. Als Peter an den Mast geht, um das Großsegel zu bergen, bricht die Hölle los. Von der Küste her rast eine Bö heran und legt uns auf die Seite. Ich weiß gar nicht, wie mir geschieht, so schnell geht alles. Peter bekommt das Segel nicht herunter. Ich starte den Motor und stelle die Tiburon in den Wind. Peter zerrt und zieht bis zum 4. Reff. Dann hat er es endlich geschafft. Ich gehe auf Kurs, hänge die Kette der Windfahnensteuerung ein, arretiere das Ruder und übergebe an Wilfried. Peter ist inzwischen endlich im schützenden Cockpit. Der Wind orgelt wild und angsteinflößend in den Wandten. Rund um uns flaches Wasser und fliegende Gischt. Der Wind ist so stark, dass er die Wellen glättet. Wir können nur raten, wie viel Knoten es sind. 50, 60 ... mehr?

Der Wetterbericht meldet 60–70 Knoten. Zum ersten Mal schafft Wilfried das Steuern nicht mehr. Peter übernimmt die Pinne. Er scheucht mich in den Salon. Ich soll schlafen, bis er mich weckt. Ich finde keine Ruhe. In der Zwischenzeit hat sich eine kurze steile Welle von querab aufgebaut, die unserem Schiff schwere Schläge erteilt. Eine davon legt die Tiburon auf die Backe, und dabei fliege ich aus der Koje. Nun reicht es mir. Ich setze mich wieder zu Peter ins Cockpit. Bis ein Uhr nachts tobt der Sturm. Dann pendelt sich die Windstärke bei 40 Knoten ein. Peter setzt die Fock. Er lässt die Maschine mitlaufen, damit wir Kurs halten können. Die Küste ist zu nah. Weiter hinaus können wir auch nicht, denn am Kontinentalschelf laufen die Wellen zu Monsterseen auf. Peter ist fertig und geht schlafen. Ich steuere zwei Stunden, dann wecke ich ihn. Es ist zu anstrengend. Der Ruderdruck ist enorm. Der Arm schmerzt vom ständigen Gegensteuern. Peter lässt mich bis 9 Uhr schlafen. Das ärgert mich, denn wir sind ein Team. Ab 10 Uhr geht der Sturm von neuem los. Nun aus Südwest. Das bedeutet gegen an! Wieder fliegende Gischt über schwarzem Wasser. Nur die Seevögel und Pinguine scheinen ihren Spaß zu haben. Sie vollführen wahre Kunststücke in der Luft und in den Wellen. Wären wir nicht so angespannt, könnten wir uns mit ihnen freuen.

Zu Mittag erreichten wir endlich den Hafen von Port Elizabeth. Die Yacht, die gestern mit uns ausgelaufen war, ist kurz vor uns angekommen. Die Crew berichtete, dass sie für zwei Stunden beigedreht lagen. Das hätten wir aufgrund der Nähe zum Land niemals gewagt. Nachdem wir uns ein wenig erholt hatten, waren wir bereit für ein Bier. Jetzt erst registrierten wir, dass Peter Kittels *Tehani* neben uns lag. Ihm und seinem Schiff eilte ein zweifelhafter Ruf voraus, und als wir das Wrack sahen, wussten wir, warum. Ein dem Rübezahl ähnelndes Wesen reckte seinen Kopf aus dem Niedergang und grüßte uns erfreut. „Na endlich Österreicher!“, rief er in unverkennbarem Wiener Dialekt. Und gleich erzählt er von seinen Zyklon-Erfahrungen und dass er viele

Vorträge darüber gehalten habe und auch etliche Zeitungsartikel veröffentlicht hat. „Das freut uns sehr", sagte ich, „aber wir würden jetzt wahnsinnig gerne auf ein Bier gehen."

An diesem Abend fielen wir müde in die Kojen und schliefen augenblicklich ein. Am nächsten Tag stattete uns Peter Kittel einen Besuch ab. Abermals erzählte er viele großartige Geschichten, wobei er meines Erachtens nach auch ein wenig Seegarn mit einspann. Aber egal. Er gab uns am Ende sein Gästebuch, und wir gaben ihm unseres. Nun war der sagenumwobene Peter auch in unserem Buch verewigt. Er segelte noch einige Zeit mit seiner *Tehani* und ist irgendwann von den Weltmeeren verschwunden. Er gilt seit Jahren als verschollen.

Am 15. Jänner liefen wir in der Mossel Bay ein. Zuvor hatten wir einen Abstecher nach Knysna gemacht, einem Ort an einem wunderschön gelegenen Fjord. Die Einfahrt war kitzlig. Ein Einheimischer lotste uns von einem Felsen aus via Funk in Schlangenlinien an Untiefen vorbei zum Yachtclub.

Hier war die Apartheid noch „intakt". Ich fühlte mich schrecklich, als ich im Laden an der Kasse als letzte in der Reihe stand und alle Schwarzen zurückwichen, um mir den Vortritt zu lassen. Genau das war es, was ich an der Geschichte dieses großartigen Landes so bedauerlich fand: die Apartheid. Das vergraulte uns den Aufenthalt. Wir blieben nur eine Nacht.

In der Mossel Bay wagte ich mich ins 19 Grad kühle Wasser. Es war lange her, seit ich das letzte Mal im Meer geschwommen war, und es fehlte mir. Das Bad war äußerst erfrischend, und das kalte Meerwasser prickelte auf meiner Haut.

Wir kamen von der Bay fast nicht mehr weg, weil alle auf den idealen Zeitpunkt warteten um auszulaufen. Seit dem Sturm hatte sich Nervosität breitgemacht. Schließlich konnte ich mich durchsetzen, und wir segelten in die Hout Bay. Seit Langem hatten Freunde aus Zell am See uns zu sich nach

Hause eingeladen. Sie lebten seit vielen Jahren in Südafrika, und wir durften ihre Gastfreundschaft für ein paar Tage genießen. Endlich wieder in einem normalen Bett zu schlafen, das hatte schon etwas. Die beiden hatten ihr Hab und Gut in Zell am See verkauft und genossen nun den Luxus, Privatiers zu sein. Es waren wunderbare, stressfreie Tage.

Im Februar besuchten uns drei weitere Freunde aus Österreich und segelten mit uns von der Hout Bay um das Kap der Guten Hoffnung nach Kapstadt. Das Wetter war perfekt, das Meer zeigte sich von seiner besten Seite. Der Törn verlief entspannt und ohne jegliche Probleme. Unsere Gäste waren begeistert und freuten sich über das kleine Abenteuer.

In Kapstadt lernte ich den Herausgeber einer deutschen Fernsehzeitschrift kennen. Er war beeindruckt von unserer Reise, und ich sollte einen Artikel darüber schreiben. Das tat ich gerne. Im Royal Cape Yachtclub wurde die *Tiburon* zum letzten Mal auf dieser Reise aus dem Wasser gehoben, um einen neuen Unterwasseranstrich zu bekommen. Unser Freund aus Zell am See half uns beim Kranen.

Das Meerwasser war so kalt, dass wir an Bord dicke Wollsocken trugen, um uns nicht die Zehen abzufrieren.

Eines Tages erzählte uns Peter Kittel, er habe eine Delegation der österreichischen Botschaft auf sein Schiff eingeladen. Wir waren nur einmal auf der *Tehani* gewesen und wussten seither, dass es auch unter Seglern „Messis" gab. Wir fragten uns, wie die österreichische Delegation bei ihrem Besuch darauf reagieren würde.

Wir standen kurz vor dem Aufbruch, und so machte ich, wie schon viele Male zuvor, einen Großeinkauf. Der nächste Supermarkt war von der Marina nur 10 Gehminuten entfernt. Als ich den Laden betrat, wunderte ich mich, ausschließlich Schwarze zu sehen. Die Preise waren ausgesprochen günstig, und ich fand alles, was ich brauchte. Dennoch hatte ich das Gefühl, fehl am

Platz zu sein. Einmal streifte mich der Blick einer schwarzen Frau. Darin erkannte ich nur Abneigung gegen mich, die weiße Frau. An dieser Kasse musste ich mich anstellen wie alle anderen auch. Noch immer war ich die einzige Weiße. Als ich den Laden verließ, drehte ich mich um und bemerkte erst jetzt das Plakat an der Eingangstür, auf dem ihn fetten Buchstaben stand:

BLACK PEOPLE ONLY!

VON KAPSTADT NACH ST. HELENA

Als wir gegen Mittag ablegten, brachte uns Peter Kittel noch jede Menge Bücher und Zeitschriften vorbei. Er war zwar ein eigenartiger Seezausel, aber ein lieber.

Wir verabschiedeten uns von der General Managerin des Yachtclubs. Sie überreichte uns feierlich den Clubwimpel. Dann machte sie noch ein Foto von uns und der *Tiburon,* und wir verließen Kapstadt.

Bei prächtigem Wetter liefen wir aus. Wir hatten 1.687 Meilen vor uns und waren froh, wieder auf See zu sein. Bei Einbruch der Dunkelheit wurde es stürmisch. Wir verspeisten Peters Geburtstagspralinen, weil ich bei dem Seegang nicht kochen wollte. Die ersten drei Tage waren wie immer die schlimmsten. Die *Tiburon* flog mit bis zu 10 Knoten dahin. Die Wellen liefen völlig chaotisch, und ich hatte ein flaues Gefühl im Magen. Peters Gesicht war kalkweiß. So hatten wir uns den ozeanischen Wiedereinstieg nicht vorgestellt.

Die *Tiburon* brach ihren bisherigen Streckenrekord und schaffte mit ihren neuneinhalb Metern 173 Seemeilen in 24 Stunden!

Am dritten Tag bekam unser Schiff einen derartigen Schlag ab, dass es eine Relingsstütze verbog und das Relingsnetz weggerissen wurde. Der Funk war inzwischen zu einer Art Klagemauer geworden, an der wir unsere Probleme abladen konnten. Alle unsere Freunde waren noch in südafrikanischen Häfen. Nur Jane und Mike von der *Aqua Symphony* waren schon vor uns ausgelaufen. Sie hatten dasselbe Ziel: die Azoren. Wir hatten unsere Route aus den Erfahrungen und Büchern unterschiedlicher Segler zusammengestellt. Jane und Mike beschlossen, ihren Kurs weiter nördlich abzusetzen. Wir blieben bei unserer Route.

Im Schnitt schafften wir täglich 132 Seemeilen. Das war für ein Schiff unserer Größe beachtlich.

Eines Tages vernahmen wir am Funk die Stimmen von Doris und Wolfgang von der *Suzy Q* aus 3.265 Meilen Entfernung. Es war schön zu hören, dass es ihnen gut ging und sie wohlauf waren.

Nach fünf stürmischen Tagen beruhigte sich die See etwas, und ich backte einen Kuchen. Aus Südwest lief eine gewaltige Dünung. Sie war lang und träge und das Leben an Bord relativ angenehm.

Am späten Nachmittag fingen wir eine riesige Dorade. Sie wog 20 Kilo und war über einen Meter lang.

Am 22. März überquerten wir zum zweiten Mal auf dieser Reise den Null-Meridian. Vor drei Jahren war es vor Englands Küste zwischen Dover und Brighton gewesen. Wir staunten in diesem Moment selbst darüber, wie weit wir seit damals gekommen waren. Ab nun waren wir wieder im Westen.

Inzwischen machten sich alle Sorgen um eine Segelyacht namens *Wozza*. Sie war vor 17 Tagen von Kapstadt aufgebrochen und immer noch nicht in St. Helena angekommen. Jemand behauptete zwar, sie vor kurzem gesehen zu haben, war sich aber nicht ganz sicher. Die Gerüchteküche brodelte auch auf See. Mein Bauchgefühl sagte mir, es würde sich alles aufklären. Und tatsächlich: Wie sich ein paar Tage später herausstellte, lag die *Wozza* samt Crew wohlbehalten westlich von Namibia vor Anker.

Am 26. März fiel der Anker vor der von England verwalteten Insel St. Helena. Wenn wir an Land wollten, mussten wir ein Wassertaxi anfunken, das alle umliegenden Crews einsammelte und zur Pier brachte. Als wir die Anlegestelle sahen, war uns sofort klar, warum. Über der Betonmauer baumelten an einer Stange dicke Hanfseile, von denen man eines zugeworfen bekam. Sobald man es gefasst hatte, musste man sich wie ein Affe vom Taxiboot auf die Pier schwingen. Bei hohem Seegang ein fast unmögliches Unterfangen. Manche schafften es auch bei ruhigem Wasser nicht. Mit dem eigenen Schiff war es wegen der Brandung nicht ratsam anzulegen.

Die Hauptstadt lag eingebettet zwischen zwei Bergrücken. Jamestown hatte damals rund 900 Einwohner. Hauptattraktionen waren das *Longwood House*, in dem Napoleon während seiner Verbannung bis zu seinem Tod gelebt hat, und die *Jacobs Ladder*, die mit 699 Stufen am Hochplateau der Insel endete. Jedes Jahr gab es ein Wettrennen.

Wir erklommen die Stufen in gemächlicherem Tempo und besichtigten anschließend Napoleons Haus in der Stadt.

Die Stufen waren mühsam, Napoleons Haus hingegen faszinierend. Sobald wir über die Schwelle traten, fühlten wir uns in die damalige Zeit versetzt. In den verglasten Schränken bewunderten wir die vielen kleinen Kostbarkeiten aus seinem persönlichen Besitz. Ich legte mich keck in Napoleons Bett, obwohl es für mich viel zu kurz war.

Wir erwarben völlig unbürokratisch eine Funkerlizenz und besaßen nun ein Call Sign, mit dem wir offiziell funken durften.

Am 30.03. – Ostersonntag –gingen wir Anker auf. Kurs Azoren. Wir hatten 4.000 Seemeilen vor uns – die längste Etappe unserer Reise.

Diesmal nicht unter Passatsegeln, sondern hoch am Wind, der meist aus Nordwest blies. Das hatte Vorteile, aber auch Nachteile. Unbequem war, dass wir an die 40 Tage immer auf der Backbordseite liegen würden. Das war im wahrsten Sinn des Wortes schräg. Das bedeutete, dass ich darauf achten musste, beim Kochen nicht auf den Herd zu fallen. Der Vorteil war, dass das Schiff nicht geigte und relativ stabil blieb. Offen war, wie sich die *Tiburon* in der Welle verhalten würde. Würden wir mehr als 30 Tage lang vor uns hin stampfen? Hoffentlich nicht.

Nach wenigen Tagen war wieder einmal klar, was für ein Glück wir mit ihr hatten. Sie stampfte nicht. Der schlanke Bug setzte weich in die Welle ein, und wir segelten wochenlang den Umständen entsprechend komfortabel. Jede Nacht begleitete uns der Komet *Hale-Bopp* an der Backbordseite.

Am 5. April segelten wir in gebührendem Abstand am Militärstützpunkt Ascension Island vorbei. Die Insel stand unter der Verwaltung von St. Helena, war aber ein amerikanischer Armeestützpunkt.

Inzwischen wussten wir, dass bei mehr als 6 Knoten Fahrt kein Fisch mehr anbiss. Die Geschwindigkeit war einfach zu groß. Trotzdem zogen wir einen Tiefseefisch, der nachts aus 4.000 Meter Tiefe hochgekommen war, heraus. Mysteriöserweise steckte der Haken in der Mitte seines langen dünnen Fischkörpers. Er hatte ein furchterregendes Gebiss und sah ein wenig wie der Teufel aus. Wir rätselten lange über diesen merkwürdigen Fang.

Die Funkgespräche waren noch immer das Highlight unserer Tagesroutine. Eines Tages meldete sich Tony von der Yacht *Bullian*. Wir kannten ihn und seine Frau flüchtig von St. Helena. Sie waren seit diesem Jahr in Rente und hatten sich mit dem Erwerb der stählernen Yacht *Bullian* einen Lebenstraum erfüllt.

Sie hatten wie wir alles Hab und Gut verkauft, um auf eigenem Kiel die Welt zu entdecken. Allerdings meldete sich Tony heute nicht von seiner Yacht, sondern von einem Frachter namens *Plutonas*.

Das verhieß nichts Gutes. Tony erzählte, dass sie heute in den frühen Morgenstunden von der *Plutonas* gerammt worden waren. Nun hing ihre Yacht entmastet mit einem Leck im Rumpf am Haken des Frachters. Mit jeder Meile drang mehr Wasser ein, und die *Bullian* versank immer tiefer im Meer. Warum genau sie gerammt wurden, erzählte er nicht. Tony hatte sich bei der Kollision den Knöchel gebrochen. Bevor sie an Bord des Frachters stiegen, rafften sie ihre wichtigsten Habseligkeiten zusammen und gaben ihr Schiff auf. Wir waren geschockt und alarmiert. Während unserer Wachen würden wir künftig noch aufmerksamer sein. Allein während unserer Reise wussten wir von fünf Yachten, die ihre Weltreise wegen Havarien beendeten. Und nun auch noch die *Bullian*. Wie es mit den beiden weiterging, wissen wir nicht.

Am siebten Tag hatten wir eine 1,35 Meter lange Dorade am Haken. Wir waren glücklich über den Fang. Endlich wieder frischer Fisch. Wolfgang von der *Suzy Q* hatte Geburtstag, und wir brachten ihm ein Ständchen am Funk.

Die Wetterbrichte der Amateurfunkerin Trudy, die es sich zur Aufgabe gemacht hatte, Weltumsegler zu betreuen, waren bisher immer zuverlässig, und so überquerten wir am 10. April den Äquator bei besten Segelbedingungen. Wir öffneten eine Flasche Champagner, die wir extra für diesen Augenblick aufgehoben hatten, und stießen feierlich auf unser Abenteuer an.

Tagebuch

Gestern wurde es auch für uns knapp! Wir hatten gerade zu Mittag gegessen, als von achtern ein Trawler aufkam. Er war noch cirka eine Meile entfernt, und wir dachten uns nichts dabei. Der Wind war moderat und hatte gedreht, sodass wir die Genua ausbaumen mussten. Täuschten wir uns oder kam der Trawler immer näher? Nein, wir täuschten uns nicht: Er kam geradewegs auf uns zu. Er war nur noch ein paar Hundert Meter entfernt und näherte sich sehr rasch. Ich funkte sie auf Kanal 16 an. Keine Antwort. Ich nahm das Signalhorn und blies wie verrückt, während Peter vorsichtshalber den Motor startete und in letzter Sekunde zur Seite fuhr. Das alles ging wahnsinnig schnell, und ich musste unwillkürlich an das Unglück der Bullian denken. An Bord des Trawlers war kein Lebenszeichen zu sehen. Auch auf der Brücke nicht. Der heruntergekommene verrostete Kahn wirkte wie ein Geisterschiff. Er fuhr so nahe vorbei, dass wir die Maschinen hören konnten. Noch einmal blies ich kräftig in das Signalhorn. Es öffnete sich plötzlich eine Tür, und ein verschlafener Mann in Unterhosen rieb sich die Augen. Ich war wütend und zeigte ihm den Vogel, worauf ein zweiter in der Luke erschien. Dann schloss sich die Tür wieder, und der Trawler verschwand, wie er gekommen war. Es dauerte lange, bis ich mich beruhigte.

So schnell kann es gehen!

Der heutige Tag hingegen war ereignislos. Wir sind eins mit Schiff und der See. Seit kurzem haben wir Funkkontakt mit der Aqua Symphony. Mike und Jane stecken weiter nördlich in der Flaute. Wenn das so weitergeht, holen wir sie ein. Wir haben Glück mit unserer Törnplanung: immer Wind, immer gute Etmale, immer in Bewegung. Dabei hätten wir gegen ein bisschen Flaute für ein bisschen Ruhe und Entspannung nach zwanzig Tagen nichts einzuwenden.

DIE ERDE IST RUND

Dann kam der große Tag: Am 21. April kreuzten wir auf 17 Grad 50 Minuten Nord und 31 Grad 35 Minuten West unseren Ausgangskurs. Wir feierten unsere Weltumsegelung gebührend mit einer Flasche feinsten Champagners, den wir uns für diesen Augenblick aufgehoben hatten. Die Erde war tatsächlich rund!

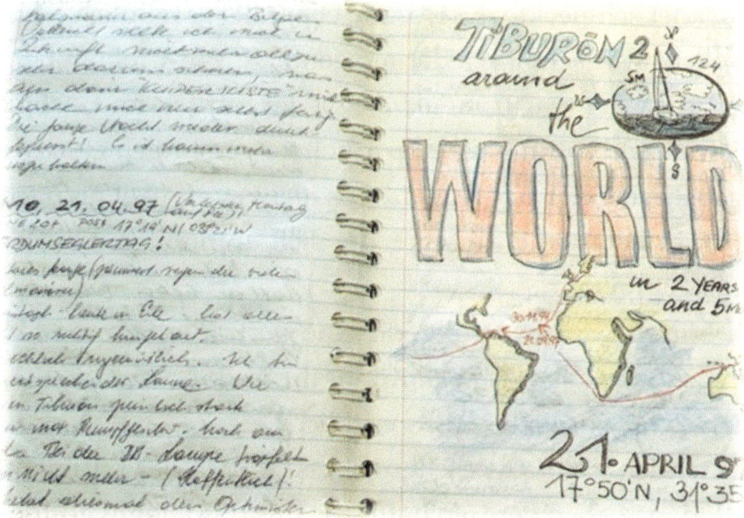

Im Inneren des Schiffes sah es leider nicht so gut aus: An einem Fensterrahmen tropfte das Salzwasser herein. Der Rumpf des betagten Schiffs fing an, sich zu verwinden. Wir erkannten es auch daran, dass das Holz des Innenausbaus zu knarzen begann. Muteten wir dem Schiff zu viel zu? Wir meinten „Ja", denn für die Anforderung der Hochsee wurde sie nicht gebaut. Die *Tiburon* war für den Bodensee konstruiert worden und nicht für weltweite Fahrt. Dennoch hielt sie sich tapfer. Ihr Rumpf und das Rigg waren stark, die

Segel von *Bohn* trotz ihres Alters und der hohen Beanspruchung noch immer von hervorragender Qualität. Lediglich die kleinen Undichtheiten begleiteten uns seit Anbeginn der Reise. Das kostete uns jedoch viel Nerven. Trotzdem hatte ich Mitgefühl mit unserem kleinen, treuen Mädchen und dachte insgeheim: ‚Auch wenn es hart ist, halte bitte durch!'

Am 24. Tag hatten wir abermals eine Dorade an der Schleppangel. Nun waren wir reichlich mit Fisch versorgt. Was wir nicht sofort essen konnten, legte ich in eine Marinade aus Öl und Gewürzen ein oder trocknete es an einer Leine. Getrocknet schmeckte die Dorade ebenfalls vorzüglich.

Das Topplicht war schon wieder ausgefallen. Wir drehten bei, und Peter stieg in den Mast. Ich war froh, als er wieder zurück im Cockpit war. Das Schiff hatte, während er am Masttopp arbeitete, ordentlich geschwankt. Auch die Logge gab ihren Geist auf. Gut, dass es nicht mehr weit bis nach Horta auf den Azoren war. Peter erklärte Mike, der sich unmittelbar vor dem Landfall befand, den Hafenplan.

Plötzlich hörten wir am Funkgerät eine vertraute Stimme „Hier spricht Konrad von der Segelyacht *Tai Tai.* Könnt ihr mich hören? over!" „Das gibt's ja nicht", rief ich, „Konrad, bist du's wirklich?"

Er war es tatsächlich. Es war jener Konrad, der in der Karibik für uns eine Spendenaktion ins Leben gerufen hatte, als uns das Dinghi gestohlen wurde. Wir waren ganz aus dem Häuschen vor Freude. Wir plauderten angeregt und versprachen einander, in Kontakt zu bleiben, und weiter ging es dem Ziel entgegen.

29. April, mein Geburtstag. Wir feierten. Über Funk trudelten Geburtstagswünsche ein. Ich freute mich über jeden einzelnen.

In der Geburtstagsnacht wurde es noch einmal rau. Wir refften und setzten die Sturmfock. Der Wind blies aus entgegengesetzter Richtung, als wolle er verhindern, dass wir die Azoren anliefen. Wie Mike und Jane uns am Funk erzählten, herrschte in Horta Windstille. Wir bekamen Sehnsucht nach dem Land. Nach 30 Seetagen waren wir erschöpft und freuten uns auf Bier, saftige Steaks und endlich einmal ausschlafen zu können.

Es sollte noch drei Tage und acht Stunden dauern, bis wir knapp vor Mitternacht in Horta einliefen. Am Steg warteten schon Mike und Jane mit einer Flasche Wein auf uns. Sobald wir festgemacht hatten, kamen sie an Bord, und wir hockten müde und ausgelaugt im Salon, um mit ihnen die glückliche Ankunft zu feiern. Wir hatten Mühe, den gut gemeinten Begrüßungstrubel zu ertragen. Unsere Seelen waren noch auf dem Atlantik. Auch wir wurden andere Menschen, wenn wir so lange auf See waren. Am Steg schwankten unsere Körper, weil wir vergessen hatten, wie sich fester Boden unter unseren Füßen anfühlte.

Der Lärm und die vielen neugierigen Fragen erschöpften uns schnell. Aber diese anfängliche Überreiztheit verging, nachdem wir ein paar Mal durchgeschlafen hatten. Das Gefühl, nach 33 Tagen unter einer heißen Dusche zu stehen, bleibt bis heute unvergessen.

HORTA

Die frischen grünen Wiesen Hortas mit den schwarzbunten Kühen taten unseren Augen gut. Das berühmte *Café Sport* wurde zu unserer Stammkneipe. Wir verbrachten drei unbeschwerte, fröhliche Wochen auf Horta. Wir verewigten uns, wie es Tradition war, auf den Mauern der Marina. Die meisten Segler kamen mit ihren Schiffen aus der Karibik zurück. Wir gehörten zu der Handvoll Weltumsegler und waren stolz darauf. Am 18. Mai ging es weiter in Richtung Gibraltar. Mike und Jane machten sich ebenfalls auf den Weg. Sie wollten sich in Spanien eine neue Existenz aufbauen.

Am vierten Tag gerieten wir in ein Sturmtief und mussten nach Norden ablaufen. Der Zielhafen rückte damit in weite Ferne. Zusätzlich zwang uns ein Motorschaden, Cascais in Spanien anzulaufen. Dort mussten wir im Sturm ohne Maschine vor Anker gehen. Gleichzeitig löste sich das Großsegel auf. Es war der finale Albtraum dieser Reise.

Wir waren vor drei Jahren das letzte Mal hier gewesen und wussten daher nichts von den Steinblöcken der neuen Mole, die gerade im Bau war. Sie waren nicht zu sehen. Die stürmische See überspülte sie. Nur durch Zufall segelten wir unbeschadet an den Blöcken vorbei ...

Drei Tage torkelte und bockte die *Tiburon* in den drei Meter hohen Brandungswellen und zerrte an der Ankerkette. Es blieb uns nichts anderes übrig, als zu warten, bis der Sturm sich legte. An einen Landgang mit dem Beiboot war nicht zu denken. Wir brauchten jedoch dringend einen Mechaniker, da wir Ersatzteile für die Motorkühlung benötigten. Als wir endlich einen organisiert hatten, ließ er uns 72 Stunden warten. Die Reparatur nahm einen weiteren Tag in Anspruch.

Nach einer Woche konnten wir die Maschine endlich wieder starten, das Reserve-Großsegel setzen und nach Lagos weiterreisen. Wir gönnten uns ein wenig Entspannung in jener Marina, in der uns Barbara und Peter von der *Thule* vor mehr als zwei Jahren zum Weitermachen ermunterten. Der Kreis schloss sich.

In Lagos lernten wir Manfred aus Kärnten mit seiner Stahlyacht *Maus* kennen. Er war ein sympathischer Kerl und segelte allein. Er wollte nach Gibraltar wie wir. Er war noch nicht sicher, wie es bei ihm weitergehen sollte. Wir erzählten ihm von unseren Erfahrungen, wohl wissend, dass jeder Segler seine eigenen machen musste.

Am 9. Juni erreichten wir endlich Gibraltar. Dort trafen wir uns zum letzten Mal mit Mike und Jane von der *Aqua Symphony*. Es wurde ein tränenreicher Abschied. Wie es ihnen wohl in Spanien ergehen würde, und ob wir uns je wiedersehen würden?

Die 1.005 Seemeilen nach Malta segelten wir auf „einer Pobacke" ab. Dort angekommen, gab es ein herzliches Wiedersehen mit Doris und Wolfgang von der *Suzy Q*. Gemütlich ging es an Italiens Küste weiter in den Hafen von Otranto. Danach folgte Brindisi. Von hier aus segelten wir nach Dubrovnik.

Die Stadt war noch vom Krieg gezeichnet, und es waren keinerlei Touristen zu sehen. Dieses wunderbare Kleinod gehörte damals nur den Einheimischen, die mit Renovierungsarbeiten beschäftigt waren oder in den Cafés vor sich hin dösten. Wir erforschten jeden historischen Winkel und erfreuten uns an dieser einmalig ruhigen Zeit, in der sonst so überlaufenen Urlaubsmetropole. Natürlich musste sich das wieder ändern, denn schließlich lebten die Einheimischen vom Tourismus.

Wir verbrachten entspannte Tage in einer einsamen Bucht vor Korčula. Danach folgte ein kurzer Törn zur Insel Hvar.

In der mittleren Adria erfasste uns endgültig der Kulturschock. Die lärmenden Charterflotten und das Getöse der Motorboote waren wir nicht mehr gewohnt. Wir flüchten nach Primošten, wo wir wiederum auf eine Horde plappernder Italiener und Schwärme von Gelsen trafen.

Die Adria im August: nein danke!

Wir machten uns auf, um in unseren Heimathafen in Italien zu segeln. Doch davor wollten wir vor unserem Lieblingsplatz unter der Burg von Duino zwei Tage lang ankern, um die Reise noch einmal in Ruhe Revue passieren zu lassen.

Endlich war es wieder ruhig und beschaulich, und wir genossen die Einsamkeit und das klare Wasser in der kleinen Bucht. Ich war entspannt wie lange nicht. Auch Peter. Es schien, als würde die große Verantwortung als Skipper von ihm abfallen. Ab jetzt hatten wir keine Etappe mehr zu planen und zu bewältigen. Nur noch lesen, schwimmen und dösen. Für Peter wurden es tatsächlich zwei der schönsten Tage der gesamten Reise.

In 48 Stunden würde uns in Monfalcone eine Delegation des Yachtclubs Zell am See empfangen. Es waren dieselben Segelfreunde, die uns auch in der Karibik besucht hatten. Einerseits freuten wir uns darauf, unsere Familien und Freunde wiederzusehen, andererseits überfiel uns eine leise Wehmut. Die Wehmut des Abschieds von der See, von unserem winzigen Heim auf der *Tiburon* und von diesem Abenteuer.

Wie es sich wohl anfühlen würde, das Landleben? Würden wir es aushalten? Nach all den Jahren der Freiheit auf den Weltmeeren? Wir würden es merken, sobald der Trubel des Empfangs vorbei war und die Landung im Leben als „Landratte“ real werden würde.

Wohnungssuche, Jobsuche und die Suche nach einem neuen Lebensmittelpunkt standen uns bevor. Ein Neuanfang. Das hat was. Oder?

EPILOG

Die letzten Seemeilen vor unserem Heimathafen. Jetzt wurde uns erst bewusst, dass unsere Reise endgültig zu Ende war. Fast drei Jahre waren wir auf den Weltmeeren unterwegs gewesen. Unsere Gefühle liefen Sturm: Freude, Trauer, Glück, Wehmut und Stolz. Alles auf einmal.

Aber allem voran unsere große Dankbarkeit für unsere *Tiburon*. Zuverlässige Partnerin und unverwüstliche Kämpferin, unser Heim und unser Schutz, unsere Zuversicht und unser Trost.

Was für Fische als unmöglich galt, galt nun auch für uns: Alles ist möglich, wenn man es wirklich will.

DIE REISE IM ÜBERBLICK

1994:

Mai: Papenburg

Juni–August: Emden/ Holland/ England

September–Oktober: Biskaya/ Spanien

November: Atlantik

Dezember: Karibik

1995:

Jänner–März: Karibische See/ Panama

April: Französisch-Polynesien

August–September: Tonga/ Fidschi

Oktober–Dezember: Australien

1996:

Jänner–Juli: Australische Küste

August: Cocos Keeling

September–Oktober: Pazifik/ Rodriguez/ Réunion / Mauritius

November: Richards Bay

Dezember: Durban

1997:

Jänner–Februar: East London/ Port Elizabeth/ Kapstadt

März–Mai: St. Helena/ Azoren

Mai: Cascais/ Cádiz/ Lissabon/ Gibraltar

Juni–Juli: Malta / Brindisi / Dubrovnik

August: Monfalcone

DAS SCHIFF

Name: Tiburon II (Spanisch für „Hai“)
Schiffstyp: Alpha 32, Werft: Esslinger + Abt, Laupenheim – BRD
Konstrukteur: E. G. van de Stadt Scheepswerf N.V. Zaandam, Holland
Baunummer: 14, Baujahr: 1972
Länge über Alles: 9,65 m
Länge Wasserlinie: 7,30 m, Breite: 3,0 m
Tiefgang: 1,49 m
Gewicht: 4.570 kg, Ballast: 1.370 kg

DANK

Meinem Mann Bodo, der viel Verständnis aufbringen musste, mich zwei Jahre lang mit einem Manuskript zu teilen.

Meiner Tochter Christina, meinen Freundinnen Barbara, Brigitte, Isabella und meiner Lektorin Kerstin Riedl Grünthal. Ihr habt mich immer wieder ermutigt, dieses Buch zu realisieren.

Last but not least danke ich meinem damaligen Lebenspartner Peter für das Bildmaterial und sein Einverständnis, diese Geschichte zu erzählen.

Kurzgeschichten von Lo Padi

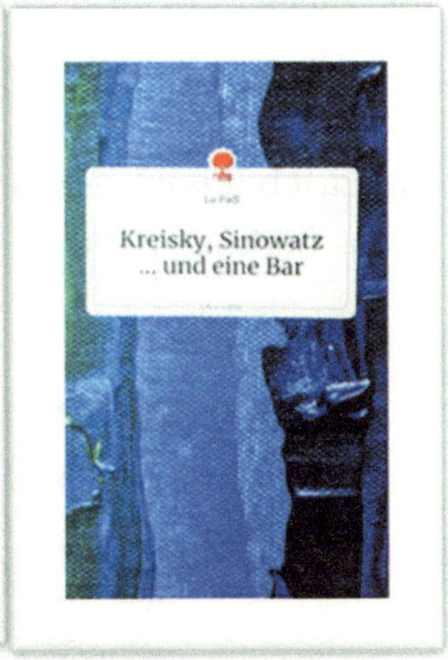

Lust auf mehr?

www.lopadistory.com